经济社会统筹发展研究丛书

民族地区经济增长中的环境压力与响应机制研究

成艾华◎著

国家社会科学基金项目（批准号：08BMZ030）

科学出版社

北京

内 容 简 介

民族地区是我国的生态脆弱地区,经济发展水平较低。如何在科学发展观的指导下,构建民族地区经济与环境协调发展的长效机制,探寻经济发展和环境保护的"双赢"道路,对于提升民族地区经济自身可持续发展能力,实现"又好又快"发展,具有重大的理论意义和实际意义。本书在DPSIR["驱动力(driving force)-压力(pressure)-状态(state)-影响(impact)-响应(response)"]概念模型指导下,以民族地区经济增长、工业化发展、城镇化加速为驱动力,以区域碳排放、污染物的排放与环境容量之间的矛盾加剧为压力,以区域生态环境的现状为状态,以区域可持续发展的能力评价为影响,以区域生态环境保护为响应,强调"驱动力-压力-状态-影响-响应"的客观内在联系,构建了整体研究框架。本书综合运用定性与定量相结合的分析方法,采用民族地区经济与环境的时间序列数据,并结合各地区"十一五"期间节能目标的完成情况,对民族地区环境响应效果进行评价。最后,从"决策-运行-保障"三个方面构建民族地区生态环境保护的响应机制。

本书适合关注环境经济学、少数民族地区生态环境保护的相关研究人员、学生及实务工作者阅读。

图书在版编目(CIP)数据

民族地区经济增长中的环境压力与响应机制研究/成艾华著. —北京:科学出版社,2017.4

(经济社会统筹发展研究丛书)

ISBN 978-7-03-052130-9

Ⅰ. ①民… Ⅱ. ①成… Ⅲ. ①民族地区经济–区域经济发展–影响–区域环境–研究–中国 Ⅳ. ①F127.8 ②X321.2

中国版本图书馆 CIP 数据核字(2017)第 052528 号

责任编辑:徐 倩/责任校对:王 瑞
责任印制:徐晓晨/封面设计:无极书装

科学出版社出版
北京东黄城根北街16号
邮政编码:100717
http://www.sciencep.com

北京厚诚则铭印刷科技有限公司 印刷
科学出版社发行 各地新华书店经销
*
2017年4月第 一 版 开本:B5(720×1000)
2017年4月第一次印刷 印张:11 3/4
字数:237 000
定价:72.00元
(如有印装质量问题,我社负责调换)

总　序

实现民族复兴的中国梦，是中华民族肩负的历史使命。所谓中华民族的复兴，就是毛泽东所说中华民族"有自立于世界民族之林的能力"[①]的体现。中国梦体现了中华民族的整体利益，是全国各族人民的共同理想。实现中国梦需要全国各族人民的共同努力。完成社会主义现代化的建设任务，则是对中华民族"有自立于世界民族之林的能力"的最好证明。然而，在辽阔的中华大地上，目前经济社会发展还不平衡，欠发达的地区主要分布在少数民族集中居住的民族地区。所以我们必须更加自觉地把统筹兼顾作为深入贯彻落实科学发展观的根本方法，统筹城乡发展、区域发展、经济社会发展、人与自然和谐发展、国内发展和对外开放，为实现民族复兴的中国梦铺就和谐相处的局面。

中南民族大学作为国家民族事务委员会直属的综合性高等院校，始终坚持"面向少数民族和民族地区，为少数民族和民族地区的经济与社会发展服务"的办学宗旨，始终立足于民族地区重要现实问题和迫切发展需求，创新民族理论、丰富学术研究、服务发展实际。学校地处湖北省武汉市光谷腹地，也承担着为地方经济与社会发展服务的任务。

长期以来，中南民族大学经济学院将经济学基本原理与方法运用于分析民族地区的经济问题和城市经济问题，为民族地区社会发展、区域经济发展服务。最近，他们又顺应时代要求，精心组织，稳步实施，编写完成了"经济社会统筹发展研究丛书"。该丛书陆续推出的论著，对当前民族地区和城市经济发展中的热点问题进行了深入研究，发现新问题、揭示新规律、总结新经验、探索新路径，为区域经济跨越式发展闯出新路子积极建言献策。与此同时，借此丛书，也可以展示中南民族大学经济学院的研究成果，激发研究热情，活跃学术氛围。

民族地区的经济发展，关系到区域经济的协调发展，关系到国民经济和社会

---

① 毛泽东. 毛泽东选集（第1卷）. 北京：人民出版社，1991：161.

全局的战略性发展，关系到中华民族复兴目标的实现。这是时代赋予我们的庄严使命，希望中南民族大学经济学院再接再厉，坚持有所为，有所不为，人无我有，人有我优，人优我特的原则，把研究工作不断推向深入，为建设特色鲜明、人民更加满意的高水平民族大学作出更大的贡献！

李金林

中南民族大学校长、教授

2013 年 7 月 4 日

前　言

中华人民共和国成立以来，中国政府始终把解决民族问题作为党和人民事业发展全局的一个重要方面，构建和谐社会，实施西部大开发，加快民族地区发展在国家发展战略中具有更加突出的位置。同时，党的十八大报告对推进生态文明建设作出了全面战略部署。而民族地区是我国的生态脆弱地区。尽管在西部地区大开发的背景下，民族地区经济取得了较快的增长，但也应该看到"快"的代价，民族地区的快速增长基本是"高投入、高消耗、高排放、低效率"的传统工业化模式，单位国内生产总值（gross domestic product，GDP）能耗和产生的污染比东部发达地区平均要高，能源和资源的高消耗以及由此造成的环境污染与生态破坏，已成为制约民族地区"又好又快"发展的突出问题。

本书以民族地区为研究视角，着重分析民族地区在经济发展中带来的环境压力、所处的环境状态和环境影响及其做出的环境响应。从研究方法上看，本书采用了定性分析与定量分析相结合的方法，首先，通过定量分析，采用多种计量方法，对民族地区面临的环境压力，所处的环境状态、带来的影响等进行评价，具体来说，包含了面板门槛模型、能源强度分析、纵横向拉开档次评价法、对数平均迪氏指数（logarithmic mean Divisia index，LMDI）分解模型等。然后，采用定性分析的方法，分析民族地区的环境保护政策，提出民族地区环境保护政策中存在的主要问题。

当前我国正处于全面发展经济的时期，也是民族地区经济发展的关键时期，但民族地区的生态环境又有其特殊性，因此，如何协调两者之间的关系，如何在保证民族地区经济发展的同时保证其生态战略地位，就成为了值得研究的一个问题。在以往的经济发展过程中的"高投入、高消耗、高排放、低效率"的传统工业化模式给民族地区带来了巨大的环境压力，也使民族地区的生态环境表现出一个高污染、高能耗的产业特征，同时，民族地区的可持续发展能力（资源环境承载力）也呈现出先上升后下降的趋势。因此，本书最后提出民族地区生态环境的响应机制，从"决策-运行-保障"三方面来构建民族地区生态环境响应机制，协调民族地区经济发展与生态环境响应之间的关系，对协调民族地区经济发展与生态环境保护有一定的借鉴意义。

前　言

中华人民共和国成立以来，中国政府始终把解决民族问题作为党和人民事业发展全局的一个重要方面，构建和谐社会，实施西部大开发，加快民族地区发展在国家发展战略中具有更加突出的位置。同时，党的十八大报告对推进生态文明建设作出了全面战略部署。而民族地区是我国的生态脆弱地区。尽管在西部地区大开发的背景下，民族地区经济取得了较快的增长，但也应该看到"快"的代价，民族地区的快速增长基本是"高投入、高消耗、高排放、低效率"的传统工业化模式，单位国内生产总值（gross domestic product，GDP）能耗和产生的污染比东部发达地区平均要高，能源和资源的高消耗以及由此造成的环境污染与生态破坏，已成为制约民族地区"又好又快"发展的突出问题。

本书以民族地区为研究视角，着重分析民族地区在经济发展中带来的环境压力、所处的环境状态和环境影响及其做出的环境响应。从研究方法上看，本书采用了定性分析与定量分析相结合的方法，首先，通过定量分析，采用多种计量方法，对民族地区面临的环境压力，所处的环境状态、带来的影响等进行评价，具体来说，包含了面板门槛模型、能源强度分析、纵横向拉开档次评价法、对数平均迪氏指数（logarithmic mean Divisia index，LMDI）分解模型等。然后，采用定性分析的方法，分析民族地区的环境保护政策，提出民族地区环境保护政策中存在的主要问题。

当前我国正处于全面发展经济的时期，也是民族地区经济发展的关键时期，但民族地区的生态环境又有其特殊性，因此，如何协调两者之间的关系，如何在保证民族地区经济发展的同时保证其生态战略地位，就成为了值得研究的一个问题。在以往的经济发展过程中的"高投入、高消耗、高排放、低效率"的传统工业化模式给民族地区带来了巨大的环境压力，也使民族地区的生态环境表现出一个高污染、高能耗的产业特征，同时，民族地区的可持续发展能力（资源环境承载力）也呈现出先上升后下降的趋势。因此，本书最后提出民族地区生态环境的响应机制，从"决策-运行-保障"三方面来构建民族地区生态环境响应机制，协调民族地区经济发展与生态环境响应之间的关系，对协调民族地区经济发展与生态环境保护有一定的借鉴意义。

目 录

第一章　导论 ··· 1
第二章　民族地区经济增长驱动力 ·· 15
　　第一节　民族地区经济增长特征分析 ··································· 15
　　第二节　民族地区工业化 ·· 21
　　第三节　民族地区城镇化 ·· 25
　　小结 ·· 28
第三章　民族地区环境压力 ·· 30
　　第一节　民族地区主要污染物排放总量不断增加 ····················· 30
　　第二节　基于面板门槛模型的民族地区环境压力评价 ··············· 46
　　小结 ·· 56
第四章　民族地区生态环境状态 ·· 57
　　第一节　民族地区生态环境现状 ······································· 57
　　第二节　民族地区高污染、高能耗产业特征明显 ···················· 66
　　小结 ·· 76
第五章　民族地区可持续发展影响 ··· 77
　　第一节　民族地区生态环境保护的特殊性 ···························· 77
　　第二节　民族地区可持续发展影响定量评价 ························· 86
　　小结 ·· 92
第六章　民族地区环境响应效应评价 ·· 93
　　第一节　环境响应因素分析 ·· 93
　　第二节　基于 LMDI 分解模型的环境效应评价 ······················ 96
　　第三节　民族地区环境保护投资效应评价 ·························· 108
　　小结 ·· 118
第七章　基于 DPSIR 框架的民族地区资源环境综合评价 ············· 119
　　第一节　DPSIR 模型评价指标体系构建 ···························· 119
　　第二节　民族地区环境响应效果评价 ································ 133
　　小结 ·· 139
第八章　民族地区环境保护政策 ·· 140
　　第一节　民族地区现有环境保护政策 ································ 140

第二节　民族地区环境保护政策取得的成效 …………………… 147
　　第三节　民族地区环境保护政策存在的主要问题 ………………… 149
　　小结 ……………………………………………………………… 153
第九章　构建民族地区环境响应机制 ……………………………… 154
　　第一节　民族地区环境响应机制的内涵 …………………………… 154
　　第二节　构建民族地区生态环境响应机制 ………………………… 155
　　小结 ……………………………………………………………… 173
参考文献 …………………………………………………………………… 174
后记 ………………………………………………………………………… 180

第一章

导 论

一、研究背景与问题提出

（一）研究背景

中华人民共和国成立以来，中国政府始终把解决民族问题作为党和人民事业发展全局的一个重要方面，构建和谐社会，实施西部大开发，加快民族地区发展在国家发展战略中具有更加突出的位置。进入 21 世纪，我国开始进入全面建设小康社会新的发展阶段，党的十六大确立全面建设小康社会的一个重要目标是："可持续发展能力不断增强，生态环境得到改善，资源利用效率显著提高，促进人与自然的和谐，推动整个社会走上生产发展、生活富裕、生态良好的文明发展道路。"①

在此基础上党的十七大进一步提出："坚持……生态良好的文明发展道路，建设资源节约型、环境友好型社会，实现速度和结构质量效益相统一、经济发展与人口资源环境相协调，使人民在良好生态环境中生产生活，实现经济社会永续发展。"并提出了实现全面建设小康社会奋斗目标的新要求："增强发展协调性……建设生态文明，基本形成节约能源资源和保护生态环境的产业结构、增长方式、消费模式。"②

---

① 党的十六大报告（全文）. http://www.chinadaily.com.cn/dfpd/18da/2012-08-28/content_15820005.htm[2017-4-24]. 2014-4-8.

② 胡锦涛在中国共产党第十七次全国代表大会上的报告（全文）. http://www.chinapeople.com/peopleele/pqrty/pqrtyinfo.aspx?pid=4044. 2007-10-25.

党的十八大报告对推进生态文明建设作出了全面战略部署，其中最显著的亮点有三个：一是确立了生态文明建设的突出地位，把生态文明建设纳入"五位一体"的总布局；二是明确了生态文明建设的目标，就是努力走向社会主义生态文明新时代；三是指明了建设生态文明的现实路径，就是"转（转变经济发展方式）""调（优化国土空间开发格局）""节（全面促进资源节约）""保（加大自然生态系统和环境保护力度）""建（加强生态文明制度建设）"。[①]

"十二五"时期，我国着力实施区域发展总体战略和主体功能区战略，着力培育新的区域经济增长极，着力扶持老少边穷地区加快发展，着力促进经济布局、人口分布和资源环境相协调，努力构筑区域经济优势互补、主体功能定位清晰、国土空间高效利用、人与自然和谐相处的区域发展格局。虽然我国在环境保护上已经付出巨大的努力，但环境污染的趋势总体上尚未得到根本扭转，环境形势依然严峻。

民族地区是我国的生态脆弱地区。国家实施西部大开发以来，民族地区经济取得了较快的增长，但也应该看到"快"的代价，民族地区的快速增长基本是"高投入、高消耗、高排放、低效率"的传统工业化模式，单位 GDP 能耗和产生的污染比东部发达地区平均要高，能源和资源的高消耗以及由此造成的环境污染与生态破坏，已成为制约民族地区"又好又快"发展的突出问题。另外，国家环境保护"十一五"规划明确提出，要按照西部大开发总体战略和政策，加大对西部地区环境保护支持力度，国家污染治理资金和能力建设资金，尽可能向西部地区倾斜。民族地区迎来了环境保护和生态建设的战略机遇期。在这样的背景下，研究新时期民族地区经济增长中的环境现状及其动态变化，在科学发展观的指导下，加快民族地区环境保护政策保障体系的建立，构建民族地区经济与环境协调发展的长效机制，主动协调环境和增长的关系，探寻经济发展和环境保护的"双赢"道路，对提升民族地区经济自身可持续发展能力，实现"又好又快"发展，具有重大理论意义和实际意义。

（二）问题提出

由于区域可持续发展是一个涉及人口、资源、环境、经济、社会等要素的复杂巨系统，在民族地区经济增长进程中，对其中任何一个要素的影响，必然波及整个系统，从而对民族地区可持续发展产生始料未及的后果。所以在研究思路上，需要形成总体的研究框架，强调区域资源、环境、经济、社会等各要素之间的客观联系，从整体上把握民族地区经济增长对区域可持续发展的影响。

在区域环境压力下的地区可持续发展的系统研究中，国外设计了许多概念模

---

① 王景福. 生态文明顶层设计的三大亮点. 经济日报，2012-11-13.

型或研究框架，经济合作与发展组织（Organisation for Economic Co-operation and Development，OECD）和联合国环境规划署（United Nations Enviroment Programme，UNEP）于 20 世纪 80 年代合作研究建立的 PSR（压力-状态-响应框架）概念模型[1]，把经济社会子系统和环境子系统联合起来进行了研究，用于区域环境监测与分析、资源管理与政策制定。PSR 概念模型强调人类经济活动给自然资源和环境施加"压力"，改变了环境的"状态"和自然资源的质量与数量；人类社会则通过环境、经济等政策对这些变化作出"响应"，减缓人类活动对环境造成的压力，维持环境系统的可持续性。由于此模型能够监测各指标之间的连续反馈机制，是寻找人类活动与环境影响之间因果链的有效途径，所以得到了较为普遍的认可与应用。在 PSR 概念模型提出后不久，各种修正模型相继提出，DPSIR（驱动力-压力-状态-影响-响应框架）概念模型由 Dalal-Clayton 和 Bass 在 2002 年提出[2]，准确地描述了系统的复杂性和相互之间的因果关系，并根据定向的压力和影响来确定与评估当前（或潜在）政策。

在 DPSIR 概念模型中，"驱动力"是指造成环境变化的潜在原因，并且还可解释对可持续发展的正面和负面的两种影响；"压力"是指人类活动对其紧邻的环境以及自然环境的影响，是环境直接压力因子，如废物排放、基础设施建设等；"状态"是指环境在上述压力下所处的状况，如污染水平、土地退化程度等；"影响"是指系统所处的状态反过来对人类健康和社会经济结构的影响；"响应"过程表明人类在促进可持续发展进程中所采取的对策，如提高资源利用效率、减少污染、增加投资等措施。[3] DPSIR 概念模型准确地描述了系统的复杂性和相互之间的因果关系，见图 1-1。

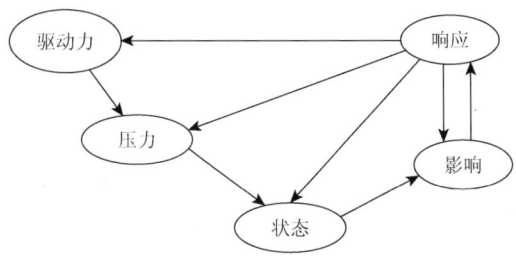

图 1-1　DPSIR 概念框架

---

[1] Organisation for Economic Co-operation and Development. OECD core set of indicators for environmental performance reviews. Environment Monographs，1993，83：35-36.

[2] Dalal-Clayton B，Bass S. Sustainable Development Strategies：A Resource Book. London：Earthscan，2002.

[3] 于伯华，吕昌河. 基于 DPSIR 概念模型的农业可持续发展宏观分析. 中国人口·资源与环境，2004，14（5）：68-72.

从最初的 PSR 概念模型到 DPSIR 概念模型,这一系列模型既反映了研究方法的创新,更反映了人们认识问题的深化。

如何在对民族地区 DPSIR 概念框架系统分析的基础上,紧密结合民族地区人口、资源、环境、经济社会发展的现实,对民族地区环境压力下的政策响应效果进行动态评价,并就新时期民族地区环境响应机制的构建提出较为完整的框架,谋求民族地区经济社会、环境可持续发展,还有待于进一步研究,这些都赋予了本书重要的理论与现实意义。

由此给我们提出了如下这样的问题。第一,在民族地区经济快速增长的驱动下,民族地区生态环境出现了哪些压力,有何特殊性?本书拟利用统计分析的方法和面板门槛内生模型,对民族地区工业化与城市化进程中经济快速增长和污染排放总量及增速进行分析,试图刻画民族地区经济增长中环境压力进一步加大的典型事实,并对民族地区环境压力的特殊性进行深入研究。第二,针对民族地区环境压力下的响应机制如何?其响应程度怎么样?如何从压力与响应系统中对民族地区环境保护政策进行评估?在新的发展时期,如何紧密结合民族地区生态文明建设,构建合理有效的环境响应机制?本书拟在 DPSIR 概念框架下,在对民族地区经济增长驱动力、环境压力、生态环境状态与影响、响应进行分析基础上,构建指标体系,对民族地区资源环境进行综合评价,最后,在对民族地区环境保护政策进行梳理与分析的基础上,从民族地区生态环境响应的决策机制、运行机制、保障机制三个方面,既强调政府的积极作用,又充分肯定市场机制的积极作用,既综合考虑政府、企业、居民及利益相关群体等多行为主体,又注重与财政、税收、转移支付、金融、产业管制等政策工具的衔接,多维度、多层面地构建民族地区环境响应机制。对这些问题的阐述将在"研究思路和主要内容"中述及。

二、研究思路和主要内容

(一)研究思路

与其他地区相比,民族地区环境保护具有很强的特殊性。民族地区生态环境脆弱,经济发展水平相对较低,促发展保民生任务重,环境技术水平相对较低,生态环境压力较大。本书将在 DPSIR 概念框架下,强调驱动力-压力-状态-影响-响应的客观联系,以民族地区经济增长及工业化与城镇化双加速发展为驱动力,以地区污染排放与环境标准提高的矛盾加剧为压力,以可持续发展现状为所处的状态,以地区环境保护为响应,系统分析民族地区经济增长中的环境影响效应,构建整体研究框架(图 1-2)。

第一,明确民族地区环境保护的特殊性。从民族地区民族性、生态性及经济发展水平较低、产业结构水平低下等特点,论证了民族地区生态环境保护的特殊性。

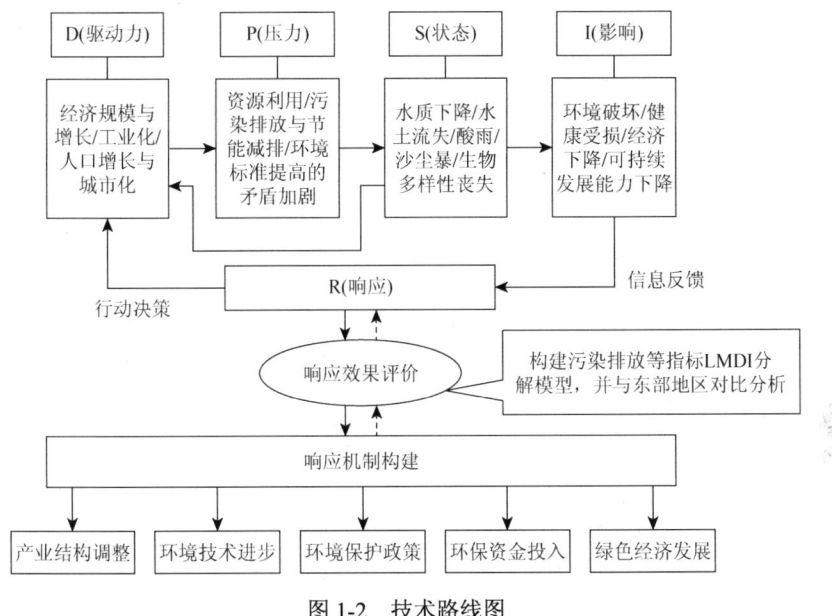

图 1-2 技术路线图

第二,结合相关数据进行统计描述,明确民族地区经济社会发展现状,即驱动力指标。主要从 GDP 增长,工业化及城镇化方面反映。然后探讨经济增长对民族地区可持续发展的压力及其影响。

第三,探讨民族地区针对环境压力作用下的响应机制,并对其环境响应的效果进行定量评估。基本思路如下。基于 1997~2010 年民族地区社会经济统计数据及污染排放指标,通过构建 LMDI 分解模型,并引入经济增长、技术进步、产业结构调整等多项指标,检验经济增长与环境质量的作用机理,对其效果进行评价。并通过横向和纵向对比,结合民族地区人口、资源、环境、经济社会发展的现实,以及民族地区污染物排放的现状与趋势,评价现阶段响应机制对减轻民族地区环境压力的效果,以及需要进一步努力的方向。

第四,构建新时期民族地区环境响应机制的基本框架。结合国家对民族地区环境保护政策的内容及民族地区的实际,从民族地区产业结构调整、环境技术进步、环境保护政策完善、绿色经济发展及加大环保资金投入等方面构建民族地区环境响应机制的基本框架,见图 1-2。

(二) 主要内容

研究内容一:民族地区生态环境保护的特殊性

(1) 民族地区生态环境保护的战略意义重要。民族地区是大江大河的发源地,是全国重要的生态屏障,就某种程度来讲,其生态战略重要性远远大于其经济意义。与此同时，民族地区是我国重要的资源、能源及原材料基地，地质环境特殊，生态环境脆弱，大多属于限制开发区与禁止开发区。

（2）民族地区经济发展水平相对落后，促增长保民生任务重。2010年，全国31个省（自治区、直辖市）[①]人均GDP为4863.64美元，民族地区人均GDP为3377.36美元，占到全国平均水平的69.44%，目前贫困面大，贫困程度深。在生活水平还严重低下的情况下实行节能减排，完成环境保护的约束性指标与促增长保民生之间的矛盾更为明显。

（3）民族地区正处于工业化城镇化双加速阶段。与东部地区基本完成工业化情况不同，民族地区正处于工业化城镇化双加速阶段，经济增长进程明显加快，由此带来的污染排放大，给减排带来较大的压力。

（4）民族地区产业发展落后，经济粗放增长特征明显。通过选取2005年和2010年包括民族地区在内的我国22个省（自治区、直辖市）工业行业产值与能源消耗的数据进行分析，民族地区高污染行业所占比重大，在地区产业转移中，承接高污染等传统产业的特征明显等，这些给民族地区减排带来了更大的压力。

研究内容二：民族地区经济增长进程中环境压力不断加大的典型事实描述

通过选取民族地区1997～2010年数据，对民族地区经济增长进程中的环境压力进行定量分析，研究民族地区经济发展和环境的协调度。

（1）民族地区主要污染物排放量不断增加。从民族地区工业化学需氧量（chemical oxygen demand，COD）排放量、工业SO_2及碳排放指标来看，随着经济的快速增长，各项指标都不容乐观，同时，环境技术水平相对低下，单位GDP排放强度高。

（2）与东部地区比较，环境压力更为明显。在环境库兹涅茨曲线（environment Kuznets curve，EKC）的理论基础上，本书采用面板门槛模型对民族地区在工业化与城镇化双加速进程中的环境压力进行评价，并与东部地区进行对比。结果表明，民族地区与东部地区工业COD排放量都呈现下降趋势，但民族地区下降速度较慢；民族地区工业SO_2还处于上升趋势，但东部地区SO_2已经下降；民族地区与东部地区工业碳排放量都还处于上升的趋势，但东部地区上升速度逐渐减缓，民族地区环境压力更为明显。

研究内容三：民族地区生态环境状态与影响

（1）民族地区生态环境局部有所改善、总体恶化的趋势尚未扭转。从民族地区现有生态环境看，自然灾害频发；森林生态系统失衡、生物多样性遭到破坏；土地荒漠化势头仍在加重；水资源短缺、污染严重；矿产资源保护力度不足；环境污染防治水平不断提升，但水平仍然偏低；由环境污染引起的群体性事件增多。

[①] 书中此类表述如不特别提及均不包含香港、澳门、台湾的资料。

（2）民族地区资源环境承载力有下降趋势，资源环境压力不断上升。在强调民族地区生态环境保护重要性及特殊性的基础上，对民族地区资源环境承载力进行分析，结果表明，与东部地区资源环境承载力正在回升相比，民族地区资源环境承载力评价值呈现出先上升后下降的"倒U形曲线"（inverted U curve；Kuznets curve）趋势，资源环境压力不断上升。

研究内容四：民族地区环境响应的实证研究

基于1997~2010年民族地区经济统计数据及环境污染的动态指标，本书采用LMDI分解模型，从环境技术进步、产业结构调整等方面动态测评民族地区环境响应，并与东部地区进行对比分析，对民族地区在环境压力作用下的响应程度与效果进行定量研究。

研究内容五：基于DPSIR框架下的民族地区资源环境综合评价

在DPSIR概念框架下，构建民族地区综合评价指标体系，并引入"响应度"概念，对民族地区环境压力下的环境相应指标的响应度进行研究。结果表明，东部地区在技术进步、环境保护投资和污染治理方面对环境压力的敏感程度要明显优于民族地区，这也意味着民族地区在未来的发展中要更加注重在技术进步、环境保护投资和污染治理方面的绝对量的改善。

研究内容六：民族地区环境响应机制的构建

对民族地区环境保护政策进行全面梳理的基础上，通过横向和纵向对比，结合民族地区人口、资源、环境、经济社会发展的现实，以及民族地区污染物排放的现状与趋势，评价现阶段环境响应政策对减轻民族地区环境压力的效果，以及需要进一步努力的方向。从民族地区生态环境响应的决策机制、运行机制、保障机制三个方面，多维度、多层面构建民族地区环境响应机制。

三、文献综述

（一）关于经济增长导致环境压力的文献

工业革命以来，经济快速增长，人类活动对自然资源的开发，对生态系统的破坏，导致了一系列发展问题。特别是从20世纪60年代开始，发达国家出现了多次震惊世界的环境公害事件，如日本的"四日市哮喘病事件""水俣病事件""富山痛痛病事件""爱知米糠油事件"，苏联的"切尔诺贝利核污染事件"等。公众和学者越来越注重环境问题。其间，发生了两次环境革命：①第一次发生于20世纪60年代末70年代初，辩论的重点从环境质量与经济增长的关系转向对环境的关注；②第二次发生于80年代末90年代初，此次革命的重点在于界定和扩大原有的概念，并提出可持续发展问题。在此过程中，也涌现出了大量的研究成果。

例如,第一次环境革命的标志:1972年罗马俱乐部的《增长的极限》[①]的报告,这次报告提出了100年后将出现经济增长的停滞的结论,而且技术进步只能缓解达到极限的时间无法消除增长的极限,只有"零增长"才能避免世界体系的崩溃等结论。这一报告也引起了广泛而激烈的争论,并分成了两个派别:悲观主义和乐观主义。有一系列的学者代表,包括Georgescu-Rogen、Daly、Myrdal、Hueting、Pearce(悲观主义的代表)和Cole、Nordhaus、Cleveland、Ruch、Ayres(乐观主义的代表)等。还有第二次环境革命的标志论述,包括1987年世界环境与发展委员会的主题报告《我们共同的未来》以及1992年的世界银行报告《发展与环境》和里约热内卢召开的联合国环境与发展国家首脑会议上通过的《21世纪议程》。这期间国外学者的一系列论述在游德才(2008)[②]的综述里有具体论述。

在我国,自20世纪70年代末期以来,随着经济持续快速发展,发达国家上百年工业化过程中分阶段出现的环境问题开始集中出现,环境与发展的矛盾日益突出[③]。但国内学者对经济与环境的关系理论研究晚于国外,基本上还处于跟踪国外研究阶段。

1981年,曲格平在《环境保护》做了一系列专题,探讨了目前国际上面临的重大环境问题[④]。之后,杜宪仁(1982)开始了对环境问题的经济学分析,将环境问题从经济学的角度进行分析,开始从理论上研究环境与经济行为之间的关系。夏光和秦虹(1988)从日本发展的经验出发,探讨了经济增长、污染和治理之间的关系,指出日本在战后经济复苏中采取了激进的、快速增长的模式,但也带来了巨大的环境代价,并提出,发展中国家虽然难以绝对地摆脱环境代价的支出,但需要力图摆脱"低增长高污染"的困境。张志良(1990)着重分析了人口的增长对甘肃省能源和环境造成的压力,并提出了相关的解决对策。季铸(1994)描述了目前国内工业发展带来的一系列污染问题。黄青和任志远(2004)探讨了生态承载力的计算方法,并突出了实现区域可持续发展的相关对策。随后,逐渐有学者将研究视角放到经济增长与环境压力上。尚海洋等(2006)通过实证分析,利用收入弹性分析了环境压力的各个影响因素之间的相互作用。张子龙等(2010)采用环境压力函数结合修正后的Laspeyres方法,对甘肃省的经济增长和环境压力之间的变化进行了实证分析,并得出了甘肃省由环境污染物排放产生的环境压力主要是废气和固废导致的,而且环境压力增长趋势也在不断加快的结论。赵兴国等(2011)等则通过压力指数以及改进后的脱钩评价方法,

---

① 德内拉·梅多斯,等. 增长的极限. 北京:中国商务出版社,1984.
② 游德才. 国内外对经济环境协调发展研究进展:文献综述. 上海经济研究,2008,(6):3-14.
③ 国务院新闻办公室. 政府白皮书——中国的环境保护. http://www.gov.cn/zwgk/2006-06-05//content_300288.htm. 2006-06-05.
④ 曲格平. 专题1-8:国际上面临的重大环境问题. 环境保护,1981.

对云南省的经济增长和环境压力之间的关系进行研究,得出云南省环境压力总体较大且不断上升,且脱钩状态呈现出"倒 U 形曲线"的变化趋势。汪永红和刘冬萍（2011）对安徽省进行了实证分析,得出经济发展对资源环境造成的压力不断加大,且有不断恶化的趋势,并进一步分析出产业结构偏重、环保投入不足等是造成压力偏大的原因。

（二）关于经济增长与环境响应实证研究的文献

20 世纪 90 年代,许多环境污染数据可以从有关环境监测机构中获得,由此进入了关于地区经济增长对环境质量关系响应的实证研究,可以为动态测评区域经济与环境协调发展政策提供借鉴。相关的文献主要集中在经济增长效应如何使环境污染得到一定程度的削减,从而达到地区可持续发展。经济学家一般从规模效应、结构效应和技术效应展开分析。例如,Grossman 和 Krueger（1991）对 32 个国家和 52 个城市的经济增长与环境质量影响进行实证分析后发现,大气中的二氧化硫浓度和烟尘浓度与经济增长的关系并非简单的互补或互递关系,而是呈现"倒 U 形曲线"特征,认为经济发展意味着更大规模的经济活动与资源需求量,因而对环境产生负的规模效应；但同时经济发展又通过正的技术进步效应（如更为环保的新技术出现）以及结构效应（如产业结构的升级与优化）减少了污染排放,改善了环境质量。还有学者将 EKC 归因于其他因素,例如,John 和 Pecchenino 从环境投资对环境质量的改善进行了研究；Jensen（1996）提出的"污染天堂假说"则从不同国家的环境管制水平差异导致污染产品的生产活动转移,从而带来发展中国家环境污染加重出发,论证了环境管制对控制污染的积极作用；Stern（2002）从经济规模、产业结构、能源结构、生产率和环保技术方面对环境的作用机制进行了研究等。

从国内学者探讨经济与环境响应系统的研究来看,基于全国层面的研究较多,大量的文献对我国经济增长中的污染物排放进行了实证研究,表明了经济规模效应、结构效应、技术效应、收入效应和法规效应等对环境改善产生的积极作用（陈华文和刘康兵,2004；赵细康等,2005；刘兆德等,2005；于峰等,2006；许士春和何正霞,2007）,但这并不表明我们就可以走发达国家"先污染、后治理"的老路,对环境破坏问题的解决不能仅仅依赖于经济增长本身,经济系统中的拐点不会自动发生,需要采取积极的政策措施,主动协调环境和增长的关系（耿强和杨蔚,2010）,包群和彭水军（2006）对污染控制变量（环境政策、贸易开放、技术进步等）对均衡产出、均衡排污量的影响进行了综合研究,并就同时提高治污能力与促进经济持续增长的政策及其组合进行了分析等。对区域层面的研究也大量涌现,主要集中在对发达地区和城市的研究上,结果表明,经济活动、工业结构重型化调整、城市化进程是导致地区环境污染排放增加的主要因素,但由于技术进步和产业结构的调整，以环境保护科技进步水平的提高、环保投资的加大与政府管制力度等的积极作用，地区经济与环境发展大致符合 EKC，呈"倒 U 形"特征（凌亢等，2001；陈东等，2004；黄燕晶，2005；李国柱等，2005；李春生等，2006；赵海霞等，2006；王志华等，2007）；对于欠发达地区的研究较少，郑长德（2007）考察了四川省各地区经济增长和环境关系的影响，研究表明，收入增长与环境改善之间的相关关系事实上是通过政策响应来实现的，但如果减少公共政策的作用，则结构转移并不足以保证经济增长必然伴随环境质量的改善。

EKC 假说及其有关研究笼统地把经济发展水平与环境污染程度相关联，表明环境污染与经济增长之间不仅存在"倒 U 形曲线"关系，也存在着正 U 形、N 形和同步等多种其他曲线关系。显然，这种具有多种不同结论的研究，不仅影响其学术价值，关键的是它并不能为实现经济与环境双赢问题提供有效的理论指导（王国印，2008）；另外，由于受到数据可获得性的限制，在一些污染控制指标变量的选择上，不同的学者带有明显的主观偏好，减少了其结论的客观性，研究结论差异很大，甚至相互矛盾（钟茂初和张学刚，2010），说服力不强。王火根（2012）指出，经济增长对环境污染的影响会因为其他因素条件的变化而表现出非线性的门槛特征。就现实而言，中国作为一个地域辽阔、人口众多、地区差异明显的发展中国家，经济增长和环境污染之间的效应很难满足在各区域或省域之间的完全一致性，存在非线性关系是很有可能的。因此，如果忽略了这种客观存在的区域或省域差异，进而简单地将经济增长与环境污染的关系视为单一线性的，那么恐怕难以准确地反映经济变量之间的真实联系。为了克服研究方法上的不足，采用面板门槛模型（Hansen，2000）实证检验经济增长对环境污染的门槛效应，检验 EKC 中"倒 U 形"是否存在。如果存在"门槛效应"，则说明存在 EKC，而且当存在"门槛效应"时，根据相应的门槛值对样本进行分组，在充分反映样本特性的情况下，考察中国不同地区的经济增长与环境质量之间的变化关系。

Copeland 和 Taylor（2001；2003）根据 Grossman 和 Krueger（1991）提出的规模、结构与技术思路，并未采用回归分析的方法，而是建立了一个分解环境效应的数学模型，对出口生产的环境总效应进行了分解。Levinson（2009）也采用同样的方法，将 1970~2002 年美国工业四种主要污染排放量的减少分解为规模效应、结构效应和技术效应的作用，结果显示，技术（以单位产出的排污衡量）变化是 1972~2001 年美国污染排放量下降的主要原因。例如，规模效应、结构效应和技术效应共同导致污染物排放量减少了 60%，其中，规模效应导致污染物排放量增加了 87%，结构效应导致排放量减少了 57%，技术效应导致排放量减少了 90%。

与 EKC 回归分析方法相比，国内将污染排放量变化进行分解的文献较少。齐志新和陈文颖（2006）采用拉氏因素分解法（Laspeyres decomposition），把1980～2003年我国能源效率的提高分解为两个因素：产业结构的变化，以及各产业部门能源强度的变化，即技术进步。马建平和丁建福（2009）构建了一个包括政府因素在内的环境效应分解模型，对我国1996～2005年出口贸易的环境效应进行了大致估算。

成艾华（2011）按照Levinson（2009）的分析思路，把现有排污量减少（即环境净效应）的原因归结于三个方面。一是结构效应。即由于不同产业污染强度不同，地区通过淘汰落后产能，调整产业结构，整体上生产从高污染行业向低污染行业转移而带来的污染减排效应。二是环境技术效应。即通过环境技术进步，同一行业能以更少的排污换来更多的产出。这里，环境技术进步是一个较为宽泛的概念，包括行业内部关停并转规模较小的"五小企业"，重组为规模更大、生产效益更好、污染排放更少的先进性企业；还有生产企业的更新排污设备，升级排污技术，或使用更清洁能源，从而降低单位产出排污量和排污总量。三是交叉项。即"分解余值"。通过对地区环境净效应的分解，从结构调整和环境技术进步两个方面动态考察地区工业减排的绩效[①]。

近年来，更多学者如Wang等（2005）、Wu等（2006）、徐国泉等（2006）、王峰等（2010）利用Ang等（1998）提出的LMDI分解模型，把污染排放（或强度，或弹性）拆分成几种效应，如从重工业向轻工业转移的结构效应、技术进步或效率变化效应等，或者利用回归进行因素分析，最终找出主要的解释原因。LMDI分解模型有效解决了分解的剩余问题和数据中的零值与负值问题。同时，分部门效应加总与总效应保持一致，即不同的分部门效应总和与各个部门作用于总体水平上获得的总效应相一致，这一点在多层次分析中十分有用，可以进一步分农业、工业等部门做出详细说明。前期丰富的成果可以为本书提供思路和方法上的借鉴，但以上研究偏重于验证经济增长中的相关因素或变量，对环境状况进行了修正和响应，对如何构建环境响应机制尚需更深入的探讨。

（三）民族地区经济与环境方面的研究

对于民族地区，随着经济增长，环境压力不断突出，相关的研究也开始展开，从现有文献看，主要集中在对民族地区环境压力的状况、成因的分析上（崔成男，2003；张巨勇，2004；张小兰，2006；张巨勇和杨玉文，2006），并对民族地区经济发展与生态环境相互制约的关系进行了研究（庄万禄，2000a，2000b；唐二春，

---

① 成艾华. 技术进步、结构调整与中国工业减排——基于环境效应分解模型的分析. 中国人口·资源与环境，2011，21（3）：41-47.

2004;马林,2006;聂华林和李泉,2006)。也有文献就民族地区个别省(自治区)经济增长与环境关系进行了研究,例如,孙爱存(2006)、张锦文(2007)分别计算了经济规模对青海省和宁夏回族自治区环境污染的影响,李智国(2009)、刘飞飞(2011)分别对云南省和内蒙古自治区的经济发展与资源环境的协调态势做出了评价,闫海龙等(2014)对新疆维吾尔自治区的经济和环境协调发展进行了评述,但是这些成果在研究经济对环境的作用机制时,仅局限于单个要素,缺乏全面性和系统性。

四、主要观点与创新之处

(一)主要观点

(1)民族地区在经济发展进程中,面临的环境压力越来越大。随着民族地区经济持续增长,污染物排放量相应增加,正处在 EKC 的左半段。在生态文明建设、节能减排、保护生态环境的新时期,在国家提出主要污染排放物削减10%的约束性指标控制下,民族地区经济增长与污染排放的矛盾将更加突出。

(2)民族地区经济增长对环境改善的效果还不明显。民族地区环境保护工作取得了一定的进展,环境状况有所改善,但与全国及东部地区横向相比,民族地区在环境技术进步、产业结构调整力度、环保投入、绿色经济发展等方面还存在相当差距,现阶段的环境响应效应并不足以保证民族地区经济增长必然伴随环境质量的改善。

(3)未来是民族地区环境保护的战略机遇期。当前党中央、国务院把环境保护摆上了更加重要的战略位置,落实科学发展观、构建和谐社会、建设美丽中国等为做好环保工作提供了根本保证。国家环境保护"十一五"规划明确提出,要按照西部大开发总体战略和政策,加大对西部地区环境保护支持力度,国家污染治理资金和能力建设资金,尽可能向西部地区倾斜。在这样的政策背景下,民族地区迎来了环境保护和生态建设的战略机遇期。

(4)民族地区应积极探寻环境响应机制的制度建设。随着国家对民族地区环境保护支持力度的加强,民族地区需要采取更积极的政策措施,主动协调环境和增长的关系,在环境响应机制的制度保障下,探寻经济发展和环境保护的"双赢"道路。

(二)可能的创新之处

(1)民族地区环境响应机制基本框架设计上的创新。本书在对民族地区环境响应效果动态评价的基础上,从产业结构调整、环境技术进步、环境保护政策、绿色经济发展及环保资金投入等方面构建民族地区环境响应机制的基本框架。这对于构建我国新时期节能减排的制度安排有重要的参考价值。

（2）研究方法上的创新。本书以定量研究方法为主，综合运用多种统计方法和计量模型，对民族地区可持续发展现状及环境响应机制的效果进行评价与分析，研究方法的创新，将为民族地区环境响应机制基本框架的构建提供科学、有力的支撑。

（3）研究对象上的创新。本书在 DPSIR 概念框架下，在新的发展时期，紧密结合民族地区人口、资源、环境、经济社会发展的现实，以民族地区为专门对象，重点对民族地区经济增长中的环境压力及其政策响应效果的评价基础上，构建民族地区环境响应机制的基本框架。

五、方法模型与样本尺度

（一）方法模型

本书重点探讨民族地区经济增长中的环境压力及其响应的效果，基本上属于实证分析的范畴，即主要回答"是什么""应该怎样"等命题。本书不是对过去相关研究的一个简单重复，而是从民族地区环境保护的特殊性出发，探讨在经济快速增长的驱动力下，给民族地区带来的环境压力及其在压力下的响应效果，并通过与全国及东部地区的对比分析，力图对民族地区环境压力及其响应的动态变化与趋势有更为清晰的判断。当然，本书也涉及规范分析的方法，但所占比例相对较小。

实证研究中，本书使用了尽可能多的数理工具去揭示、检验和验证相关命题，力求实现规范分析与实证分析的紧密结合。主要的方法模型如下。

（1）基本的统计方法。用来刻画民族地区经济增长、环境压力等现状，并与全国及东部地区进行对比，揭示民族地区生态环境保护的特殊性及民族地区经济增长带来环境压力不断加大的典型事实，为计量分析奠定基础。

（2）基于分析评价民族地区环境压力的面板门槛模型。通过收集 1997～2010 年民族地区经济与环境数据，重点选取工业废水 COD、工业 SO_2 及工业碳排放指标，采用 Hansen（1999）的面板门槛模型对数据进行自动识别来确定门槛值，内生的划分区间，得到环境质量与经济发展之间的关系，确定各污染物 EKC 的门槛值及曲线的大致走势，并与东部地区进行对比，说明民族地区环境压力的特殊性，为民族地区环境政策提供依据。

（3）LMDI 分解模型。在民族地区环境响应的分析中，本书在综合考虑民族地区经济增长、工业化水平、环境技术进步、产业结构调整等指标的基础上，运用 LMDI 分解模型，对影响民族地区污染排放的因素进行分解，动态考察各变量对民族地区污染排放的响应及其程度。

(4) DPSIR 概念框架模型。基于 DPSIR 概念模型以及环境响应概念和响应指数模型的构建，遵循科学性、系统性、可行性、针对性等原则，从经济发展的驱动力、环境压力、影响及响应四个方面选取评价指标，构建民族地区经济发展与环境压力及响应评价指标体系。各指标的权重采用熵权法确定，经过加权求和，得出各个指标的相关指数，定量测度民族地区经济发展驱动力、环境压力及响应的关系，并引入响应度指标对其环境压力下响应的敏感度进行定量测评。

（二）样本尺度

1. 空间尺度

考虑到统计数据的完整性、可得性及连续性，本书的样本空间尺度是中国大陆地区的 31 个省（自治区、直辖市）。

由于受到数据的影响，对于民族地区与非民族地区的划分，没有采用民族自治地方（5 个自治区、30 个自治州和 120 个自治县）的定义。考虑到 5 个民族自治区和 3 个多民族省（云南、贵州、青海）是我国民族地区的典型代表，参照郑长德（2001）[①] 的定义，将其作为本书的研究对象，来反映民族地区生态环境与经济增长的一般特征，其主要原因是较易获得分省（自治区、直辖市）实证研究的数据资料。

本书以民族地区作为重点研究对象，同时，参照目前比较普遍采用的东部、中部、东北和西部地区的划分，进行对比分析。其中，东部地区包括北京、上海、天津、江苏、浙江、河北、山东、广东、海南、福建 10 省（直辖市）；东北地区包括黑龙江、辽宁、吉林 3 省；中部地区包括山西、安徽、江西、湖北、湖南、河南 6 省；西部地区包括四川、重庆、陕西、内蒙古、宁夏、云南、广西、贵州、新疆、青海、甘肃、西藏 12 省（自治区、直辖市）。

2. 时间尺度

本书总体上涵盖了 1997～2010 年共 13 年的民族地区经济社会发展、环境与污染排放指标的数据。由于数据可获得性的制约，对于涉及环境保护投资的实证研究，时间跨度不得不缩短至 2003～2010 年。

在考察民族地区工业内部结构转变对能源消耗影响的分析中，由于需要各省（自治区、直辖市）工业内部各行业工业增加值及能源消耗的数据，本书通过对各省（自治区、直辖市）统计年鉴的查找，只将我国 22 个省（自治区、直辖市）作为研究样本，并给出了其 2005 年和 2010 年的 26 个工业行业的数据。在具体的区域划分中也有所差异。

---

① 郑长德. 论西部民族地区人力资源的开发与人力资本的形成. 人口与经济，2001，(3)：57-63.

第二章

民族地区经济增长驱动力

西部大开发以来,民族地区经济增长速度明显加快,正处于工业化和城镇化的"双加速"阶段。在经济增长驱动力的作用下,民族地区环境将面临更大的压力。本章将从民族地区经济增长、工业化、城镇化三个方面刻画民族地区经济增长的驱动力,并与东部地区进行对比,说明民族地区驱动力的特殊性。

第一节 民族地区经济增长特征分析

一、民族地区经济增长现状

(一)民族地区经济总量增长迅速

2000年以来,由国家实施的西部大开发战略带动了整个西部地区的经济增长。民族地区经济发展速度也进一步加快。通过观察民族地区在1999~2010年的主要经济指标变化(表2-1),民族地区生产总值由7743.11亿元增加到42 053.2亿元,11年来累计增长率为443.10%。分产业来看,第二产业和第三产业分别增长了558.95%和487.04%,第一产业的增长率也达到了202.04%。单从这部分数据来看,西部大开发后民族地区的第二、第三产业发展迅速,尤其是第二产业,可见民族地区的工业化发展极大地提升了当地的经济发展程度。从人均GDP看,民族地区人均 GDP 由 1999 年的 4287 元增加到 22 196 元，增长了 417.75%，地方财政收入总值从 575.96 亿元增长到了 4047.88 亿元，增加了 602.81%。地方财政支出总值从 1298.32 亿元增长到了 11 749.18 亿元，增长了 804.95%。民族地区的进出口总额总值也从 1999 年的 82.67 亿美元增长到了 2010 年的 637.61 亿美元，累计增长了 771.26%。从这些数据上来看，民族地区的经济水平在这些年间得到了极大的提高。

表 2-1 民族地区主要经济指标增长情况

指标	1999 年	2010 年	累计增长率/%
民族地区生产总值/亿元	7 743.11	42 053.2	443.10
第一产业总值/亿元	1 968.38	5 945.31	202.04
第二产业总值/亿元	3 070.27	20 231.53	558.95
第三产业总值/亿元	2 704.46	15 876.35	487.04
人均 GDP/元	4 287	22 196	417.75
进出口总额总值/亿美元	82.67	637.61	771.26
地方财政收入总值/亿元	575.96	4 047.88	602.81
地方财政支出总值/亿元	1 298.32	11 749.18	804.95

资料来源：根据《中国统计年鉴》(2011 年) 中相关数据计算而得。

注：民族地区数据按现价计算。

（二）经济增长速度加快

1. GDP 增长率

民族地区的地区生产总值在 1997～2010 年获得了较快的增长，民族地区 GDP 增长率从 2002 年开始一直维持在 10% 以上的水平，并呈现连续上升态势，2007 年达到最高值 14.95%，2008 年在国际金融危机的影响下出现一次小波动，下降到 13.26%，2010 年开始回升，达到 13.41%（图 2-1）。

2. 人均 GDP 增长率

从民族地区人均 GDP[①] 及其增长状况看（表 2-2），1997～2000 年西部大开发前，民族地区人均 GDP 从 1997 年的 478.27 美元增加到 2000 年的 585.27 美元，仅增长了 22.26%，年均增长率仅为 7.42%；西部大开发后，民族地区人均 GDP

---

① 人均 GDP 以各年现价计算。其中民族地区和全国人均 GDP 分别是 8 个民族省（自治区）和 31 个省（自治区、直辖市）的加权平均值。

增长速度明显加快，从 2000 年的 585.27 美元增加到 2010 年的 3277.36 美元，增长率为 459.97%，年均增长率达到了 45.99%。

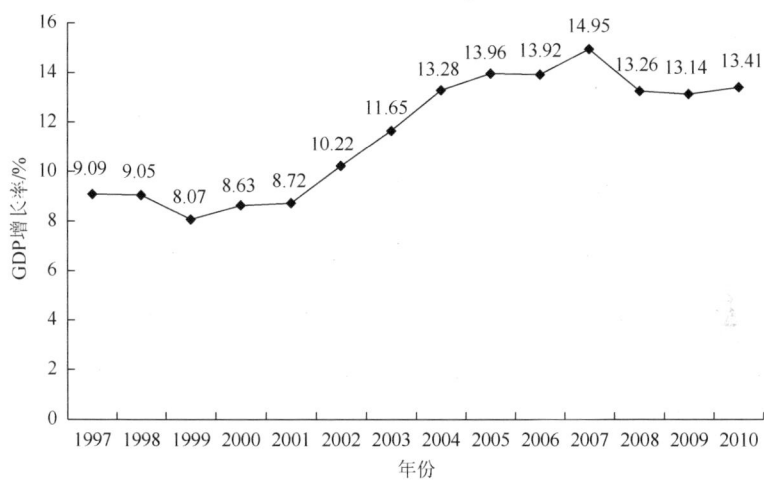

图 2-1　民族地区历年 GDP 增长率

资料来源：根据《中国统计年鉴》（1998～2011 年）中相关数据计算而得

表 2-2　民族地区历年人均 GDP

地区 \ 人均 GDP	1997年/美元	2000年/美元	2010年/美元	1997～2000年增长率/%	2000～2010年增长率/%
内蒙古	565.88	762.10	7551.96	34.68	890.94
广　西	525.47	560.62	3224.98	6.69	475.26
贵　州	267.20	345.48	2092.51	29.30	505.69
云　南	487.59	601.81	2512.48	23.43	317.49
西　藏	385.29	591.66	2762.42	53.56	366.89
青　海	490.48	660.27	3846.40	34.62	482.55
宁　夏	485.54	628.14	4284.23	29.37	582.05
新　疆	712.20	969.51	3992.98	36.13	311.86
民族地区	478.71	585.27	3277.36	22.26	459.97

资料来源：根据《中国统计年鉴》（1998～2011 年）收集整理，此处按当年平均美元汇价对其进行调整计算。

从民族地区内部来看，尤其又以内蒙古、宁夏、贵州、广西增长较快，其中，内蒙古、宁夏 2000～2010 年人均 GDP 增长率分别达到 890.94%和 582.05%，年均增长率分别达到了 89.09%和 58.21%。

二、民族地区 GDP 的横向比较

（一）人均 GDP 横向比较

仅看民族地区的人均 GDP 的增长速度，可以发现，民族地区的人均 GDP 水平从 1997 年的 478.71 美元到 2010 年的 3277.36 美元，增长了 584.62%。由此可见，尽管民族地区的人均 GDP 增长速度较快，但与东部地区相比，其人均 GDP 仍然相对较低。从历年各地区的人均 GDP 看（表 2-3），民族地区的人均 GDP 一直较低，1997 年，民族地区的人均 GDP 仅为 478.71 美元，仅占东部地区的 42.16%。到 2010 年，民族地区人均 GDP 为 3277.36 美元，占东部地区的 47.89%，可以看出，到 2010 年，民族地区人均 GDP 仍然不到东部地区的 1/2。

表 2-3　历年各地区人均 GDP[①]　　　　（单位：美元）

年份 地区	民族地区	东部地区	全国
1997	478.71	1135.43	756.63
1998	517.91	1225.40	814.24
1999	541.91	1310.14	864.03
2000	585.27	1451.87	959.01
2001	634.92	1582.51	1048.52
2002	693.66	1760.38	1158.71
2003	792.04	2042.45	1331.05
2004	952.40	2437.00	1591.99
2005	1129.44	2901.24	1889.43
2006	1372.63	3446.19	2258.68
2007	1753.03	4251.90	2825.93
2008	2383.43	5385.19	3666.58
2009	2646.05	5901.28	4053.26
2010	3277.36	6843.86	4863.64

数据来源：根据《中国统计年鉴》（1998~2011 年）资料收集整理。

从横向比较的分布图也可以看出（图 2-2），13 年间民族地区的人均 GDP 增长幅度较大，但与东部地区与全国相比，其增长幅度仍然较低，且从民族地区与其他地区的差距来看，到 2010 年，民族地区与东部地区的差距也越来越大。

---

① 此处的人均 GDP 按各年份美元汇价进行调整，可以避免通货膨胀的影响。

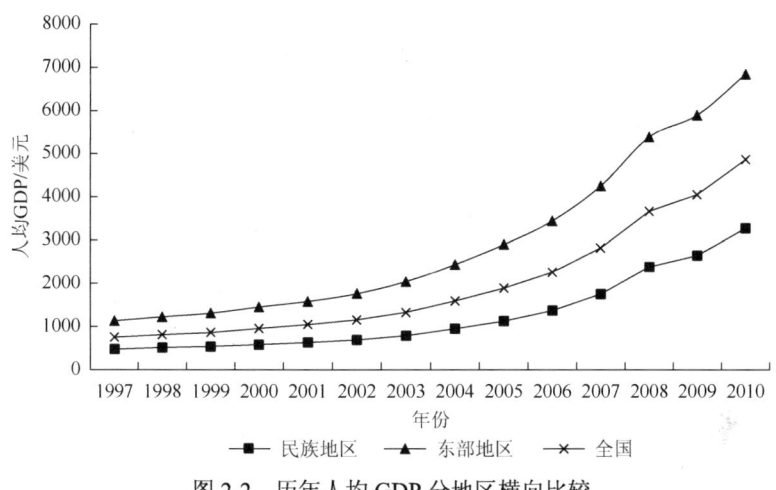

图 2-2　历年人均 GDP 分地区横向比较

数据来源：同表 2-3

（二）GDP 总量横向比较

从民族地区同东、中、西部地区的横向比较来看[①]，民族地区仅为 8 个省（自治区），生产总值一直较低（表 2-4）。尤其是在 2003 年以前，民族地区的生产总值甚至低于东北三省的国民生产总值；2004 年开始，民族地区的国民生产总值开始超过东北三省，但始终低于其他各个地区。

表 2-4　民族地区及东、中、西部、东北地区历年 GDP 值　（单位：亿元）

年份 地区	民族地区	东部地区	中部地区	西部地区	东北地区
1997	6 997.19	39 692.94	15 175.92	13 756.07	7 714.34
1998	7 528.37	43 214.51	16 321.7	14 789.09	8 233.15
1999	7 961.15	46 558.58	17 194.86	15 651.22	8 710.96
2000	8 700.33	52 742.81	18 900.75	17 088.57	9 772.01
2001	9 533.06	58 577.22	20 697.36	18 728.22	10 543.56
2002	10 513.42	65 718.43	22 694.84	20 713.86	11 443.96
2003	12 098.85	76 964.48	25 870.88	23 692.31	12 722.02
2004	14 666.92	92 822.72	31 616.21	28 603.43	14 544.62
2005	17 365.2	110 528.2	37 411.17	34 085.72	17 181.23
2006	20 727.95	129 197.6	43 480.57	40 345.73	19 791.44
2007	25 484.27	154 029.7	52 971.08	49 182.48	23 552.99

① 此处的地区分区如下。东部地区：北京、天津、河北、上海、江苏、浙江、福建、山东、广东和海南。西部地区：内蒙古、广西、重庆、四川、贵州、云南、西藏、陕西、甘肃、青海、宁夏和新疆。中部地区：山西、安徽、江西、河南、湖北和湖南。东北地区：辽宁、吉林和黑龙江。民族地区：内蒙古、广西、贵州、云南、西藏、宁夏、青海、新疆。

续表

地区 年份	民族地区	东部地区	中部地区	西部地区	东北地区
2008	31 571.48	180 416.6	64 040.53	60 447.77	28 409.05
2009	34 734.83	196 674.4	70 577.56	66 973.48	31 078.24
2010	42 053.2	232 030.7	86 109.38	91 408.49	37 493.45

注：此处 GDP 值按现价计算。
数据来源：《中国统计年鉴》(1998～2011年)。

（三）GDP 增长率横向比较

从 GDP 增长率的横向比较来看（图 2-3），在发展初期，民族地区的 GDP 增长率始终低于东部地区和全国，2005 年是一个转折点，从当年起，民族地区的 GDP 增长率开始逐渐超过东部地区和全国，到 2007 年，民族地区开始明显超过东部地区和全国，到 2010 年，东部地区和全国地区的增长率开始接近民族地区经济增长水平。结合之前的 GDP 总量来看，尽管民族地区的经济发展很快，有些年份甚至超过了东部地区和全国的发展速度，但总量仍然低于东部地区和全国。

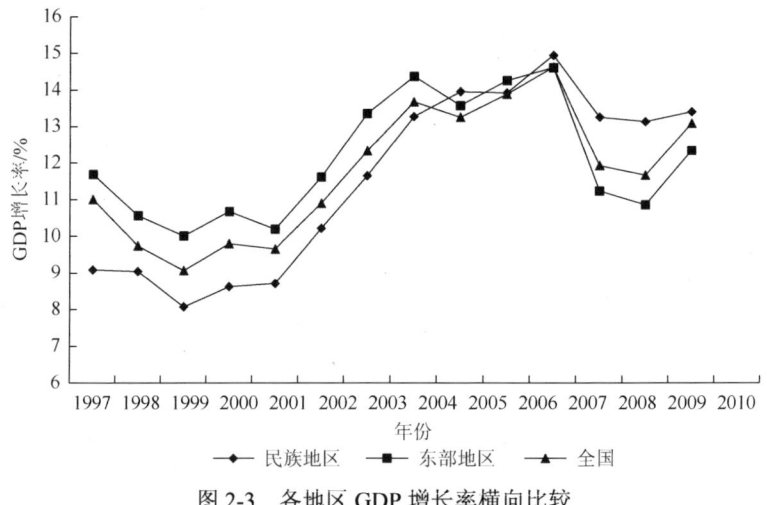

图 2-3　各地区 GDP 增长率横向比较

数据来源：同表 2-4

就各个产业来讲，第二产业对民族地区经济发展的贡献最大，民族地区的人均 GDP 在 1997～2010 年也从 478.71 美元增长到了 3277.36 美元。就 GDP 增长率而言，民族地区的 GDP 从 2005 年开始逐步超越东部地区和全国地区，到 2007 年全面超越，到 2010 年后各地区开始逐渐持平。总体而言，民族地区自西部大开发以来，经济发展迅速，GDP 增长速度快，人均 GDP 增长迅速。从横向比较来看,尽管民族地区的经济发展速度超过了东部地区和全国,但发展水平仍然不高,2010 年 GDP 总量约为东部地区的 1/5,人均 GDP 仅约为东部地区的 1/2,仍然属于欠发达地区,在未来的发展中,依然要保持高速增长,缩小地区差距。

第二节 民族地区工业化

一、民族地区工业化现状

1997 年以来,从民族地区的工业化水平来看(表 2-5),民族地区的工业化增长很快,尤其是内蒙古地区,内蒙古地区在 1997 年的工业化水平为 30.78%,到 2010 年增长到了 48.14%,增长了近 18 个百分点。青海、新疆、广西等地工业化增长也很快,促进了整个民族地区的工业化进程。

表 2-5 1997~2010 年民族地区工业化水平[①] (单位:%)

年份\地区	广西	西藏	内蒙古	贵州	宁夏	青海	云南	新疆	民族地区
1997	28.86	10.56	30.78	31.16	33.39	28.06	39.20	29.09	31.87
1998	29.37	9.89	30.29	31.90	31.91	28.25	38.53	26.97	31.50
1999	28.95	8.96	30.82	31.40	31.56	28.67	36.11	27.16	30.82
2000	29.44	8.63	31.46	31.92	32.78	29.88	35.00	30.70	31.42
2001	28.06	7.82	31.57	31.83	31.66	28.99	34.18	29.87	30.66
2002	27.70	7.19	31.68	31.80	31.96	28.62	34.09	28.75	30.35
2003	28.85	7.47	32.39	33.19	33.21	30.03	34.51	29.88	31.29
2004	30.43	7.31	33.39	34.41	36.78	32.93	34.60	33.23	32.76
2005	31.75	7.03	37.85	35.62	37.39	37.54	34.11	36.93	34.84
2006	33.55	7.47	40.97	36.58	39.86	40.88	35.32	40.76	37.15
2007	35.89	8.09	42.70	34.94	41.37	43.21	35.87	39.88	38.10
2008	37.42	7.52	44.71	34.89	40.71	43.48	36.14	42.81	39.53
2009	36.91	7.50	46.23	32.02	38.45	43.50	33.85	36.38	38.25
2010	40.34	7.83	48.14	32.96	38.06	45.44	36.05	39.75	40.56

数据来源:《中国统计年鉴》(1998~2011 年)。

从整个民族地区的工业化水平来看,1997 年民族地区的工业化水平仅为 31.87%,到 2010 年增长到了 40.56%,和全国的 40.1%持平。由此可知,我国民族地区的工业化已经取得了较好的成就,而且正在逐步推进,有很大的发展空间。

---

① 此处工业化水平为工业增加值与 GDP 的比值。

二、民族地区工业化的横向比较

由于区域发展差异和区域发展政策的影响,我国地区之间工业化进程与水平表现出较大的差异性。横向来看,东部发达地区工业化基本完成,北京、上海已呈现出后工业化社会的特征,中西部地区仍大多属于工业化中期阶段,民族地区整体上属于工业化前期阶段;纵向来看,尤其从 2004 年以后,东部地区产业向中西部地区转移特征明显,表现为东部地区制造业市场份额开始陆续下降,劳动力密集型和原材料密集型产业率先从东部地区转移出来,这些转移出来的制造业份额一部分被中西部地区吸收,另一部分被东部地区的山东、河北两省吸收。东部发达地区产业西移一方面缓解了东部集聚经济造成的要素价格上涨和资源环境承载压力加大的状况,为东部地区产业升级腾出了空间;另一方面,伴随着生产要素的持续流入,有利于促进中西部地区的经济发展。[①]

从各个地区的工业化水平进行横向对比来看(表2-6),同其他地区相比,民族地区的工业化水平最低,东北地区是中国工业化的"摇篮",虽然曾经有过一段低潮期,经济发展较慢,工业化进程也一度遇到桎梏,但相对来讲,东北地区依然是我国工业化水平最高的地区。在 2003 年 10 月,国家发布振兴东北地区老工业基地的计划,在 1997 年,东北地区的工业化水平就已经到了 43.65%,到 2010 年,工业化水平为 46.21%,虽然工业化水平提升不高,但仍然是我国工业化水平最高的地区。

表 2-6 各地区工业化水平的横向比较　　　　　　　　(单位:%)

年份\地区	民族地区	东部地区	西部地区	东北地区	全国
1997	31.87	42.75	32.82	43.65	41.69
1998	31.50	42.10	31.96	42.51	40.31
1999	30.82	41.75	31.36	42.98	39.99
2000	31.42	42.18	31.35	44.38	40.35
2001	30.66	41.70	30.95	42.74	39.74
2002	30.35	41.75	30.92	41.83	39.42
2003	31.29	43.71	32.03	42.15	40.45
2004	32.76	45.42	33.57	41.71	40.79
2005	34.84	46.26	35.02	43.94	41.76
2006	37.15	46.88	37.28	44.89	42.21

---

① 魏后凯,白玫,王业强. 中国区域经济的微观透析——企业迁移的视角. 北京:经济管理出版社,2009:140.

续表

年份\地区	民族地区	东部地区	西部地区	东北地区	全国
2007	38.10	46.31	38.23	45.42	41.58
2008	39.53	46.20	39.63	46.99	41.48
2009	38.25	44.08	39.70	43.54	39.67
2010	40.56	44.09	42.19	46.21	40.10

数据来源：《中国统计年鉴》（1998~2011年）。

东部地区的工业化水平也达到了44.09%。相比而言，我国民族地区的工业化水平相对较低，2010年，我国民族地区的工业化水平为40.56%，民族地区8个省份是西部地区的主要省份，与西部地区相比，西部地区的工业化水平为42.19%，民族地区的工业化水平也已经接近西部地区的工业化水平。

从各个地区的工业化率的增长来看，东部地区在这13年间增长了1.34个百分点，东北地区在这13年间仅增长了2.56个百分点，全国的工业化水平在1997~2010年，经过提高降低的波动，到2010年，其工业化率还减少了1.59个百分点。相比来看，西部地区工业化水平提升最快，增长了9.37个百分点，民族地区在1997~2010年也增长了8.69个百分点。

由此可见，我国民族地区的工业化水平正在加速提高，带动了整个西部地区的工业化水平提高，正在逐步接近东部地区的工业化水平，而东部地区的工业化速度正在逐步放缓。民族地区正处于工业化的进程中，在2010年其工业化水平超过了全国的工业化水平，工业化进程发展良好。

三、民族地区承接产业转移

下面运用地区工业部门市场份额及工业化水平指标（表2-7），说明民族地区的工业化发展状况。

表2-7　1997~2010年民族地区工业市场份额、工业化水平分布表　（单位：%）

年份\地区	民族地区		东部发达地区		全国
	市场份额	工业化水平	市场份额	工业化水平	工业化水平
1997	9.21	33.71	40.98	43.88	41.01
1998	8.92	32.36	41.50	43.03	40.30
1999	8.83	31.65	42.10	42.91	40.01
2000	8.65	32.02	42.73	43.48	40.62
2001	8.58	31.29	42.93	42.99	40.12
2002	8.50*	31.11	41.89	43.67	40.32

续表

年份 \ 地区	民族地区		东部发达地区		全国
	市场份额	工业化水平	市场份额	工业化水平	工业化水平
2003	8.52	32.17	43.59	45.12	41.89
2004	8.53	34.44	43.05	46.52	43.39
2005	8.81	34.71	44.71*	45.48	43.19
2006	8.91	37.15	44.60	46.07	44.39
2007	9.10	38.73	44.43	45.96	44.75
2008	9.36	40.75	43.49	46.16	45.53
2009	9.51	38.25	43.55	43.02	43.13
2010	9.62	40.56	43.21	43.58	44.23

资料来源：《中国统计年鉴》（1998~2011年）。

＊为工业市场份额的转折点。

本书运用地区工业部门市场份额指标，间接体现地区产业转移状况，并把民族地区与全国及东部发达地区（包括北京、天津、辽宁、上海、江苏、浙江、福建和广东 8 个省（直辖市））进行对比，刻画出民族地区工业化进程的特征。

从表 2-7 中可以看出，民族地区工业市场份额所占比重较小，呈现出先下降后上升的态势，1997年，市场份额占比为9.21%，随后一直下降到2002年的8.50%；2002年为工业市场份额的转折点，一直从2002年的8.50%上升到2010年的9.62%。而东部发达地区工业市场份额的走势刚好相反，2005年为其转折点，表现为先上升后下降的趋势，从 2005 年的 44.71%下降到 2010 年的 43.21%。这主要是受区域发展政策影响、地区产业转移的结果，民族地区承接产业转移，也带来了更大的环境压力。

从工业化水平看，民族地区工业化水平还较低，1997~2003年一直维持在32%左右的水平，整体处于工业化前期。2003年开始，工业化水平开始提升，从2003年的32.17%上升到2010年的40.56%，但工业化水平与全国及东部发达地区相比，仍然偏低。这也说明了民族地区工业发展起步晚，在西部大开发与产业转移的背景下，工业化水平仍待进一步提升。

综上所述，民族地区经过几十年的工业化推进，工业经济发展已经取得了显著的成就，到目前为止，民族地区的现代工业已经成体系，是全国工业体系中的重要组成部分。虽然民族地区的工业化已经取得了较好的成绩，但与全国工业化相比，民族地区的工业化水平还不高。

第三节 民族地区城镇化

一、民族地区城镇化现状

自 2000 年西部大开发实施以来,民族地区的城镇化速度加快,见表 2-8。从 2000 年的 27.82%增长到 2005 年的 34.34%,增长了 6.52 个百分点,年均增长 1.3 个百分点,而这一阶段中全国的城镇化率也仅增长了 6.77 个百分点,由此可见,民族地区正处于一个快速城镇化的过程中,城镇化增长速度正逐步赶上全国的城镇化增长速度。到 2010 年,民族地区的城镇化率增长到 40.14%,与 1997 年相比,增长了 13.6 个百分点。

表 2-8 1997～2010 年各民族地区历年城镇化率变化 （单位：%）

地区 年份	内蒙古	广西	贵州	云南	西藏	青海	宁夏	新疆	民族地区
1997	38.94	23.67	18.77	19.81	16.85	34.69	27.73	48.55	26.54
1998	39.95	23.78	19.01	20.16	17.44	34.64	28.37	48.66	26.88
1999	40.98	23.91	19.29	20.98	26.17	34.59	28.60	48.59	27.41
2000	42.20	23.98	23.87	23.36	30.82	34.73	32.56	33.76	27.82
2001	43.47	24.37	23.96	24.87	30.91	36.33	33.33	33.75	28.52
2002	43.96	24.71	24.29	26.01	31.34	37.65	34.17	33.84	29.07
2003	44.62	29.05	24.77	26.60	36.46	38.16	36.94	34.39	30.73
2004	45.70	31.70	26.28	28.10	36.51	38.50	40.58	35.16	32.41
2005	46.87	35.54	26.87	29.50	36.38	39.27	42.29	37.16	34.34
2006	48.18	36.41	27.96	30.50	35.63	39.24	42.94	37.94	35.30
2007	49.65	36.24	29.25	31.60	36.50	40.04	44.04	39.15	36.20
2008	51.08	38.16	30.70	33.00	37.04	40.88	44.95	39.64	37.63
2009	52.60	39.21	32.09	34.00	23.23	41.83	46.08	39.83	38.49
2010	55.56	40.10	33.85	34.84	22.69	44.69	48.19	42.81	40.14

资料来源：根据《中国统计年鉴》(2001～2010 年)有关自治区资料计算整理。

从民族地区的城镇化率增长趋势来看,1997～2000 年,民族地区的城镇化率从 26.54%增长到了 27.82%,增长了 1.28 个百分点,年均增长 0.43 个百分点,在这一阶段全国的城镇化率增长了 4.31 个百分点。

综合来看，目前我国民族地区基本上正处于城镇化的过程中，且发展速度较快。从民族地区城镇化水平的内部看，首先，内蒙古城镇化水平最高，发展速度最快。1997 年，内蒙古城镇化率为 38.94%，2008 年城镇化率达到 51.08%，到 2010 年，内蒙古的城镇化率达到了 55.56%，远远高于民族地区城镇化水平。

其次，宁夏、青海和新疆城镇化水平较高。1997 年以来，宁夏城镇化稳步发展，城镇化率年均提高 1.6 个百分点，2010 年宁夏的城镇化率为 48.19%，接近全国平均水平。2000~2010 年新疆城镇化率年均提高 0.9 个百分点，2010 年达到了 42.81%，高于民族地区平均水平，与全国相比还存在较大差距。

最后，1997 年以来，广西的城镇化稳步发展，城镇化率年均提高 1.3 个百分点。在 2003 年前，广西城镇化率一直低于 30%，2004~2010 年，广西城镇化进程开始加快，2010 年突破了 40%。云南和贵州的城镇化水平低，1997 年，云南、贵州城镇化率都在 20%左右，到 2010 年，云南、贵州城镇化率分别达到 34.84%和 33.85%。西藏城镇化进程缓慢，2010 年仅为 22.69%。

二、民族地区城镇化的横向比较

将民族地区与中国其他地区城镇化率进行比较（表 2-9），可以发现，民族地区城镇化起步低，1997 年，东部地区城镇化率为 33.76%，全国平均水平为 31.91%，民族地区城镇化率仅为 26.54%。经过十多年的发展，民族地区城镇化率水平仍相对较低。2010 年民族地区城镇化率为 40.14%，低于全国城镇化平均水平 9.81 个百分点，与东部地区城镇化率相比，低出 14.69 个百分点，即使与西部地区相比，仍比西部地区低 1.38 个百分点。

表 2-9　民族地区与其他地区城镇化率的横向比较　　（单位：%）

年份\地区	民族地区	西部地区	东部地区	全国
1997	26.54	29.83	33.76	31.91
1998	26.88	30.97	34.25	33.35
1999	27.41	31.62	35.28	34.78
2000	27.82	28.39	36.24	36.22
2001	28.52	29.27	37.08	37.66
2002	29.07	30.21	40.33	39.09
2003	30.73	31.82	44.61	40.53
2004	32.41	33.54	46.56	41.76
2005	34.34	34.95	47.79	42.99
2006	35.30	36.15	48.97	44.34

续表

年份\地区	民族地区	西部地区	东部地区	全国
2007	36.20	37.25	49.89	45.89
2008	37.63	38.74	50.47	46.99
2009	38.49	39.80	52.71	48.34
2010	40.14	41.52	54.83	49.95

资料来源：《中国统计年鉴》、各地区统计年鉴等。

从城镇化增长速度看，近年来民族地区城镇化进程开始加快。与全国城镇化平均水平相比，全国城镇化率在1997~2002年提高了7.18个百分点，年均增长1.44个百分点，2002~2010年全国城镇化率提高了10.86个百分点，年均增长1.36个百分点。民族地区在1997~2002年，年均城镇化率仅提高了0.51个百分点，而2002~2010年城镇化率发展速度明显加快，年均提高1.38个百分点（图2-4）。即民族地区从2002年开始，进入城镇化加速阶段，发展速度快，发展态势良好。

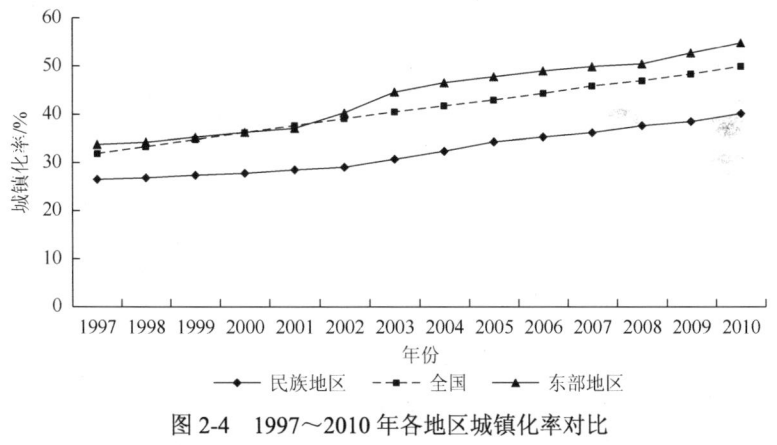

图2-4 1997~2010年各地区城镇化率对比

数据来源：同表2-9

将民族地区的城镇化发展水平与东部地区及全国进行对比，可以发现，民族地区的城镇化水平尽管发展较快，但仍然低于东部地区和全国水平，且东部地区在2002年以后城镇化水平得到了飞速发展，民族地区的发展也基本符合这个方向。

根据城镇人口的占比（即城镇化率）的不同，城镇化在不同时间表现出一种平缓的"S"形曲线，即诺瑟姆曲线。根据诺瑟姆曲线理论，把城镇化分成三个阶段，为城市水平较低、发展较慢的初期阶段、人口向城市迅速聚集的中期加速阶段和进入高度城镇化以后城镇人口比重的增长又趋缓慢甚至停滞的后期阶段。城镇化率达到10%时表明城镇化进程开始启动，城市发展缓慢，经历时间长，此时区域处于传统农业阶段;当城镇化率超过 30%时,城镇化进程开始进入加速阶段,这一阶段城市规模扩大,数量增多,工业在区域经济和社会生活中占主导地位;当城镇化率超过 60%时,城镇化人口增长速度下降,城镇化进程处于稳定阶段。

民族地区从 2003 年起开始进入城镇化的加速阶段,城镇化开始了迅速发展的阶段,到 2010 年,民族地区的城镇化率达到了 40.14%(图 2-5)。

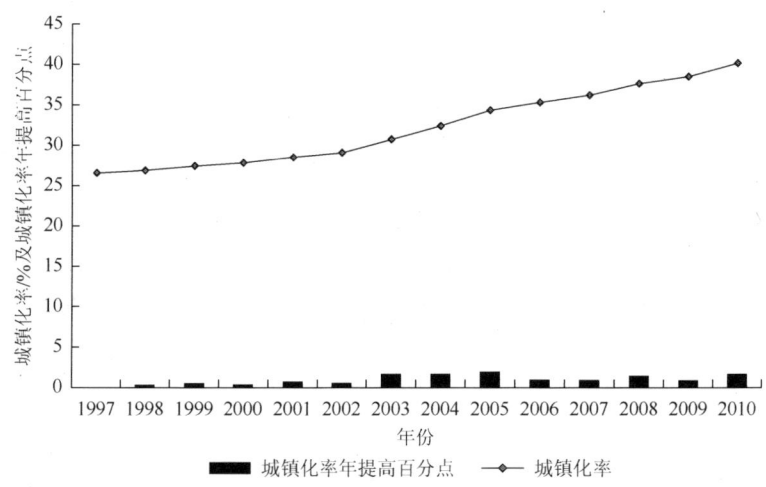

图 2-5　民族地区城镇化率及城镇化率年提高百分点

数据来源:同表 2-9

然而,民族地区的发展问题实质上也是一个城市转型的问题,从落后地区开始逐步发展转型为一个发展的城镇。魏后凯指出,城市转型是在各个领域、各个方面发生重大的变化和转折,是一种多领域、多方面、多层次、多视角的综合转型。长期以来,我国的城市发展大多都是走的一条以高增长、高消耗、高排放、高扩张为特征的粗放型的发展道路。在这种粗放型的发展模式下,出现了无序和低效开发、城乡区域发展失调、城市发展失衡等诸多弊端,这显然是一种不可持续的发展方式[①]。显然,民族地区的发展也没有摆脱这种粗放型的发展模式。在这种粗放型的发展模式下,民族地区的城镇化、工业化也带来了大量的环境问题,造成了不小的环境压力。

小　　结

西部大开发以来,民族地区经济总量增长迅速,从 1999 年的 7743.11 亿元增

---

① 魏后凯. 新时期中国城市转型战略. 南京城市规划年会,2011-09-20.

长到 2010 年的 42 053.2 亿元，11 年累计增长率达到了 443.10%，年均增长率达到了 40.28%。经济增长速度也不断加快，GDP 增长率从 1997 年的 9.09%增长到 2010 年的 13.17%，人均 GDP 的年均增长率达到了 45.99%，GDP 增长率自 2007 年以来超过了东部地区和全国平均水平。但民族地区经济总量仍然相对较低，2010 年，民族地区 GDP 总量仅占东部地区的 1/5，人均 GDP 不到东部地区的 1/2。

民族地区正处于工业化加速阶段，在承接东部产业转移的进程中，进一步加快了民族地区的工业化发展速度。在工业化快速推进的同时，民族地区的城镇化水平也在不断提升，到 2010 年，民族地区的城镇化率达到了 40.14%，逐步接近全国平均水平。民族地区的城镇化从 2003 年开始进入加速阶段，城镇化进程正不断加快。

总体来看，民族地区正处于经济快速增长、工业化和城镇化"双加速"阶段，将不可避免地给民族地区带来更大的环境压力。

第三章

民族地区环境压力

在民族地区经济增长驱动力的作用下，本章重点对民族地区环境压力不断增大的事实进行描述。本章分为两节：第一节从民族地区主要污染物排放总量不断增加来探讨民族地区面临的环境压力；第二节运用面板门槛模型，并与东部地区进行对比，定量分析民族地区面临环境压力的特殊性。

第一节　民族地区主要污染物排放总量不断增加

2006年8月，受国务院委托，国家环境保护总局与各省（自治区、直辖市）人民政府签订了"十一五"主要污染物排放总量削减目标责任书，明确了各地区COD和二氧化硫排放总量控制目标。当前重点控制的是SO_2和COD两个约束性指标。同时，随着全球升温，控制温室气体CO_2排放也成为重要的约束性指标。随着节能减排的进一步深入，更多的指标将被引入重点检测指标，如NO_2、PM2.5等。本节主要从COD、SO_2、CO_2三大指标来看民族地区主要污染物的排放情况。

一、民族地区COD排放

（一）民族地区COD排放现状

COD是化学需氧量或者化学耗氧量的简称，是利用化学氧化剂将水中的可氧化物质氧化分解,然后根据残留的氧化剂的量计算出氧的消耗量。水中的还原性物质主要是有机物,因此,COD往往作为衡量水中有机物质含量多少的指标,COD越大,说明水体有机物的污染越严重。

由表 3-1 可以看出,1997~2010 年民族地区工业 COD 排放量大致呈现出波动中下降的趋势。1997 年,民族地区工业 COD 总排放量为 120.40 万吨,1998 年上升到 134.27 万吨,1999 年下降,2000 年上升到最大值 136.29 万吨,2001~2009 年都在 100 万吨左右徘徊,直到 2010 年下降到最低值 99.08 万吨。

表 3-1　1997~2010 年民族地区工业 COD 排放量　（单位：万吨）

年份\地区	内蒙古	广西	贵州	云南	西藏	青海	宁夏	新疆	总排放量
1997	18.01	49.19	6.27	25.64	0.27	0.37	5.77	14.88	120.40
1998	14.11	57.11	11.09	29.77	0.28	0.51	6.49	14.93	134.27
1999	11.99	52.18	8.20	28.39	0.27	0.50	6.93	13.26	121.73
2000	12.87	75.77	5.15	17.74	0.27	0.39	14.04	10.07	136.29
2001	12.13	54.61	3.02	14.16	0.26	0.32	15.54	9.52	109.57
2002	11.36	56.15	2.68	12.03	0.11	0.36	8.31	10.61	101.60
2003	13.48	62.54	2.54	9.28	0.12	0.29	7.64	12.63	108.52
2004	13.84	69.35	2.31	9.75	0.12	0.33	4.74	14.44	114.87
2005	15.48	66.44	2.24	10.69	0.11	3.39	10.75	15.33	124.43
2006	13.61	67.95	1.83	10.56	0.09	3.53	10.81	16.64	125.03
2007	13.09	60.77	1.84	9.79	0.09	3.82	10.84	16.70	116.94
2008	13.01	56.03	1.37	9.19	0.08	3.73	10.17	16.03	109.62
2009	12.01	51.88	1.30	8.53	0.07	3.93	9.73	15.14	102.59
2010	9.13	49.27	1.60	8.93	0.11	4.47	9.28	16.29	99.08

资料来源:《中国统计年鉴》(2001~2011 年)。

分省(自治区)看,工业 COD 增长速度最快的为宁夏,1997 年,其工业 COD 大约为 5.77 万吨,1998~2001 年处于平稳上升状态,到 2001 年达到最大值 15.54 万吨,2002~2004 年,COD 快速下降到 4.74 万吨,2005 年回升,之后到 2008 年处于持平状态,到 2010 年下降达到 9.28 万吨;新疆 13 年间的工业 COD 处于先减少后上升状态,从 1997 年的 14.88 万吨减少到 2001 年的 9.52 万吨,从 2002 年开始呈现上升状态,到 2010 年新疆的工业 COD 上升到 16.29 万吨;西藏、青海工业 COD 排放较少,青海的工业 COD 排放水平一直都处于低位上升状况,基数很小,1997 年,COD 排放量为 0.37 万吨,直至 2010 年,COD 排放量最大时也只有 4.47 万吨;2000 年,西藏的工业 COD 排放量为 0.27 万吨,2009 年仅为

0.07万吨,直至2010年,COD排放量仅为0.11万吨;广西的COD最大,2000年达到最高值,为75.77万吨,在1997年为最低值,也有49.19万吨。内蒙古、贵州、云南这13年间的COD排放量处于波动中下降状态。

(二)横向对比分析

民族地区的废水COD排放量相对东部地区及全国较低。1997年,民族地区COD排放量为120.4万吨(表3-2),为东部地区的44.85%,占全国COD排放量总量的18.09%。

表3-2 民族地区工业COD排放量、排放强度与全国及东部地区比较

年份 \ 地区	民族地区		东部地区		全国	
	排放量/万吨	排放强度/(万吨/亿元)	排放量/万吨	排放强度/(万吨/亿元)	排放量/万吨	排放强度/(万吨/亿元)
1997	120.40	539.82	268.42	158.17	665.42	221.10
1998	134.27	551.49	318.58	170.57	800.61	243.57
1999	121.73	468.71	243.20	117.96	691.73	192.10
2000	136.29	464.01	219.90	91.99	662.37	160.30
2001	109.57	346.17	190.89	72.19	573.55	126.27
2002	101.60	290.12	177.51	58.98	522.70	102.26
2003	108.52	260.78	169.45	45.88	511.81	83.15
2004	114.87	223.74	171.11	38.00	509.70	68.53
2005	124.43	194.70	188.28	34.79	554.73	61.08
2006	125.03	155.30	175.51	27.80	540.41	50.22
2007	116.94	119.26	163.05	22.71	511.06	40.94
2008	109.62	91.76	137.03	17.35	457.59	32.28
2009	102.59	79.91	134.38	16.04	439.68	28.89
2010	99.08	61.98	138.87	14.48	434.77	24.00

资料来源:根据《中国统计年鉴》(2001~2011年)计算整理所得。
注:工业COD排放强度=COD排放量(万吨)/根据物价指数调整后的工业增加值(亿元)。

随着经济发展和环保技术水平的上升,民族地区、东部地区和全国的工业COD排放量都呈现下降的态势(图3-1)。2010年,民族地区工业COD排放量为99.08万吨,占全国工业COD排放量的比重为22.79%,为东部地区的71.35%。从民族地区与东部地区工业COD排放量占全国的比重来看,民族地区COD排放

量占全国比重从 1997 年的 18.09%增加到 2010 年的 22.79%，而东部地区 COD 排放量占全国比重从 1997 年的 40.34%减少到 2010 年的 31.94%。

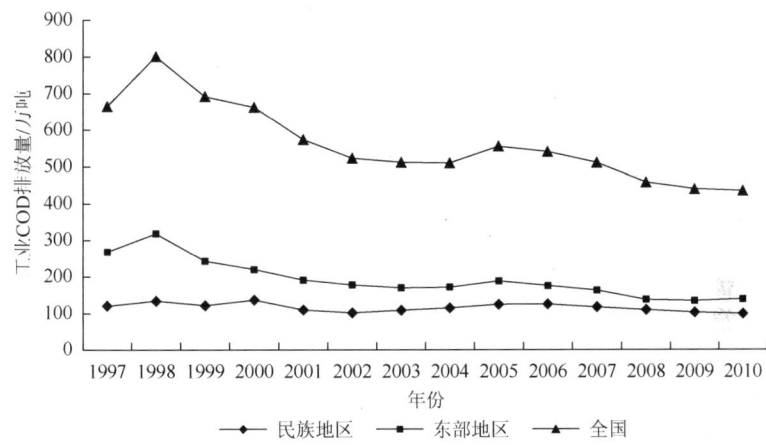

图 3-1 民族地区工业 COD 排放量与全国及东部地区比较

资料来源：同表 3-2

从 COD 排放强度来看，民族地区 COD 排放强度极高（图 3-2），1997 年民族地区工业 COD 排放强度为 539.82 万吨/亿元，分别是东部地区和全国平均水平的 3.41 倍和 2.44 倍，2010 年该指标为 61.98 万吨/亿元，分别是东部和全国平均水平的 4.28 倍和 2.58 倍。这说明与全国和东部地区 COD 排放强度相比较，民族地区 COD 排放强度远没有全国及东部地区降低得快。

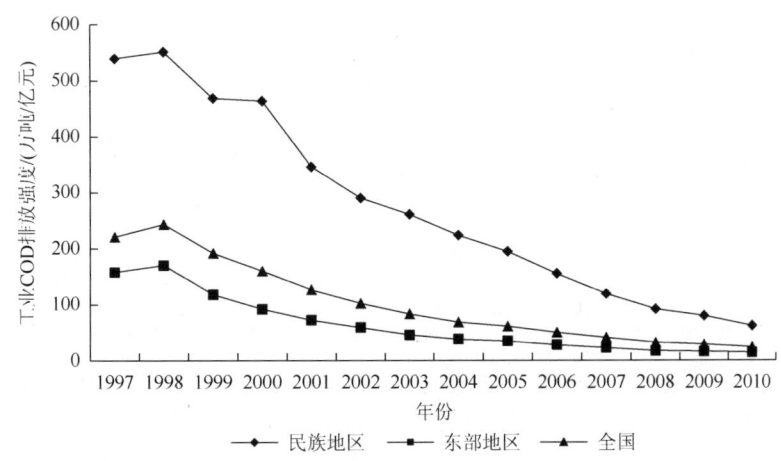

图 3-2 民族地区工业 COD 排放强度与全国及东部地区比较

资料来源：同表 3-2

二、民族地区 SO_2 排放

(一) 民族地区 SO_2 排放总量

二氧化硫是最常见的硫氧化物，无色气体，是大气的主要污染物之一，许多工业生产过程中都会产生此种气体，如煤炭、石油行业，二氧化硫溶于水会形成亚硫酸，是现代社会普降的酸雨的重要组成部分，若进一步氧化便会生成硫酸。因此，二氧化硫是一项非常重要的大气污染物。国内外相关研究普遍采用的具体污染指标多为二氧化硫排放量，来表征环境污染水平，这是因为二氧化硫作为一种主要环境污染物，尤其是在物质生产过程中排放，多为工业排放，生活排放量相对较小[①]。下面主要用工业二氧化硫排放量这个指标来进行分析。

由表 3-3 可以看出，1997~2010 年民族地区二氧化硫排放量大致呈现出向上升后下降的态势。1997~2006 年，民族地区二氧化硫排放量总体呈现上升态势，从 1997 年的 228.17 万吨上升到 2006 年的 472.50 万吨，2007 年开始有所回落，降至 451.41 万吨，到 2010 年，民族地区二氧化硫排放量为 405.10 万吨，相比 1997 年增加 77.54%。

表 3-3　1997~2010 年民族地区工业二氧化硫排放量　　（单位：万吨）

地区 年份	内蒙古	广西	贵州	云南	西藏	青海	宁夏	新疆	总排放量
1997	53.16	49.82	60.93	27.04	0.08	2.53	18.57	16.04	228.17
1998	56.85	64.35	85.15	30.66	0.14	1.96	18.60	19.14	276.86
1999	52.18	54.85	67.88	27.66	0.09	1.90	17.57	19.79	241.93
2000	50.63	80.05	64.25	32.39	0.08	2.02	17.42	18.77	265.59
2001	48.51	66.26	57.14	29.44	0.07	2.37	16.88	18.89	239.57
2002	55.90	64.62	57.71	29.31	0.07	2.21	18.72	19.30	247.85
2003	113.78	83.05	57.03	38.07	0.07	5.05	25.84	22.33	345.22
2004	103.40	89.70	60.00	40.00	0.10	6.40	26.00	31.50	357.10
2005	129.60	97.50	65.90	42.90	0.10	11.50	30.20	34.80	412.50
2006	138.40	94.40	104.00	45.60	0.10	12.10	35.00	42.90	472.50
2007	128.33	92.62	92.06	44.54	0.08	12.53	34.00	47.25	451.41
2008	125.86	87.03	74.13	41.99	0.12	12.61	31.92	51.02	424.67
2009	120.40	83.53	62.37	41.78	0.17	12.73	27.83	51.54	400.36
2010	119.30	84.80	63.80	44.00	0.10	13.30	28.00	51.80	405.10

资料来源：根据《中国统计年鉴》（1998~2011 年）计算整理。

[①] 于峰，齐建国. 开放经济下环境污染的分解分析——基于 1990~2003 年间我国各省市的面板数据. 统计研究，2007, 24 (1): 47-53.

从民族地区内部各省（自治区）看，二氧化硫排放量增长速度最快的为内蒙古，1997 年二氧化硫排放量大约为 53.16 万吨，1998~2001 年略有下降，2001~2002 年处于平稳上升状态，二氧化硫排放量为 55.90 万吨，但 2002~2010 年，其二氧化硫排放量急速上升，至 2006 年已经达到 138.40 万吨，其中，2002~2003 年的二氧化硫排放增速最高，为 103.54%；西藏、青海、宁夏三个省（自治区）二氧化硫排放量较少，青海的二氧化硫排放水平一直都处于低位上升状态，基数很小，1997 年二氧化硫排放量为 2.53 万吨，最大值是 2010 年的二氧化硫排放量，也只有 13.30 万吨；宁夏的二氧化硫排放状况和青海极为相似，二氧化硫排放总量小，1997 年宁夏的二氧化硫排放量仅为 18.57 万吨，2006 年为 35.00 万吨，2010 年二氧化硫排放量为 28.00 万吨；新疆二氧化硫排放量 1997~2002 年较为平稳，2003~2010 年一直处于上升态势，从 2003 年的 22.33 万吨上升到 2010 年的 51.80 万吨；广西、贵州、云南这 13 年间的二氧化硫排放量都处在平稳上升而后略微下降的状态。

（二）横向对比分析

1. 工业二氧化硫排放总量

从工业二氧化硫排放总量与全国及东部地区横向对比看（表 3-4 和图 3-3），1997 年，民族地区工业二氧化硫排放量为 228.17 万吨，为东部地区的 42.47%，占全国工业二氧化硫排放量总量的 16.74%；到 2006 年，民族地区工业二氧化硫排放量达到最高，工业二氧化硫排放量为东部的 63.00%，占全国工业二氧化硫排放量总量比重的 21.16%；2006 年到 2010 年，随着经济发展和环保技术水平的上升，民族地区、东部地区和全国的工业二氧化硫排放量都出现了一定程度的下降，到 2010 年民族地区工业二氧化硫排放量下降到 405.1 万吨，占全国和东部地区工业二氧化硫排放量比重分别为 21.73% 和 68.23%。

表 3-4　民族地区工业二氧化硫排放量与全国及东部地区比较　（单位：万吨）

年份 \ 地区	民族地区	东部地区	全国	年份 \ 地区	民族地区	东部地区	全国
1997	228.17	537.19	1362.63	2004	357.10	686.7	1891.6
1998	276.86	640.03	1593.02	2005	412.5	759.5	2168.3
1999	241.93	559.66	1460.1	2006	472.5	749.94	2232.89
2000	265.59	612.85	1586.08	2007	451.41	711.23	2139.98
2001	239.57	591.28	1503.44	2008	424.67	650.68	1991.37
2002	247.85	589.77	1511.98	2009	400.36	600.31	1865.94
2003	345.22	663.54	1788.73	2010	405.10	593.69	1864.27

资料来源：同表 3-3。

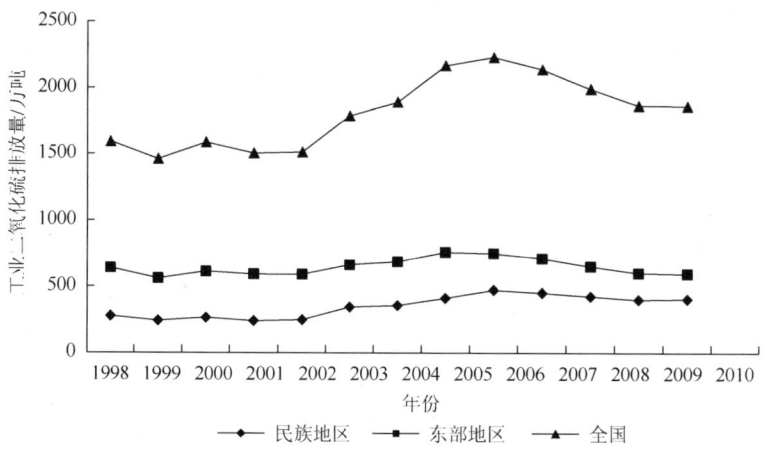

图 3-3　民族地区工业二氧化硫排放量与全国及东部地区比较

资料来源：同表 3-3

1997～2010 年，从民族地区与东部地区二氧化硫排放量分别占全国的比重比较来看（图 3-4），民族地区二氧化硫排放量所占比重从 1997 年的 16.74%增加到 2010 年的 21.73%，而东部地区二氧化硫排放量所占比重从 1997 年的 39.42%减少到 2010 年的 31.85%。民族地区的二氧化硫排放量比重在逐年增加，东部地区的二氧化硫排放量比重在逐年减少。

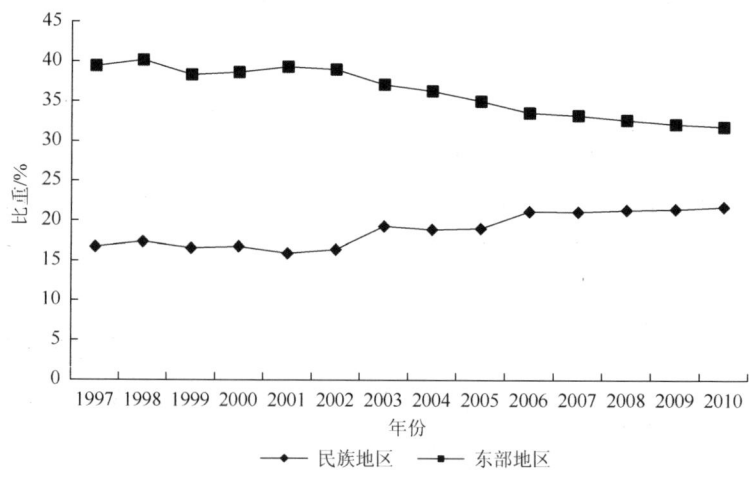

图 3-4　各地区工业二氧化硫排放量占全国比重

资料来源：同表 3-3

2. 工业二氧化硫排放强度

1997～2010 年，各地区工业二氧化硫排放强度呈现下降的趋势，但民族地区工业二氧化硫排放强度较全国及东部地区明显偏高（图3-5）。1997年，民族地区工业二氧化硫排放强度为 1023.03 吨/亿元，分别是东部和全国水平的 3.23 倍和 2.26 倍，2001 年民族地区工业二氧化硫排放强度为 756.90 吨/亿元，分别是东部地区和全国水平的 3.38 倍和 2.29 倍，2010 年，民族地区的工业二氧化硫排放强度为 253.39 吨/亿元，分别为东部和全国平均水平的 4.09 倍和 2.46 倍。由此可见，1997～2010 年，民族地区工业二氧化硫排放强度虽然有所下降，但其下降幅度远远低于全国和东部地区。

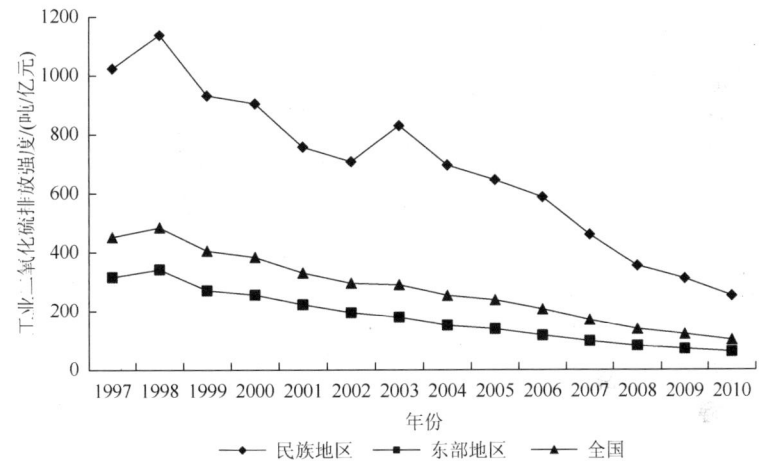

图 3-5　民族地区工业二氧化硫排放强度与全国及东部地区比较

资料来源：同表 3-3

三、民族地区工业碳排放

（一）民族地区工业碳排放现状

本书所计算的碳排放总量是根据地区终端能源消费的 17 种一次能源及电力、热力共 19 种能源碳排放量加总得出的。17 种一次能源包括原煤、洗精煤、其他洗煤、型煤、焦炭、焦炉煤气、其他煤气、原油、汽油、煤油、柴油、燃料油、液化石油气、炼厂干气、天然气、其他石油制品、其他焦化产品。并按一次能源的碳氧化率、平均低位发热量、燃料排放因子分别计算出其碳排放量；热力和电力也分别按各地区使用的一次能源加总算出其碳排放总量[①]。其中，燃料排放因子根据《2006 年 IPCC 国家温室气体清单指南》所提供的能源燃烧缺省 CO_2 排放因子；平均低位发热量来源于《中国能源统计年鉴 2010》。

---

① 成艾华，雷振扬. 民族地区碳排放效应分析与低碳经济发展. 民族研究，2011，(6)：13-20，108.

从目前掌握的资料看，西藏、宁夏和海南三个省（自治区）的数据缺失，其中，西藏数据大多缺失，宁夏2000~2002年、海南2002年的产业部门能源消费量缺失。本书对宁夏三年缺失的数据及海南2002年的缺失数据采用内插法进行处理，最后取30个省（自治区）进行计算（不包括西藏）。1997~2010年13年间30个省（自治区、直辖市）的碳排放量计算结果见表3-5。

表3-5 1997~2010年30个省（自治区、直辖市）碳排放量 （单位：亿吨）

地区\年份	1997	1998	1999	2000	2001	2002	2003	2004	2005	2006	2007	2008	2009	2010
北京	0.90	0.92	0.99	0.93	0.95	1.05	1.13	1.23	1.34	1.43	1.51	1.53	1.54	1.65
天津	0.57	0.60	0.64	0.64	0.67	0.78	0.85	0.95	1.01	1.10	1.21	1.32	1.41	1.92
河北	2.08	2.14	2.31	2.23	2.30	2.70	3.17	3.61	4.58	5.00	5.37	5.85	6.03	6.75
山西	1.44	1.43	1.48	1.42	1.69	2.08	2.36	2.48	2.56	2.81	3.09	3.33	3.25	3.49
内蒙古	0.80	0.72	0.84	0.82	0.86	1.00	1.20	1.77	2.01	2.29	2.62	3.07	3.37	3.70
辽宁	1.99	1.90	1.89	2.17	2.11	2.19	2.33	2.58	2.89	3.23	3.64	3.73	3.98	4.65
吉林	1.01	0.90	0.84	0.88	0.90	0.95	1.09	1.16	1.44	1.62	1.71	1.72	1.79	2.03
黑龙江	1.26	1.22	1.21	1.18	1.19	1.21	1.33	1.42	1.53	1.72	1.81	1.89	1.91	2.05
上海	1.08	1.10	1.16	1.23	1.26	1.27	1.44	1.60	1.76	1.97	2.11	2.14	2.19	2.39
江苏	1.83	1.82	1.81	1.91	1.92	1.97	2.40	2.96	3.68	4.07	4.48	4.73	5.02	5.53
浙江	1.12	1.17	1.19	1.32	1.47	1.54	1.89	2.24	2.62	2.90	3.17	3.28	3.34	3.62
安徽	1.04	1.08	1.10	1.17	1.23	1.36	1.39	1.39	1.45	1.60	1.73	1.79	1.89	2.05
福建	0.78	0.59	0.65	0.68	0.69	0.76	0.96	1.04	1.38	1.51	1.63	1.75	1.91	2.10
江西	0.51	0.49	0.48	0.46	0.51	0.56	0.68	0.77	0.83	0.97	1.07	1.08	1.13	1.27
山东	2.07	2.28	2.37	2.19	2.80	2.82	3.25	4.00	5.68	6.15	6.81	7.31	7.51	8.17
河南	1.45	1.42	1.41	1.47	1.59	1.68	1.92	2.48	3.04	3.50	3.88	3.82	3.95	4.32
湖北	1.40	1.37	1.42	1.44	1.42	1.54	1.74	1.91	2.12	2.34	2.60	2.69	2.84	3.32
湖南	1.08	1.09	0.86	0.83	0.96	1.07	1.17	1.43	2.04	2.18	2.34	2.43	2.49	2.62
广东	1.60	1.73	1.79	1.89	2.00	2.16	2.66	2.96	3.60	4.07	4.49	4.52	4.84	5.26
广西	0.53	0.53	0.56	0.58	0.61	0.60	0.70	0.83	0.97	1.14	1.29	1.31	1.45	1.64
海南	0.07	0.14	0.08	0.10	0.12	0.15	0.20	0.14	0.17	0.20	0.23	0.25	0.28	0.29
重庆	0.56	0.72	0.75	0.79	0.67	0.74	0.70	0.70	0.85	0.92	0.95	1.20	1.28	1.39
四川	1.28	1.25	1.13	1.10	1.16	1.24	1.67	1.89	1.84	2.03	2.29	2.52	2.76	3.09
贵州	0.77	0.82	0.81	0.82	0.88	0.93	1.08	1.26	1.32	1.41	1.48	1.35	1.45	1.53
云南	0.61	0.59	0.56	0.59	0.62	0.71	0.83	0.64	1.30	1.38	1.49	1.54	1.67	1.81
陕西	0.69	0.67	0.57	0.56	0.76	0.74	0.80	1.06	1.19	1.23	1.34	1.53	1.66	1.92

续表

年份 地区	1997	1998	1999	2000	2001	2002	2003	2004	2005	2006	2007	2008	2009	2010
甘肃	0.60	0.60	0.61	0.63	0.63	0.63	0.71	0.94	0.95	1.03	1.11	1.20	1.21	1.37
青海	0.15	0.15	0.18	0.17	0.17	0.19	0.23	0.31	0.30	0.37	0.41	0.48	0.50	0.58
宁夏	0.18	0.18	0.19	0.25	0.30	0.35	0.63	0.41	0.52	0.58	0.62	0.71	0.75	0.86
新疆	0.62	0.68	0.61	0.63	0.66	0.70	0.79	0.94	1.05	1.15	1.26	1.38	1.52	1.67
汇总	30.08	30.31	30.50	30.83	33.36	37.10	41.30	47.20	55.98	61.85	67.72	71.50	74.90	83.03

资料来源：根据《中国能源统计年鉴》（1998～2011年）计算整理所得。

从民族地区分部门碳排放数据看，工业是碳排放的主要部门，占碳排放总量的70%左右（图3-6），其次为生活消费及其他部门，农业，建筑业，批发、零售业和住宿、餐饮业，交通运输、仓储和邮电业等占的比重较小。由于工业是主要的排放部门[①]，民族地区与全国及其他发达地区的差别也主要体现在工业发展水平的差异上，所以下面对碳排放的分析将主要以工业碳排放为主。

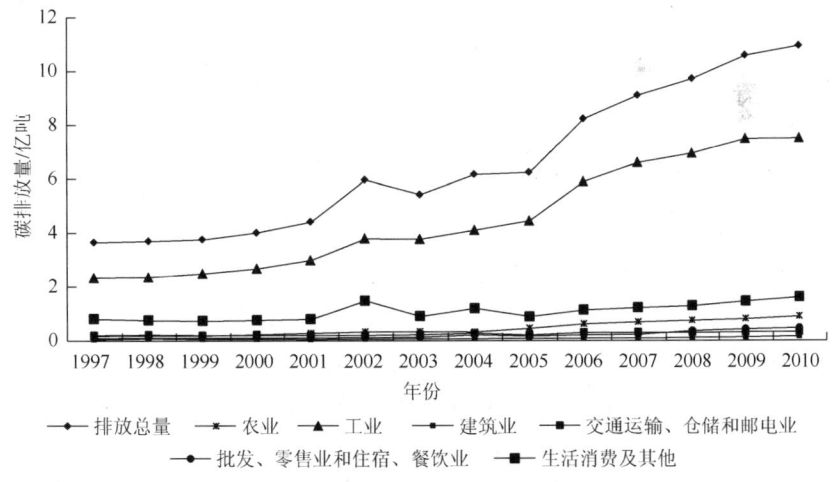

图3-6 民族地区分部门碳排放总量分布图

资料来源：同表3-5

相应地单独给出民族地区的工业碳排放量，由于西藏碳排放资料缺失，在计算民族地区工业碳排放量时只包括内蒙古、新疆、广西、宁夏四个自治区和青海、云南、贵州三个多民族省份的工业碳排放量。结果见表3-6。

---

① 陈诗一. 节能减排与中国工业的双赢发展：2009—2049. 经济研究，2010，（3）：129-143.

表 3-6 1997～2010 年民族地区工业碳排放量　　（单位：亿吨）

年份\地区	内蒙古	广西	贵州	云南	青海	宁夏	新疆	总排放量
1997	0.54	0.43	0.37	0.41	0.10	0.13	0.32	2.30
1998	0.48	0.43	0.39	0.44	0.10	0.14	0.36	2.33
1999	0.60	0.44	0.42	0.40	0.13	0.15	0.33	2.46
2000	0.60	0.45	0.37	0.39	0.12	0.17	0.33	2.43
2001	0.63	0.46	0.48	0.40	0.11	0.21	0.34	2.62
2002	0.74	0.44	0.51	0.46	0.13	0.24	0.36	2.88
2003	0.92	0.51	0.63	0.57	0.16	0.28	0.43	3.49
2004	1.19	0.59	0.80	0.41	0.24	0.35	0.52	4.10
2005	1.37	0.68	0.85	0.95	0.21	0.43	0.66	5.15
2006	1.59	0.82	0.94	1.01	0.28	0.48	0.77	5.90
2007	1.86	0.94	1.01	1.09	0.32	0.52	0.85	6.59
2008	2.13	0.96	0.83	1.12	0.38	0.60	0.94	6.94
2009	2.29	1.04	0.89	1.21	0.39	0.62	1.03	7.48
2010	2.13	1.07	0.82	1.16	0.46	0.71	1.15	7.51

资料来源：同表 3-5。

从表 3-6 可以看出，1997～2010 年，民族地区工业碳排放总量由 1997 年的 2.30 亿吨持续上升到 2010 年的 7.51 亿吨。1997～2010 年工业碳排放量增加了 226.52%。

从民族地区内部各省（自治区）工业碳排放情况看，其中，工业碳排放量增长速度最快的是宁夏，1997 年碳排放量大约为 0.13 亿吨，1997～2010 年平稳上升到的 0.71 亿吨，其中 2004～2005 年的工业碳排放增速最高，为 22.86%；青海、贵州工业碳排放水平一直都处于低位上升状况，基数很小，1997 年碳排放量分别为 0.10 亿吨和 0.37 亿吨，直至 2010 年碳排放量最大时也分别只有 0.46 亿吨和 0.82 亿吨；广西、新疆、云南这 13 年间的碳排放量都处于平稳上升状态。

（二）横向对比分析

1. 工业碳排放总量

民族地区的碳排放量相对东部地区及全国较低（表 3-7）。1997 年民族地区碳排放量为 2.30 亿吨，是东部地区的 27.12%，占全国碳排放量总量的 10.86%；1997～2010 年，民族地区、东部地区和全国碳排放量都在持续上升，到 2010 年民族地区碳排放量为 7.51 亿吨，占全国和东部地区碳排放量的比重分别为 29.94% 和 12.68%。

表 3-7　民族地区工业碳排放量与全国及东部地区比较　　（单位：亿吨）

年份	民族地区	东部地区	全国	年份	民族地区	东部地区	全国
1997	2.30	8.48	21.17	2004	4.10	14.85	33.83
1998	2.33	9.51	22.07	2005	5.15	18.38	39.66
1999	2.46	9.04	22.11	2006	5.90	20.45	44.35
2000	2.43	9.11	21.73	2007	6.59	22.50	48.97
2001	2.62	9.68	22.89	2008	6.94	23.43	51.03
2002	2.88	10.50	24.85	2009	7.48	24.26	53.15
2003	3.49	12.70	28.99	2010	7.51	25.08	59.23

资料来源：同表 3-5。

下面分别画出民族地区、东部地区、全国工业碳排放量的对比图（图 3-7），从图中可以看出，民族地区工业碳排放总量明显低于全国及东部地区工业碳排放总量。1997~2000 年，民族地区、东部地区及全国工业碳排放增量都相对较少，而且增长速度较慢。自 2001 年开始，东部地区和全国工业碳排放增速都明显加快，民族地区工业碳排放总量增长相对较为平缓。

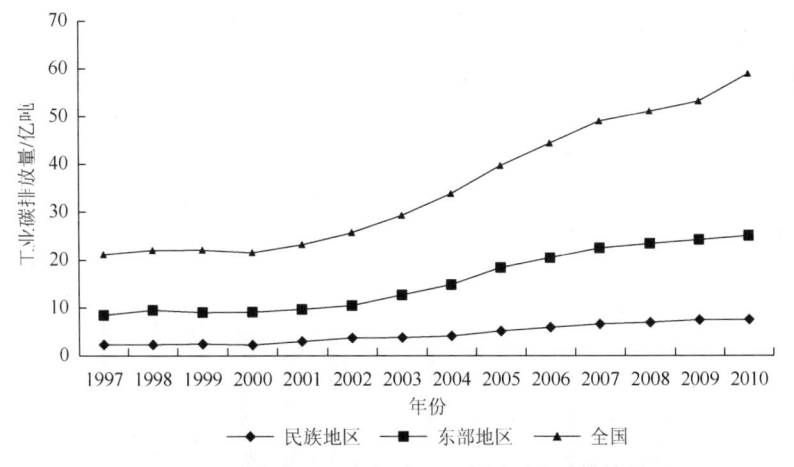

图 3-7　民族地区、东部地区、全国工业碳排放量

资料来源：同表 3-5

分别计算出民族地区和东部地区占全国工业碳排放总量的比重（图 3-8），可以看出，民族地区工业碳排放所占我国 30 个省（自治区、直辖市）工业碳排放总量的比重相对较少，1997 年占全国比重为 10.86%，2009 年上升到 14.07%，2010 年下降到 12.68%，1997~2010 年 13 年间上升了 1.82 个百分点。从东部地区工业碳排放量占全国的比重来看，1997 年占全国比重为 40.06%，2005 年上升到 45.34%，2005~2010

年，东部地区工业碳排放量占全国的比重持续下降，2010年下降为全国的42.34%。

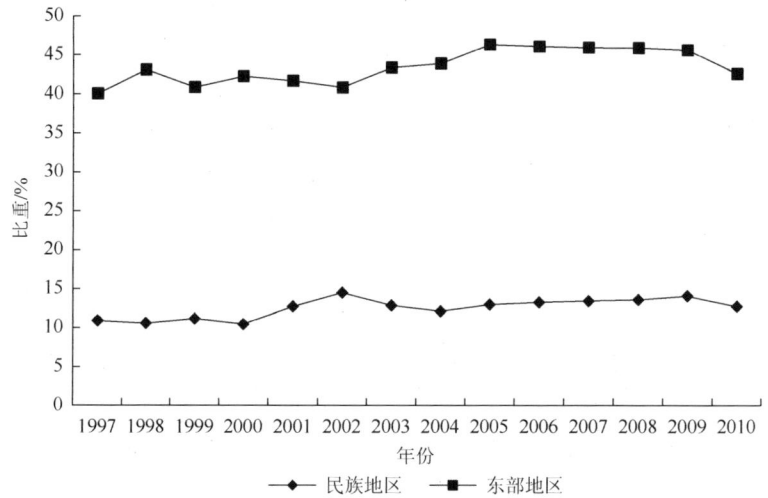

图 3-8　民族地区及东部地区占全国工业碳排放总量的比重

资料来源：同表 3-5

从民族地区工业排放量总量看，呈现持续上升的趋势（图 3-9）。1997～2010年，民族地区工业碳排放总量从 2.30 亿吨增加到了 7.51 亿吨，尤其从 2001 年开始，碳排放增长速度开始加快，2001～2010 年增量占 1997～2010 年增量的 94%。从占我国 30 个省（自治区、直辖市）工业碳排放比重来看，从 1997 年的 10.86%增加到 2010 年的 12.68%，其中，从 2004 年相对比重开始出现上升。

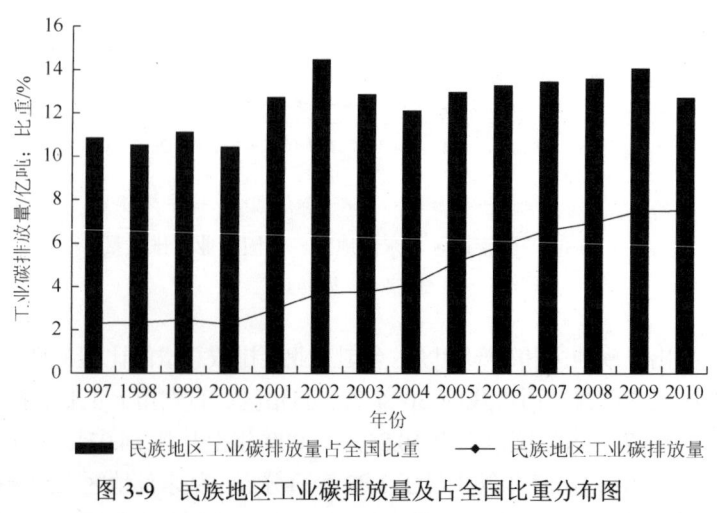

图 3-9　民族地区工业碳排放量及占全国比重分布图

资料来源：同表 3-5

2. 碳排放强度

1997~2010 年,各地区碳排放强度呈现下降的趋势,但民族地区碳排放强度较全国和东部地区明显偏高(图 3-10)。1997 年,民族地区碳排放强度为 5.23 吨/万元,是东部地区和全国水平的 1.72 倍和 1.33 倍,2002 年民族地区碳排放强度升为最高值 5.17 吨/万元,分别是民族地区和全国地区的 2.47 倍和 1.85 倍,2010 年,民族地区碳排放强度为 2.79 吨/万元,分别为东部地区和全国的 1.71 倍和 1.37 倍。

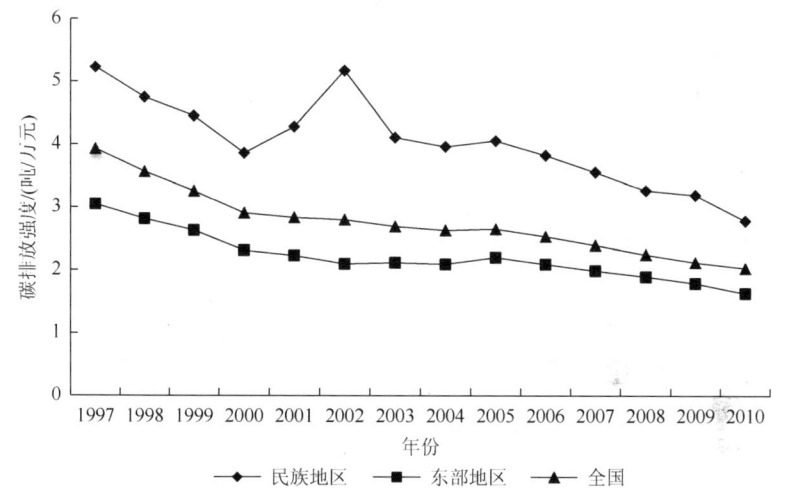

图 3-10 民族地区碳排放强度与东部地区和全国的对比

资料来源:同表 3-5

从工业碳排放强度看(图 3-11),以 1997 年为基期,通过 2010 年《中国统计年鉴》中价格定基指数分别得到各省(自治区、直辖市)1997~2009 年工业部门的实际 GDP。然后用工业碳排放总量/工业部门产值,得出民族地区工业碳排放强度,并与我国 30 个省(自治区、直辖市)进行对比。计算结果表明,民族地区工业碳排放强度从 1997 年的 9.53 吨/万元下降到 2009 年的 5.69 吨/万元。但与我国 30 个省(自治区、直辖市)平均水平相比,工业碳排放强度明显偏高,同期,我国 30 个省(自治区、直辖市)工业碳排放量从 6.82 吨/万元下降到 3.52 吨/万元。2009 年民族地区碳排放强度仍比全国平均水平高出 2.17 吨/万元。

这一方面说明民族地区碳减排技术水平明显偏低,相比其他地区,单位产值碳排放水平高;另一方面,从工业内部结构分析,民族地区大部分产业处于产业链的前端,高耗能、高污染、高排放工业行业所占比重高,高技术含量和附加值产品较少,产业结构层次较低,也相应地增加了民族地区单位产值的碳排放强度。

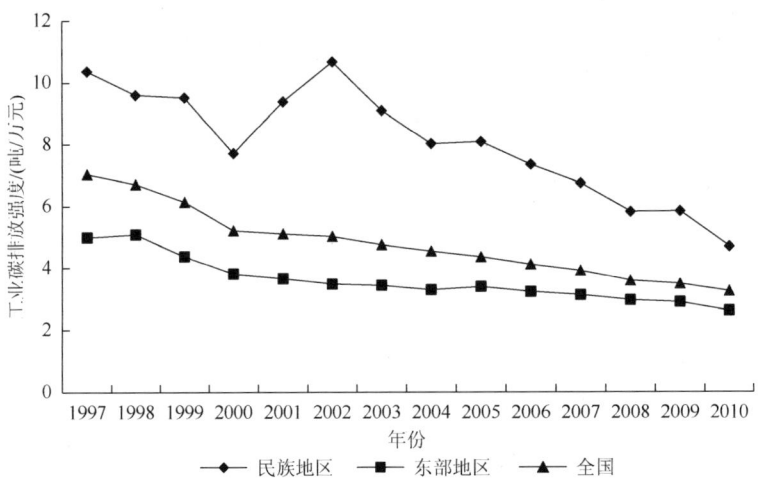

图 3-11 民族地区与东部地区及全国工业碳排放强度对比

资料来源：同表 3-5

3. 人均碳排放

人均碳排放量是国际广为认可的测量碳排放的数据指标，也是历次气候谈判的核心，可以说所有的减排目标与责任都是紧紧围绕这个概念提出的，在此我们将沿用人均碳排放量这一指标，分析少数民族地区、东部地区和全国的人均碳排放水平。由表 3-8 可以得出 1997~2010 年民族地区人均碳排放量均低于东部地区与全国水平。虽然民族地区人均碳排放量低，但是由于东部地区工业化水平高于民族地区，且民族地区现处于工业化转型时期，工业化水平增速要比东部地区工业化水平增速要快，因此，民族地区人均碳排放量将会随着民族地区工业化水平提高而增加。

表 3-8 民族地区与东部地区人均碳排放量及民族地区人均碳排放量占全国比重（单位：吨/人）

地区年份	民族地区	东部地区	占全国比重/%	地区年份	民族地区	东部地区	占全国比重/%
1997	1.31	1.74	75.28	2004	2.20	2.65	83.07
1998	1.33	1.80	73.77	2005	2.74	3.08	89.09
1999	1.39	1.79	77.56	2006	3.11	3.43	90.75
2000	1.26	1.73	72.43	2007	3.45	3.76	91.70
2001	1.63	1.85	88.04	2008	3.64	3.90	93.39
2002	2.03	2.04	99.72	2009	3.89	4.03	96.56
2003	2.04	2.31	88.41	2010	3.97	4.46	89.16

资料来源：同表 3-5。

从人均工业碳排放量看，1997年，民族地区人均工业碳排放量为1.30吨/人，增长到2010年的3.97吨/人，其中也是从2001年增长速度开始加快。从相对值来看，1997年，民族地区人均碳排放量相当于全国平均水平的73.43%，2010年增长到了89.16%。

4. 碳排放系数

地区碳排放系数主要受地区能源利用结构的影响。本书把地区终端能源消费的17种一次能源，按标准煤平均低位发热量29270MJ/t统一换算成标准煤。热力和电力也分别按各地区使用的一次能源换算成标准煤。假定17种一次性能源碳排放系数不变（事实上这些碳排放系数都发生了变化，但是属于微小变化，宏观层面研究，可以忽略不计），由于每年发电燃料构成的变化及发电技术的进步，电力和热力的碳排放系数有很大的变化。

热力的处理较为简单，分别按各地区使用的一次能源加总算出其碳排放总量及换算成标准煤。电力的计算相对复杂，使用国家标准的折算系数不能反映区域差异特征，按魏一鸣等[①]的定义，由于每年发电燃料的构成变化及发电技术的变化，区域电力的碳排放系数有很大的变化，原则上需要通过各省（自治区、直辖市）的发电量（包括火电、水电、核电）和发电燃料的二氧化碳排放计算得到。同时，在终端能源消费中还需要考虑电力系统自身电力的使用与输送的电耗。另外，在测算区域碳排放系数中，还要考虑区域间电力的相互交换，计算起来较为复杂，而且由于各行业使用的电力构成不一致，对区域各行业的电力碳排放量的最终计算结果仍然只能是一个估计值。

为简化起见，这里用7大电网电力碳排放系数代替各地区电力碳排放系数。先假定7大电网（华北电网、东北电网、华东电网、华中电网、南方电网、西北电网和海南电网）之间不存在电力交换，分别按区域能源平衡表中电力使用的一次能源数量，采用相同的方法计算出其碳排放数量与标准煤数量；其次对七大电网进行加总，得出各大区域电网电力碳排放总量与标准煤总量；然后按区域平衡表中各地区终端能源使用的电力数量进行加权平均，得到各地区电力碳排放量和标准煤数量。最后，按各地区各行业终端电力消费量分配到各行业。这样，既考虑到了区域内的电力交换问题，又很好地避免了碳排放重复计算的问题（张友国，2010）。

能源利用结构代表了地区这17种一次能源与电力、热力的利用结构变化，根据《2006年IPCC国家温室气体清单指南》所提供的能源燃烧缺省CO_2排放因子，各种能源的碳排放因子不同，其中煤炭及其产品的排放因子≻原油及其产品的排放因子≻天然气等的排放因子。因此，如果能源总量不变，燃料结构中不同能源

[①] 魏一鸣，等. 中国能源报告（2008）：碳排放研究. 北京：科学出版社，2008：103.

比重的变化将导致 CO_2 排放量的变化。我们确定 i 地区碳排放系数 η_i 为该地区当年的碳排放总量除以其标准煤使用量。即

$$\eta_i = \frac{C_i}{PE_i}$$

这样，地区碳排放系数主要反映地区不同能源利用结构的变化及其改善，同时，也能反映地区不同能源的碳排放系数改变（这里主要是电力和热力的碳排放系数变化）。

2009 年民族地区工业碳排放系数为 0.6715，相比全国 0.6680 要高（参见徐国泉等（2006）对煤炭、石油和天然气碳排放系数的定义[①]）。民族地区和 29 个省（自治区、直辖市）的碳排放系数位于煤炭（0.7476）和石油（0.5825）之间，更偏向于煤炭，这也与中国能源利用结构中多煤少油的特点相关。

从地区碳排放系数年度变化分析（表 3-9），全国工业碳排放系数从 2003 年开始出现了较为明显的下降趋势，民族地区工业碳排放系数在 2007 年达到最高点后，也开始出现下降，但 2008~2010 年民族地区工业碳排放系数明显高于全国平均水平。这也进一步说明在能源利用结构的改善中，与其他地区相比，近几年民族地区明显滞后。

表 3-9　民族地区碳排放系数年度分析表

年份 地区	民族地区	全国平均	年份 地区	民族地区	全国平均
1997	0.6687	0.6781	2004	0.6726	0.6730
1998	0.6765	0.6757	2005	0.6729	0.6720
1999	0.6681	0.6692	2006	0.6723	0.6705
2000	0.6695	0.6700	2007	0.6783	0.6706
2001	0.6656	0.6697	2008	0.6749	0.6698
2002	0.6765	0.6757	2009	0.6715	0.6680
2003	0.6724	0.6743	2010	0.6665	0.6631

数据来源：同表 3-5。

第二节　基于面板门槛模型的民族地区环境压力评价

一、问题提出

民族地区的生态环境较为脆弱，生态环境保护的战略地位十分重要，仍处于

---

① 徐国泉，刘则渊，姜照华. 中国碳排放的因素分解模型及实证分析：1995-2004. 中国人口. 资源与环境，2006，16（6）：158-161.

工业化与城镇化双加速的发展阶段,环境压力将更加明显。由此带来这些问题,民族地区工业发展对环境污染的影响有何特殊性?如何探索民族地区环境污染与工业化发展之间的关系?针对民族地区环境污染问题,环境政策应该做出怎样的调整?

国内外众多学者对地区环境污染与经济发展之间的关系进行了充分的探讨,Grossman 和 Krueger(1991)对城市大气质量做了分析,发现 SO_2、烟尘环境质量指标与收入之间都呈"倒 U 形曲线"关系[1];Panayotou(1993)首次将这种环境质量与人均收入间的关系称为 EKC[2]。此后,国外学者利用面板数据和历史数据对 EKC 进行大量的验证。国内对 EKC 的研究起始于 20 世纪末,主要采用时间序列分析方法,利用面板数据和截面数据进行分析的较少(丁焕峰和李佩仪,2010)[3]。同时,很多学者发现环境质量与经济发展之间还存在正 U 形、正 N 形、倒 N 形、S 形、单调上升、单调下降等形状(虞依娜和陈丽丽,2012)[4]。另外,一些学者对 EKC 提出了质疑,认为传统的 EKC 只能对过去的数据进行经验分析,并不能用来预测,收入和环境之间并没有必然的联系(卢宁和李国平,2009)[5]。这说明用传统的时间序列模型或者普通面板模型所得出的 EKC 结论往往主观性太强,其结论依赖于事先设定好的前提,无法清晰地判断拐点和区间。

因此,为更加客观地分析民族地区 EKC 的拐点和区间,明确民族地区环境压力的特殊性,本书拟以 1997~2010 年民族地区面板数据为样本,采用 Hansen(1999)[6]的"面板门槛模型"对数据进行自动识别来确定门槛值,内生的划分区间,得到民族地区环境质量与工业发展之间的关系,确定各污染物 EKC 的门槛值及曲线的大致走势,为民族地区环境保护政策提供依据。

二、模型介绍

根据 Hansen 的面板门槛模型以及数据特点内生的划分区间,找出不同区间环

---

[1] Grossman G M, Krueger A B. Environmental Impacts of the North American Free Trade Agreement. Washington: NBER Working Paper, 1991.

[2] Panayotou T. Empirical tests and policy analysis of environmental degradation at different stages of economic development. IIO Working Papers, 1993: 4.

[3] 丁焕峰,李佩仪. 中国区域污染影响因素:基于 EKC 曲线的面板数据分析. 中国人口·资源与环境,2010,20(10):117-122.

[4] 虞依娜,陈丽丽. 中国环境库兹涅茨曲线研究进展. 生态环境学报,2012,12:2018-2023.

[5] 卢宁,李国平. 基于 EKC 框架的社会资本水平对环境质量的影响研究——来自中国 1995-2007 年面板数据. 统计研究,2009,26(5):68-76.

[6] Hansen B E. Threshold effects in non-dynamic panels: estimation, testing, and inference. Journal of Econometrics, 1999, 93: 345-368.

境质量与经济发展之间的关系。下面重点介绍单一门槛模型的设定,进而扩展到多个门槛模型。单一门槛模型设定如下:

$$P_{it} = \mu_i + \beta_1 \text{IOG}_{it} I(\text{GDP}_{it} \leq \gamma) + \beta_2 \text{IOG}_{it} I(\text{GDP}_{it} > \gamma) + \varepsilon_{it} \quad (3\text{-}1)$$

其中,i 代表省级行政区;t 代表年份;P_{it} 为污染物排放密度(ICOD、ISO_2、ICO_2),为被解释变量;IOG_{it} 为人均工业总产值,为解释变量;GDP_{it} 为门槛变量;γ 为门槛值;$I(\cdot)$ 为指标函数;u_i 为不可观测的因素;$\varepsilon_{it} \sim i.i.d(0, \sigma^2)$ 为随机干扰项,采用矩阵的形式将式(3-1)表示为

$$P^* = \mu + \text{IOG}^*(\gamma)\beta + \varepsilon_{it} \quad (3\text{-}2)$$

采用普通最小二乘法(ordinary least squares,OLS)估计式(3-2)以得到 β 的估计值:

$$\hat{\beta}(\gamma) = (\text{IOG}^*(\gamma)' \text{IOG}^*(\gamma))^{-1} \text{IOG}^*(\gamma)' P^* \quad (3\text{-}3)$$

相应的残差平方和为

$$S_1(\gamma) = \varepsilon^*(\gamma)' \varepsilon^*(\gamma) \quad (3\text{-}4)$$

通过最小化残差平方和来获得门槛变量 γ 的估计值,即

$$\hat{\gamma}(\gamma) = \arg_\gamma \min S_1(\gamma) \quad (3\text{-}5)$$

进而可以得到 $\hat{\beta} = \hat{\beta}(\hat{\gamma})$,残差向量 $\hat{\varepsilon}^* = \hat{\varepsilon}^*(\hat{\gamma})$ 与残差平方和 $\hat{\sigma}^2 = \hat{\sigma}^2(\hat{\gamma})$。

得到参数估计值后,需要进行两个方面的检验:一是检验门槛效果是否显著;二是检验门槛的估计值是否等于其真实值。第一个检验的原假设为 $H_0: \beta_1 = \beta_2$,即无法识别门槛值,对应的 $H_1: \beta_1 \neq \beta_2$,$F$ 统计值为 $F_1 = \dfrac{S_0 - S_1(\hat{\gamma})}{\hat{\sigma}^2}$ 其中,S_0 为在原假设 H_0 下得到的残差平方和。由于在原假设 H_0 下,F_1 统计量为非标准的分布,所以 Hansen 建议采用"自抽样法"(bootstrap)来得到其渐进分布,进而构造出其 P 值。第二个检验的原假设为 $H_0: \hat{\gamma} = \gamma_0$,相应的似然比检验统计量为

$$\text{LR}_1 = \dfrac{S(\gamma) - S_1(\hat{\gamma})}{\hat{\sigma}^2} \quad (3\text{-}6)$$

该统计量也是非标准的,但 Hansen 提供了一个计算其非拒绝域的公式,即当 $\text{LR}_1(\gamma_0) \leq c(\alpha)$ 时,不能拒绝原假设。其中,$c(\alpha) = -\ln\sqrt{1 - \sqrt{1 - \alpha}}$,$\alpha$ 代表显著性水平。

以上都是假设仅存在一个门槛,在实际计量研究中,还可能出现多个门槛。以下以双门槛为例做简要说明,多门槛可由此扩展。双门槛模型为

$$P_{it} = \mu_i + \beta_1 \text{IOG}_{it} I(\text{GDP}_{it} \leq \gamma_1) + \beta_2 \text{IOG}_{it} I(\gamma_1 < \text{GDP}_{it} \leq \gamma_2) + \beta_3 \text{IOG}_{it} I(\text{GDP}_{it} > \gamma_2) + \varepsilon_{it}$$

$$(3\text{-}7)$$

估计方法是先假设单一门槛模型中估计出的 $\hat{\gamma}_1$ 为已知的,再进行对 $\hat{\gamma}_2$ 的搜

索，得到：$S_2^\gamma(\gamma_2) = \begin{cases} S(\hat{\gamma}_1, \gamma_2) & \text{if } \hat{\gamma}_1 < \gamma_2 \\ S(\hat{\gamma}_2, \hat{\gamma}_1) & \text{if } \hat{\gamma}_2 < \hat{\gamma}_1 \end{cases}$ 和 $\hat{\gamma}_2^\gamma = \arg_{\gamma_2} \min S_2^\gamma(\gamma_2)$

Bai 研究表明 $\hat{\gamma}_2^\gamma$ 是渐进有效的，但 $\hat{\gamma}_1$ 却不是。可以固定第二个门槛值对第一个门槛值进行再次搜索，从而得到优化后的一致估计量。多重门槛模型的假设检验与单一门槛模型的假设检验相似。

三、数据来源与说明

本书采用省份作为截面数据，与 1997～2010 年的时间序列数据一起构成面板数据，分析工业化进程中民族地区污染物排放情况。研究对象为民族地区（内蒙古、广西、贵州、云南、西藏、甘肃、宁夏和新疆八个省（自治区））的污染物排放量与经济发展之间的关系，以东部地区（北京、天津、河北、上海、江苏、浙江、福建、山东、广东和海南十个省（直辖市））作为对照组，比较分析民族地区与东部地区污染物排放 EKC。COD 和二氧化硫为工业三废排放中的主要污染物，并且 2009 年哥本哈根世界气候大会指出碳减排是各国能源战略发展的重点，因此选取人均工业 COD 排放量、人均工业二氧化硫排放量和人均工业碳排放量[①]作为本书的污染物排放指标。

根据霍夫曼工业发展理论，工业化是反映经济发展水平的重要依据，因此，经济发展指标选取工业增加值作为解释变量，并选取地区生产总值作为经济发展指标的门槛变量。为了更真实地体现污染物排放与经济发展之间的关系，所有的变量都选取人均之后的值，并且人均工业增加值和人均地区生产总值以 1997 年为基期，计算出不变价下的人均工业增加值和人均地区生产总值（表 3-10）。本书采用的原始数据均来源于《中国统计年鉴》（1998～2011 年）、《中国环境统计年鉴》（1998～2011 年）、《中国能源统计年鉴》（1998～2011 年）。

表 3-10 变量说明

变量	变量名称	变量符号	单位	计算方法
被解释变量	人均工业 COD 排放量	ICOD	吨/人	ICOD=工业 COD 排放量/GDP 人口
	人均工业二氧化硫排放量	ISO_2	吨/人	ISO_2=工业二氧化硫排放量/GDP 人口
	人均工业碳排放量	ICO_2	吨/人	ICO_2=工业碳排放量/GDP 人口
解释变量	人均工业增加值	IOG	元/人	IOG=工业增加值/GDP 人口/CPI
门槛变量	人均地区生产总值	GDP	元/人	GDP=地区生产总值/CPI

注：GDP 人口=地区生产总值/人均地区生产总值；CPI 为居民消费价格指数（consumer price index）。

[①] Panayotou T. Empirical Tests and Policy Analysis of Environmental Degradation at Different Stages of Economic Development. IIO Working Papers，1993：4.

四、面板门槛模型估计结果

门槛值估计之前需要确定门槛的个数,本书的 P 值和临界值均采用"自抽样法"反复抽样 2000 次得到结果,利用 STATA12.0 依次在不存在门槛、单一门槛和双重门槛下对模型式(3-7)进行估计,首先确定污染物排放门槛数量,其次确定门槛值和门槛区间,最后通过面板门槛回归模型的系数分析每个区间曲线特征。

(一)确定门槛数量

首先确定存在的门槛数量,见表 3-11。可以得到以下几点。

表 3-11 门槛效果检验

因变量			检验值		临界值			检验结果
			F 值	P 值	1%	5%	10%	
$ICOD$	民族地区	单一门槛	5.3985	0.023	6.913	3.7454	2.6664	拒绝线性式
		双重门槛	5.0633	0.02	6.3805	3.759	2.71	拒绝单门槛
		三重门槛	4.6455	0.04	7.5715	4.2123	2.8713	接受三门槛
	东部地区	单一门槛	66.7049	0	7.8938	3.9839	2.6673	拒绝线性式
		双重门槛	2.9192	0.0945	6.5912	4.1515	2.7973	接受单门槛
		三重门槛	5.6623	0.024	7.3215	38,776	2.5782	拒绝三门槛
ISO_2	民族地区	单一门槛	21.4835	0	7.6161	3.9398	2.7141	拒绝线性式
		双重门槛	8.568	0.001	6.1019	3.7712	2.8099	拒绝单门槛
		三重门槛	3.1405	0.019	4.4586	1.1202	−0.4245	接受三门槛
	东部地区	单一门槛	40.9135	0	7.0274	3.8685	2.8078	拒绝线性式
		双重门槛	24.1412	0	6.9095	3.9379	2.859	拒绝单门槛
		三重门槛	9.0026	0	2.415	−1.7774	−4.3135	接受三门槛
ICO_2	民族地区	单一门槛	11.0992	0.0005	6.4589	3.6615	2.6691	拒绝线性式
		双重门槛	6.9729	0.021	9.2099	4.2903	2.7406	拒绝单门槛
		三重门槛	1.0148	0.308	6.9899	3.8524	2.7406	接受双门槛
	东部地区	单一门槛	77.1626	0	9.5904	3.8093	2.3822	拒绝线性式
		双重门槛	24.4134	0	7.1193	4.1833	2.8868	拒绝单门槛
		三重门槛	12.4099	0.001	8.1958	3.8697	2.7257	接受三门槛

（1）ICOD：民族地区门槛设为3，东部地区门槛设为1。当被解释变量为ICOD时，民族地区单一门槛、双重门槛、三重门槛的效果都非常显著，民族地区相应的 P 值依次为0.023、0.02、0.04；东部地区单一门槛的效果显著，但双重门槛效果并不显著，东部地区相应的 P 值为0、0.0945、0.24。所以，本书把民族地区ICOD的门槛设为3，东部地区ICOD门槛设为1。

（2）ISO_2：民族地区和东部地区门槛都设为3。当被解释变量为 ISO_2 时，民族地区和东部地区单一门槛、双重门槛、三重门槛的效果都非常显著，民族地区相应的 P 值依次为0、0.001、0.019；东部地区相应的 P 值全为0。所以，本书把民族地区与东部地区 ISO_2 的门槛都设为3，即三重门槛。

（3）ICO_2：民族地区门槛设为2，东部地区门槛设为3。当被解释变量为 ICO_2 时，民族地区单一门槛、双重门槛效果都非常显著，但三重门槛效果不显著，民族地区相应的 P 值依次为0.005、0.021、0.308；东部地区单一门槛、双重门槛、三重门槛的效果都非常显著，相应的 P 值为0、0、0.001。所以，本书把民族地区 ICO_2 的门槛设为2，东部地区 ICO_2 的门槛设为3。

下面将分别基于民族地区与东部地区各污染物排放模型进行分析。

（二）确定门槛值和门槛区间

民族地区和东部地区门槛估计值与95%置信区间见表3-12。可以得到如下结论。

表3-12 门槛估计值与置信区间

变量	地区	估计值与置信区间	门槛值1	门槛值2	门槛值3
ICOD	民族地区	估计值	5 594.887 2	6 572.279	9 895.411 5
		95%置信区间	[3 249.146 7, 22 600]	[6 572.279 1, 8 918.019 6]	[9 308.976 4, 12 400]
	东部地区	估计值	8 400.565 8		
		95%置信区间	[8 400.565 9, 8 400.565 9]		
ISO_2	民族地区	估计值	10 872.803 4	11 850.195 2	21 624.114
		95%置信区间	[3 249.146 7, 22 600]	[11 900, 12 000]	[3 249.146 7, 22 600]
	东部地区	估计值	26 487.344 9	40 189.450 1	57 728.144 9
		95%置信区间	[25 900, 27 600]	[7 304.397 5, 61 600]	[56 100, 60 500]
ICO_2	民族地区	估计值	6 311.825 7	7 332.718 7	
		95%置信区间	[5 903.468 5, 6 311.825 7]	[3 249.146 7, 23 500]	
	东部地区	估计值	8 948.650 1	34 708.608	60 468.566
		95%置信区间	[7 304.397 5, 10 000]	[28 700, 42 900]	[60 500, 61 600]

数据来源：笔者计算。

当 ICOD 为被解释变量时，民族地区为三重门槛，其三个门槛值分别为 5594.8872、6572.297、9895.4115，可以根据这三个门槛值将其民族地区 COD 排放密度根据人均地区生产总值分为 $GDP_{it} \leqslant 5594.8872$、$5594.8872 < GDP_{it} \leqslant 6572.2791$、$6572.2791 < GDP_{it} \leqslant 9895.4115$ 和 $GDP_{it} > 9895.4115$ 四个区间；东部地区为单一门槛，门槛值为 8400.5658，可以根据这个门槛值将其东部地区 COD 排放密度根据人均地区生产总值分为 $GDP_{it} \leqslant 8400.5658$ 和 $GDP_{it} > 8400.5658$ 两个区间。

当 ISO_2 为被解释变量时，民族地区与东部地区都为三重门槛，民族地区的门槛值分别为 10 872.803 4、11 850.195 2、21 624.114，可以根据这三个门槛值将其民族地区二氧化硫排放密度根据人均地区生产总值分为 $GDP_{it} \leqslant 10\,872.803\,4$、$10\,872.803\,4 < GDP_{it} \leqslant 11\,850.195\,2$、$11\,850.195\,2 < GDP_{it} \leqslant 21\,624.114$ 和 $GDP_{it} > 21\,624.114$ 四个区间；东部地区的门槛值分别为 26 487.344 9、40 189.450 1、57 728.144 9，可以根据这三个门槛值将其东部地区二氧化硫排放密度根据人均地区生产总值分为 $GDP_{it} \leqslant 26\,487.344\,9$、$26\,487.344\,9 < GDP_{it} \leqslant 40\,189.450\,1$、$40\,189.450\,1 < GDP_{it} \leqslant 57\,728.144\,9$ 和 $GDP_{it} > 57\,728.144\,9$ 四个区间。

当 ICO_2 为解释变量时，民族地区为双重门槛，其门槛值分别为 6311.8257 和 7332.7187，可以根据这两个门槛值将其民族地区碳排放密度根据人均地区生产总值分为 $GDP_{it} \leqslant 6311.8257$、$6311.8257 < GDP_{it} \leqslant 7332.7187$ 和 $GDP_{it} > 7332.7187$ 三个区间；东部地区为三重门槛，其门槛值分别为 8948.6501、34 708.608、60 468.566，可以根据这三个门槛值将其东部地区碳排放密度根据人均地区生产总值分为 $GDP_{it} \leqslant 8948.6501$、$8948.6501 < GDP_{it} \leqslant 34\,708.608$、$34\,708.608 < GDP_{it} \leqslant 60\,468.566$ 和 $GDP_{it} > 60\,468.566$ 四个区间。

（三）确定区间门槛回归系数

根据确定的门槛值、门槛区间确定出对应区间的门槛回归系数，见表 3-13。

表 3-13 面板门槛模型估计结果

变量	地区	区间	系数	稳健的标准误	T 值	P 值
ICOD	民族地区	1	−64.278 2	50.486 2	−1.273 2	0.205 9
		2	56.838 1	82.327 9	0.690 4	0.491 6
		3	−80.941 3	29.304 2	−2.762 1	0.006 8
		4	−4.532 9	6.830 4	−0.663 6	0.508 4
	东部地区	1	103.784 3	27.053 3	3.836 3	0.000 2
		2	−17.603	1.564 9	−11.249	0

续表

变量	地区	区间	系数	稳健的标准误	T 值	P 值
ISO_2	民族地区	1	233.221 5	70.876 8	3.290 5	0.001 4
		2	556.307 1	87.565 6	6.353	0
		3	261.387 6	32.670 3	8.000 8	0
		4	158.557	23.379 4	6.781 9	0
	东部地区	1	45.192 5	8.939	5.055 7	0
		2	20.596 8	5.122 4	4.021	0.000 1
		3	6.087 1	3.964 9	1.535 2	0.127 2
		4	−15.973 4	5.673 9	−2.815 2	0.005 7
ICO_2	民族地区	1	−22 500	28 100	−0.802 1	0.424 7
		2	122 000	69 300	1.767 1	0.080 7
		3	42 600	5 435.818 1	7.838 9	0
	东部地区	1	−7 660	8 980.147 6	−0.853 3	0.395 1
		2	24 700	1 530.063 6	16.174	0
		3	24 700	1 049.657 4	18.252	0
		4	7 530.063 8	4 771.090 3	1.578 3	0.117

数据来源：笔者计算。

（四）面板门槛模型分析

由表 3-13 可以得到如下结论。

（1）ICOD：民族地区为倒 N 形 EKC，东部地区为倒 U 形 EKC。当以民族地区 ICOD 为环境指标时，以 5594.8872、6572.297、9895.4115 为门槛值，曲线被分为四个区间，除第二个区间斜率为正以外，其他三个区间斜率均为负，呈现出"先下降，后上升，再下降"的倒 N 形 EKC，且在最后两个区间，其下降斜率的绝对值越来越小，意味着近年来民族地区工业 COD 排放在减少，但减少速度逐渐减缓。以东部地区 ICOD 为环境指标时，以 8400.5658 为门槛值，曲线被分为两个区间，第一个区间斜率为正，第二个区间斜率为负，呈现出"先上升，后下降"的倒 U 形 EKC。

从民族地区和东部地区对比可以得出，虽然民族地区和东部地区人均工业 COD 目前都呈下降趋势，其斜率分别为−4.53 和−17.60，但民族地区人均工业 COD 减少速度远不及东部地区，且民族地区人均工业 COD 排放量减少速度逐渐放缓。相对于东部地区明显减少的趋势看来，民族地区人均工业 COD 排放压力十分艰巨。

（2）ISO_2：民族地区为单调上升 EKC，东部地区为倒 U 形 EKC。当以民族地区 ISO_2 为被解释变量时，以 10 872.803 4、11 850.195 2、21 624.114 为门槛值，曲线被划分为四个区间，每个区间的斜率都为正，呈现出不断上升的单调 EKC，但其斜率逐渐减小，意味着虽然一直以来民族地区工业二氧化硫排放量不断增大，但是其排放速度有所减缓。以东部地区 ISO_2 为被解释变量时，以 26 487.3449、40 189.450 1、57 728.144 9 为门槛值，曲线被划分为四个区间，前三个区间斜率为正并且斜率逐渐变小，最后一个区间斜率为负，呈现出"先上升，后下降"的倒 U 形 EKC。

从民族地区和东部地区对比可以得出，民族地区人均工业二氧化硫排放量目前还处于上升的状态，且上升速度较大，其斜率为 158.56，但东部地区已经呈现下降趋势，其斜率为 –15.97。显然，民族地区人均工业二氧化硫排放面临十分艰巨的考验。

（3）ICO_2：民族地区为正 U 形 EKC，东部地区为正 U 形 EKC。当以民族地区 ICO_2 为应变量时，以 6311.8257 和 7332.7187 为门槛值，曲线被分为三个区间，第一个区间斜率为负，后两个区间斜率为正，呈现出"先下降，后上升"的正 U 形 EKC，意味着随着经济发展，民族地区工业碳排放量不断增大，但其排放量增长速度有所减缓。以东部地区 ICO_2 为被解释变量时，以 8948.6501、34 708.608、60 468.566 为门槛值，曲线被划分为四个区间，第一个区间斜率为负，后面三个区间斜率为正但斜率越来越小，呈现出"先下降，后上升"的正 U 形 EKC。

从民族地区和东部地区对比可以得出，虽然民族地区和东部地区人均工业碳排放量目前都处于上升的状态，其斜率分别为 42 600 和 7530.0638，但民族地区人均工业碳排放量上升速度远大于东部地区。可以得出，民族地区人均工业碳减排面临更大压力。

表 3-14 为民族地区和东部地区各污染物排放曲线特征，图 3-12 为民族地区和东部地区各工业污染物曲线对比示意图。从横向来看，民族地区 ICOD 已经下降，但 ISO_2 和 ICO_2 还在升高，特别是 ICO_2 上升速度很快；东部地区的 ICOD 和 ISO_2 已经下降，但 ICO_2 还在升高。

表 3-14 民族地区和东部地区各工业污染物曲线对比

ICOD				ISO_2				ICO_2			
民族地区		东部地区		民族地区		东部地区		民族地区		东部地区	
$x\leq\gamma_1$	↓ [−64.28]	$x\leq\gamma_1$	↑ [103.78]	$x\leq\gamma_1$	↑ [233.22]	$x\leq\gamma_1$	↑ [45.19]	$x\leq\gamma_1$	↓ [−22 500]	$x\leq\gamma_1$	↓ [−7 660]
γ_1	5 594.89	γ_1	8 400.57	γ_1	10 872.8	γ_1	26 487.34	γ_1	6 311.83	γ_1	8 948.65
$\gamma_1<x\leq\gamma_2$	↑ [56.83]	$x>\gamma_1$	↓ [−17.603]	$\gamma_1<x\leq\gamma_2$	↑ [556.31]	$\gamma_1<x\leq\gamma_2$	↑ [20.60]	$\gamma_1<x\leq\gamma_2$	↑ [122 000]	$\gamma_1<x\leq\gamma_2$	↑ [24 700]

续表

ICOD		ISO$_2$		ICO$_2$	
民族地区	东部地区	民族地区	东部地区	民族地区	东部地区
γ_2 6 572.28		γ_2 11 850.2	γ_2 40 159.45	γ_2 7 332.72	γ_2 34 708.61
$\gamma_2<x$≤γ_3 ↓ [−80.94]		$\gamma_2<x$≤γ_3 ↑ [261.39]	$\gamma_2<x$≤γ_3 ↑ [6.09]	$x>\gamma_2$ ↑ [42 600]	$\gamma_2<x$≤γ_3 ↑ [24 700]
γ_3 9 895.41		γ_3 21 624.11	γ_3 57 728.14		γ_3 60 468.57
$x>\gamma_3$ ↓ [−4.53]		$x>\gamma_3$ ↑ [158.56]	$x>\gamma_3$ ↓ [−15.97]		$x>\gamma_3$ ↑ [7 530.063 8]

注：γ_1、γ_2、γ_3 分别为门槛值；"↑""↓"分别表示所在区间上升或下降；"[]"里面分别为各个区间的斜率。

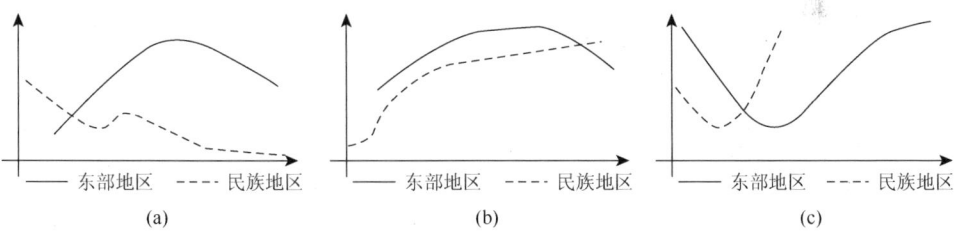

图 3-12　民族地区和东部地区各工业污染物曲线对比示意图

注：本图利用画图所得。(a) 为民族地区与东部地区人均工业 COD 排放量曲线对比图；(b) 为民族地区与东部地区人均工业二氧化硫排放量曲线对比图；(c) 为民族地区与东部地区人均工业碳排放量曲线对比图

从纵向来看，民族地区与东部地区对比可以得出如下结论。

第一，民族地区 ICOD 在初期高于东部地区，之后东部地区升高，民族地区下降，使得东部地区高于民族地区，东部地区 ICOD 达到最高点后开始下降。虽然民族地区 ICOD 比东部地区低，但是民族地区的减少速度（−4.53）小于东部地区（−17.603）。

第二，民族地区 ISO$_2$ 开始一直比东部地区低，之后由于东部地区 ISO$_2$ 上升到拐点后开始下降，而民族地区持续上升，使得民族地区人均工业二氧化硫排放量目前高于东部地区。

第三，民族地区和东部地区 ICO$_2$ 在早期同步下降，且东部地区 ICO$_2$ 高于民族地区，民族地区 ICO$_2$ 比东部地区先达到最低点后，持续上升并超过东部地区时，东部地区人均 ICO$_2$ 还在下降，之后民族地区 ICO$_2$ 一直在高速增长，东部地区达到最低点后开始升高，但一直没有超过民族地区，且上升速度（7530.0638）远小于民族地区（42 600）。

（五）主要结论

本章利用 1997～2010 年的面板数据，采取面板门槛模型的方法研究民族地区污染物排放量的 EKC，并与东部地区进行了对比。可以得到如下结论。

（1）民族地区与东部地区人均工业 COD 都已达到"倒 U 形曲线"的拐点，其排放量都已呈下降趋势，但民族地区人均工业 COD 下降速度小于东部地区人均工业 COD 下降速度。

（2）民族地区人均工业二氧化硫还未达到"倒 U 形曲线"的拐点，其排放量还处于上升趋势，但上升趋势有所减缓；东部地区人均工业二氧化硫已达到"倒 U 形曲线"的拐点，并且东部地区人均工业二氧化硫排放量已经减少到低于民族地区，民族地区工业二氧化硫排放压力很大。

（3）民族地区和东部地区人均工业碳排放量还未达到"倒 U 形曲线"的拐点，民族地区人均工业碳排放量处于高速上升的趋势，东部地区上升速度已经有所减缓，且东部地区上升速度小于民族地区。

这说明民族地区在工业化进程中，受到区域性产业转移和环境技术进步差异的影响，工业污染物排放压力十分艰巨。民族地区承接东部发达地区产业转移，大多数产业都是环境技术不高的资源密集型行业，如煤炭开采和洗选业、化学纤维制造业、石油加工及焦炼加工业等，这些行业带动民族地区经济快速增长的同时，也带来了环境污染的代价。从未来工业化发展进程看，在东部地区"推力"和民族地区"拉力"的双重作用下，民族地区承接东部地区高污染产业的动力仍将存在，民族地区将面临着更大的环境压力。

小 结

本章首先从污染物排放总量的变化来表征民族地区面临的环境压力。选择了 COD、SO_2、CO_2 三大指标来分析民族地区主要污染物的排放情况，并与东部地区及全国进行对比。结果表明，1997~2010 年民族地区工业 COD 排放量总体呈现出波动中下降的趋势，二氧化硫排放量大致呈现出先上升后下降的态势，工业碳排放总量 1997~2010 年增长了 325.58%，但民族地区排放强度较全国和东部地区明显偏高。

第二节采用面板门槛模型，对民族地区的环境压力进行了定量评价，得出以下结论：①民族地区与东部地区人均工业 COD 都已达到"倒 U 形曲线"的拐点，但下降速度明显低于东部地区；②东部地区人均工业二氧化硫已达到"倒 U 形曲线"的拐点，而民族地区还处于"倒 U 形曲线"的左侧，仍未达到拐点；③民族地区人均工业碳排放量处于高速上升的趋势，而东部地区上升速度已经有所减缓。总体来看，民族地区在经济增长驱动力的作用下，比东部地区面临着更大的环境压力。

第四章

民族地区生态环境状态

民族地区在经济增长驱动力及其带来的环境压力作用下，生态环境处于"整体改善、局部恶化"的状态，威胁到民族地区的可持续发展。本章分为两节：第一节对民族地区资源环境及其利用现状进行分析；第二节采用定量分析方法，通过民族地区与东部地区工业行业产值和能耗数据的对比，刻画民族地区工业行业高能耗特征，并在产业转移中承接东部地区污染转移的事实，以此来描述民族地区产业高污染、高能耗的状态。

第一节 民族地区生态环境现状

西部大开发以来，民族地区经济取得了长足发展，民族地区综合实力、城乡面貌得到很大的提高和改善，人民群众生活水平也不断提高。然而经济取得发展的同时，现代工业化也给民族环境造成了不小的影响。我国民族地区自然生态环境问题日益严重、生态环境日益脆弱、自然灾害频繁，不但损害了人类的利益，有些地方甚至还威胁到民族地区的可持续发展。民族地区生态环境的进一步恶化，主要表现在以下几个方面。

一、自然灾害频发

地质灾害、泥石流和干旱等自然灾害严重影响了民族地区可持续发展能力的提高，对民族地区经济发展和人民生命财产安全带来了严重威胁。同时，对于民族地区集中连片的贫困区，增加了人民群众脱贫致富的难度，已有的脱贫人口也很容易因自然灾害的频发而返贫。

西南少数民族地区大多数贫困人口处于林区、山区和牧区，该地区自然环境复杂，气候多变，自然灾害多，区域差异性大，是我国自然灾害发生较多的地区。例如，2008年的"5·12"四川汶川大地震就造成了443 207人伤亡，直接经济损失达8451亿元。受汶川大地震的影响，四川省贫困县因地震灾害返贫人口大量增加，贫困发生率由灾前的20.7%上升到34.9%；甘肃受地震灾害的影响，返贫人口高达230多万人。[①]与此同时，道路交通也常常因为暴雨、泥石流、风沙等影响，维护费用不断增加。

2009年7月以来，我国西南地区遭遇严重旱情，截至2010年3月23日，初步统计已造成经济损失236.6亿元。自然灾害已成为西部少数民族地区农民生活中的极大障碍。

二、森林生态系统失衡、生物多样性遭到破坏

国家环境保护总局2004年的"全国生态环境调查报告"指出：森林生态系统呈现数量型增长与质量型下降的趋势，林龄单一、林种单一、林相单一、林分结构简单，森林类型比例向不合理方向演化，导致生态系统调节能力减弱，病虫害加剧。

一是天然林面积下降，人工林、经济林面积增加。近10年来，西部地区（不含西藏、云南、重庆和新疆生产建设兵团）森林面积和森林覆盖率增幅分别达到8.27%和12.75%。2008年森林资源连续清查中居全国第一位的内蒙古森林面积为2366.7万公顷，森林覆盖率达20%，比2003年森林面积增加了315.7万公顷，覆盖率提高了2.43个百分点。2011年广西森林面积达1438.8万公顷，比2010年增加了1.6%，全区森林覆盖率60.52%，比2010年增加了0.92%；贵州森林（含灌木）面积731.6万公顷，森林覆盖率达41.53%。2010年内蒙古草原建设总体规模418.54万公顷，禁牧休牧轮牧规模5204.63万公顷。2011年贵州三江源生态监测结果中，草地占三江源区总面积的72.6%，天然草地植被总覆盖度在49.6%～82.4%，天然草地总产草量为2913.5千克/公顷，其中牧草可食率为79.6%。但森林活立木总蓄积量和单位面积活立木蓄积量降幅分别达到18.96%和25.14%，经济林面积大幅度增长，增长幅度达62.96%。而天然林、防护林的面积却分别下降了14.49%和51.07%。享有"植物王国"之称的云南西双版纳原始森林面积急剧下降，森林生态系统正面临着进一步恶化的趋势，整个地区原始森林已所剩无几。

---

① 梁峡林. 甘肃地震灾区万户居民将移民新疆. 兰州晨报，2009-03-04.

二是林龄结构不合理。西部地区以幼龄林和中龄林分布面积最多,分别占西部林地总面积的 33.5%和 32.2%;过熟林面积仅占林地总面积的 7.9%;近熟林和成熟林分别占林地总面积的 12.9%和 13.5%[①]。

生态系统的简化将会威胁到生态系统内生物的多样性。目前该地区不少珍稀濒危物种或分布区已很狭窄,其生存环境已受到严重破坏,甚至面临濒于灭绝的危险。对自然资源的不合理开发,极大地改变了原有自然生态平衡,给生物多样性造成了极大的压力,许多生物物种的生存环境受到严重的威胁。高鼻羚羊被普遍认为是在 20 世纪 50 年代以后在新疆灭绝的。

西部民族地区采取了各种措施促进生物多样性保护事业的发展,努力保持当地特有的生物物种种类和数量,维持当地生态环境,其工作取得了一定成效。2010年,内蒙古生物多样性评估试点项目进入结题验收阶段,该项目以物种丰富度、生态系统类型多样性、物种特有型、外来物种入侵度、物种受威胁程度等指标科学评估内蒙古的生物多样性现状。2011 年,西藏开展了"高原二号""夏季攻势""亮剑行动"等保护野生动植物专项行动,严厉打击各类破坏森林和野生动植物资源的违法犯罪行为;云南生物多样性保护行动《腾冲纲领》得到全面落实,全省生物多样性保护重点区域由滇西北 5 州市 18 个县(市)扩大到了滇西北、滇西南9 州市 44 个县(市区);广西大部分濒危野生动植物都已划入保护区进行重点保护,白头叶猴、黑叶猴、熊猴、东黑冠长臂猿、鳄蜥、黄腹角雉、黑颈长尾雉、冠斑犀鸟、德保苏铁、元宝山冷杉、广西青梅等物种的数量已稳中有升[②]。

三、土地荒漠化势头仍在加重

西部地区 5 个省(自治区),只有陕西省受荒漠化的威胁较小,其余 4 个省(自治区)都受到不同程度荒漠化的威胁。甘肃省沙漠戈壁和受风沙危害的土地占全省土地总面积的 40%以上;甘肃省武威市民勤县位于腾格里沙漠和巴丹吉林沙漠的交接地带,该地区荒漠化面积已占土地面积的 94%,荒漠边缘平均以每年 3~4m 的速度向绿洲推进,而且近年有加快趋势;据该县三雷乡观测点的数据显示,2006 年民勤县沙漠边缘向绿洲推进了 6.19m,而 2005 年仅为 0.26m[③]。青海的沙漠化面积已达 1252 万公顷,潜在沙漠化土地面积 98 万公顷,且沙漠化面积仍以每年 13 万公顷的速度扩展。宁夏全区土地沙化面积 1.26 万 km^2,占全区面积的19.0%;新疆土地沙漠化面积为 9.61 万 km^2,风沙化面积 2.26 万 km^2,沙漠化面积仍以每年 $400km^2$ 的速度扩大[④]。

---

① 陈祖海. 西部生态补偿机制研究. 北京:民族出版社,2008:42.
② 肖世艳. 2011 年广西大气质量整体二级河流水质九成达标. 广西新闻网, http://www.gxnews.com.cn/.2012-6-9.
③ 于文静. 我国 2007 年首次大风沙尘暴在甘肃省民勤县发生. 兰州晨报,2007-1-28(A03).
④ 马爱锄. 西北开发资源环境承载力研究. 杨凌:西北农林科技大学,2003.

民族地区土地荒漠化和沙化的根本问题尚未得到解决，例如，川西北、塔里木河下游等局部沙化严重地区由于受到过度放牧、滥垦滥挖、浪费水资源以及年降雨量偏少等综合因素的共同影响，这些地区的土地沙化趋势仍在扩展，草原生态环境整体趋势仍然呈现出"局部改善，总体恶化"的局面。

我国西部黄河首曲、塔克拉玛干沙漠、石羊河下游周边等地区土地沙化问题仍然在继续扩大；一些花费很大力气得到治理的地区，植被刚刚开始有所恢复，稳定性还很差，稍有不慎就前功尽弃；沙化地区滥砍伐、滥开垦、滥放牧、不合理利用水资源等问题较为严重，一边治理一边破坏的现象十分普遍，人为因素较多。尤其是随着全球变暖，防沙治沙的困难越来越大。

四、水资源短缺、水体污染严重

（一）水资源短缺

近来，由于生态环境持续遭到破坏，我国西部民族地区江河断流、湖泊枯竭等现象频繁出现。

由表 4-1 看出，西北水资源总量只占全国的 10%，而国土面积占全国的 42.35%，水土资源分布极不均衡，同时西北地区水资源拥有量有差别，宁夏、甘肃水资源拥有量最低。同时一些地方水资源利用不合理，造成内陆河水量减少、区域性水位下降、内陆湖泊干涸、土壤干旱、植被枯死、草场退化、土地沙化等生态恶化问题。

表 4-1　民族地区水资源与人口、耕地、土地资源组合状况

省（自治区）		水资源总量/亿立方米	人口数量/万人	人均水量/（米^3/人）	耕地面积/万公顷	耕地每公顷水量/立方米	土地面积/万平方千米
西北区	内蒙古	506.7	2 376	2 132.6	683.0	7 918.7	110
	陕西	441.9	3 605	1 225.8	353.0	12 518.4	19
	甘肃	274.3	2 562	1 070.6	485.0	5 655.7	39
	宁夏	9.9	562	176.2	133.0	744.4	6.6
	新疆	626.2	518	12 088.8	69.0	90 753.6	72
	青海	882.8	1 925	4 586.0	588.0	15 013.6	160
	小计	2 741.8	11 548	2 374.3	2 311.0	11 864.1	406.6
占全国比例/%		10.0	8.9		17.2		42.35
西南区	四川	2 622.8	8 329	3 149.0	681.0	38 514.0	48
	重庆	511.0	3 090	1 653.7	256.0	19 960.9	8.23
	贵州	1 035.0	3 525	2 936.2	373.0	27 748.0	17

续表

省（自治区）		水资源总量/亿立方米	人口数量/万人	人均水量/（米³/人）	耕地面积/万公顷	耕地每公顷水量/立方米	土地面积/万平方千米
西南区	云南	2 221.0	4 288	5 179.6	474.0	46 856.5	38
	广西	1 880.0	4 456	4 219.0	261.0	72 030.6	23
	西藏	4 482.0	262	171 068.7	36.0	1 245 000.0	120
	小计	12 751.8	23 950	5 324.3	2 071.0	61 277.0	254.23
占全国比例/%		46.4	18.4		14.4		26.48

资料来源：根据中国西部环境演变评估（第三卷）整理，北京：科学出版社，2002。

（二）水体污染严重

我国大江大河多数发源于西部地区，整个西部地区也分布着许多河流、湖泊。然而近年来，由于工业排污和城市废水的排放没有得到有效的控制，该地区水环境的状况相当恶劣，局部地区水体存在较严重的污染。以西北地区为例，我国西北地区的内陆河流域水质总体较好，2011年对全国18.9万km的河流水质状况进行了评价，全国全年达到国家地表水环境质量Ⅱ、Ⅲ类标准的占到64.2%，水质属于Ⅳ类标准的占到12.9%，水质为Ⅴ类或劣于Ⅴ类的占22.9%。按省级行政区统计（不含长江干流、黄河干流），Ⅰ～Ⅲ类水河长占评价河长80%以上的省（自治区、直辖市）有8个，在60%~80%的有9个，40%~60%的有7个，20%~40%的有5个，低于20%的有2个。从东、中、西部地区分布看，我国西部地区河流水质好于中部，中部地区好于东部，东部地区水质相对较差[①]。一般来说，远离城市的河段水质较好，位于城市附近的河段则普遍存在污染，有的还非常严重，甚至有些河段已经变成排污沟。

（三）水资源保护状况不容乐观

民族地区是中国大江大河的源头，水资源保护非常重要。目前，水资源保护状况不容乐观。2009年，由于干旱、来水减少等，云南九大高原湖泊中主要污染指标总磷、总氮、高锰酸盐指数年均值部分较上年有所上升，程海为Ⅲ类水质，洱海全年水质在Ⅱ类和Ⅲ类间波动，滇池、星云湖、杞麓湖、异龙湖和阳宗海水质均为劣Ⅴ类；到2011年，水质重度污染的湖泊是滇池草海、滇池外海、星云湖、杞麓湖、异龙湖。滇池草海主要超标水质指标为总磷、总氮，分别超标1.4倍、3.1倍，全湖平均营养状态指数为69.7，处于中度富营养状态。滇池外海主要超标水质指标为COD、总氮，分别超标2.7倍、1.8倍，全湖平均营养状态指数为69.3，

---

① 钱正英. 西北地区水资源配置生态环境建设和可持续发展战略研究（综合卷）. 北京：科学出版社，2004.

处于中度富营养状态。星云湖主要超标水质指标为总磷，超标 8.2 倍，全湖平均营养状态指数为 64.4，处于中度富营养状态。杞麓湖主要超标水质指标为 COD、总氮，分别超标 1.1 倍、2.5 倍，全湖平均营养状态指数为 66.3，处于中度富营养状态。异龙湖主要超标水质指标为高锰酸盐指数、COD、生化需氧量、总氮，分别超标 2.6 倍、4.4 倍、1.6 倍、3.7 倍，全湖平均营养状态指数为 77.2，处于重度富营养状态[①]。这说明治理水污染任重道远，另外民族地区尚未建立各流域合理的配水机制。全面推行节水，抓紧发展节水农业和生态农业迫在眉睫，同时要科学合理分配黄河、黑河和塔里木河的水资源。

五、矿产资源保护力度不足

针对民族地区的矿产资源保护虽然有很多法律法规及行政政策，管理也初步显现出了成效，但整体来说还是缺乏系统性的规范指导。从综合层面上看，第一是矿业没有形成良好的秩序，市场上依然存在违法办矿、滥采乱挖、破坏矿产资源的行为；第二是矿业产权市场不规范，应加强矿业权管理，保护矿业权人合理利益，促进矿业投资发展多元化发展；第三是资源的利用率和综合利用水平低，资源开采方式粗犷，尤其是对不可再生能源的开采状况令人担心，为了有效保护矿产资源，应转变资源利用方式，发展科学技术，提高利用率，采取集约开发的方式；第四是矿产资源开发过程中环境保护制度也不完善，对环境造成了很大破坏。

另外，在对矿产资源的开发保护上，缺乏具体的保护措施，例如，对新疆的石油开采（占全国石油总量的 67%）、贵州的铝土矿开采（占全国铝土矿的 81%）、甘肃的镍储量开采（占全国镍储量的 70%）等没有颁布专门的管理办法条例，从而使西部地区对各种矿产资源的开采无章可循、管理混乱，开采力度和方法没有标准可参照。

六、环境污染防治水平不断提升，但水平仍然偏低

（一）民族地区废水排放达标率持续上升，但达标水平仍然偏低

近年来，随着经济的发展、环保水平的上升，民族地区的废水排放达标率不断上升。1997 年的废水排放达标率仅为 43.04%，到 2010 年其指标增长为 88.82%，这是很大程度的进步。但是，其废水排放达标率还是比全国和东部地区水平低，1997 年，全国和东部地区的废水排放达标率为 61.84% 和 68.11%，2010 年，全国和东部地区的废水排放达标率为 95.32% 和 97.16%，而民族地区 2010 年废水排放达标率才达到 88.82%（图 4-1）。

[①] 云南环境保护厅. 云南环境状况公报 2009, 2011. http://www.ynepb.gov.cn/hjjcl/hjzl/hjzkgb/. 2017-3-6.

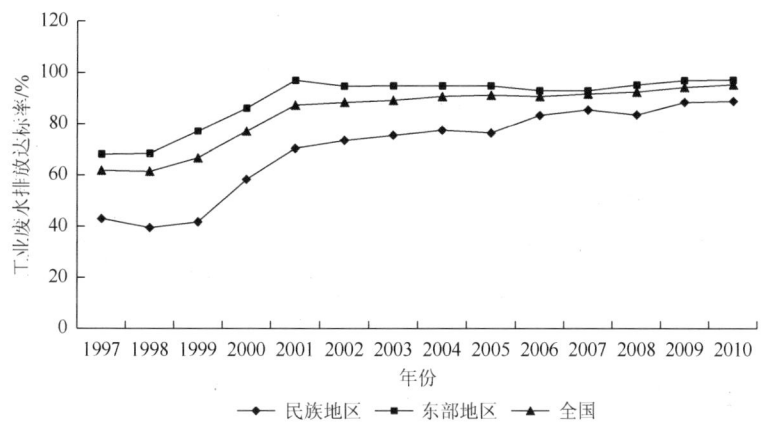

图 4-1　民族地区工业废水排放达标率年际对比

资料来源：经《中国环境统计年鉴》（2001~2011 年）、《中国环境统计年报》（2001~2011 年）、《中国环境状况公报》（2011~2011 年）及各民族地区环境状况公报（2001~2011 年）整理所得

（二）民族地区工业废气排放量增长快，强度高

1997 年，民族地区的工业烟尘排放量、工业粉尘排放量分别为 115.67 万吨、93.13 万吨（图 4-2），为东部地区工业烟尘排放量、工业粉尘排放量的 61.45%和 53.54%，占全国工业烟尘排放量、工业粉尘排放量的 16.90%和 16.98%。随着工业化进程的不断推进，各地区工业废气排放量都呈现上升趋势，但民族地区工业废气排放量增加速度相对更快，2010 年，民族地区工业烟尘排放量、工业粉尘排放量达到 136.56 万吨和 100.01 万吨，占全国总排放量的比例上升到了 22.64%和 22.29%，占到东部地区的 87.82%和 92.11%。

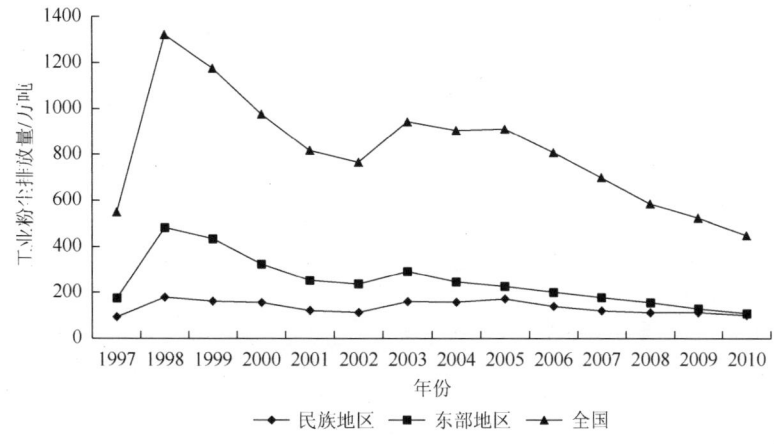

图 4-2　民族地区工业粉尘排放量与全国及东部地区比较

资料来源：同图 4-1

从工业废气排放强度看，1997年，民族地区工业烟尘排放强度为518.64吨/亿元（图4-3），是东部地区及全国工业烟尘排放强度的4.68倍和2.28倍，工业粉尘排放强度为417.55吨/亿元，是东部及全国工业粉尘排放强度的4.07倍和2.99倍；1998年~2010年，各地区工业废气排放强度都呈现下降的趋势，2010年，民族地区工业烟尘排放强度下降到85.42吨/亿元，是东部与全国工业烟尘排放强度的5.27倍和2.57倍，工业粉尘排放强度下降到62.56吨/亿元，是东部与全国工业粉尘排放强度的5.52倍和2.53倍。污染强度相比东部地区与全国下降得更慢。

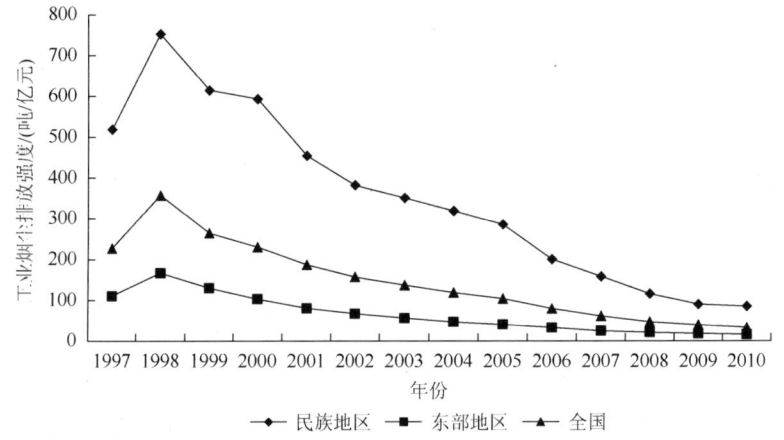

图4-3　民族地区工业烟尘排放强度与全国及东部地区比较

资料来源：同图4-1

（三）民族地区工业固体废弃物综合利用量持续上升，但综合利用率相对偏低

1997年，民族地区工业固体废弃物产生量为8952.00万吨（图4-4），分别为

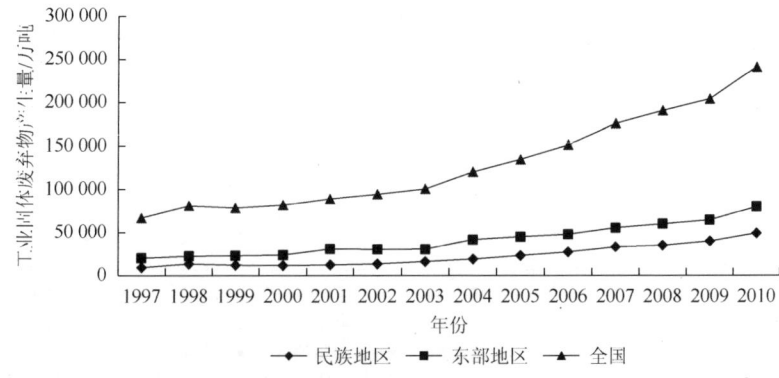

图4-4　民族地区工业固体废弃物产生量与全国及东部地区比较

资料来源：同图4-1

全国及东部地区的 13.62%和 45.90%。2010 年，民族地区工业固体废弃物产生量为 48 981.00 万吨，分别为全国及东部地区的 20.33%和 61.39%。13 年间，民族地区、东部地区、全国平均工业固体废弃物生产量增长率为 447.15%、309.11%和 266.45%。

随着经济发展水平和环保技术的整体进步，各地区工业固体废弃物综合利用量都在上升，我们用工业固体废弃物综合利用率指标来进一步反映①。1997 年，民族地区、东部地区及全国工业固体废弃物综合利用率分别为 29.49%、65.08%和 45.64%（图 4-5）；2010 年，这三项指标分别上升为 54.76%、78.27%和 67.14%，相比较，民族地区工业固体废弃物综合利用率仍然偏低。

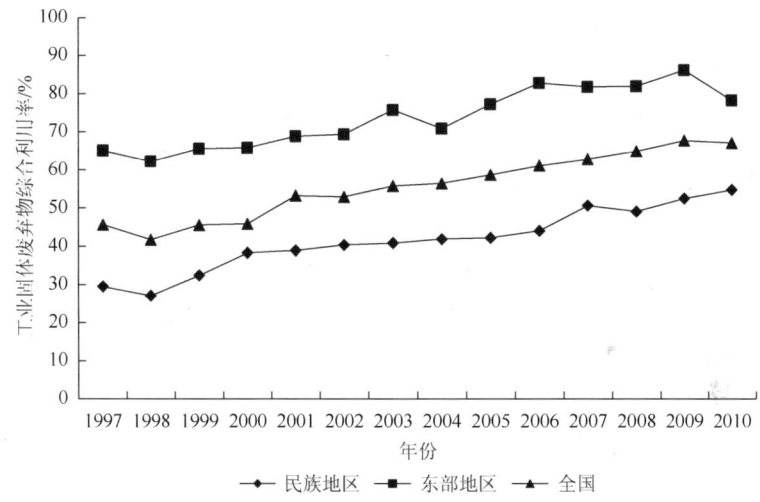

图 4-5　民族地区工业固体废弃物综合利用率与全国及东部地区比较

资料来源：同图 4-1

七、由环境污染引起的群体性事件增多

民族地区经济的发展确实可以提高社会生产力，增加社会财富，丰富人民物质生活，却又不可避免地造成环境污染。西部民族地区正在紧锣密鼓地加快推进工业化，在此进程中，环境污染事件与日俱增。目前，西部地区工业"三废"（废水、废气、废渣）污染和城市垃圾污染日益严重，据国家环保局的有关数据统计，我国西部乡镇企业中，有 65%的企业存在着或轻或重的污染问题。而且在有些地区由于长期不注意在生产的过程中保护环境，环境恶化的趋势不断加剧。我国西部地区普遍存在着工业"三废"、城市垃圾、酸雨、噪声、农药、地膜残存等污染情况。

近年来，环境污染造成的群体性事件不少，严重影响到群众的生命财产安全，

---

① 工业固体废弃物综合利用率=工业固体废弃物综合利用量/工业固体废弃物排放量×100。

导致群体性事件在部分污染严重地区集中暴发。由环境污染事故造成的损失、危害和影响呈增长之势,在人民群众中造成极其恶劣的影响。例如,2002 年 9 月 11 日,贵州都匀市坝固镇多杰村上游铅锌矿尾渣大坝崩塌,冲毁农田,造成清江水无法饮用[①]。2008 年 6 月以来,云南九大高原湖泊之一的阳宗海水体中的砷浓度超出饮用水安全标准,导致严重污染,直接危及 2 万人的饮水安全[②]。2011 年 8 月 16 日,高铅血症在广西河池市南丹县被发现,当地部分群众铅血异常,已查出 31 名儿童身患高铅血症[③]。

这些环境污染事件看似偶然发生,实际上有其发生的必然性。最直接的原因无非是西部民族地区环境污染方面管理不够先进,企业缺乏相应的环保意识,生产过程中长期忽视环境保护。这也是环境保护滞后于经济发展的必然结果。同时,污染问题已经逐渐成为引发群体性事件的一个新的诱因。

第二节 民族地区高污染、高能耗产业特征明显

在产业结构优化升级和转变经济发展方式的迫切要求下,近年来,东部沿海地区的传统产业加速向西部民族地区转移,促进了民族地区的经济发展。但是这些转移到西部民族地区的产业主要集中在劳动密集型产业和资源密集型产业,高能耗和高污染现象严重。

早在 20 世纪 90 年代,国外学者就国际间产业转移所导致的污染跨境转移提出了"污染避难所"假说(Dean,1992;Esty,1994,1996;Jensen,1996),解释了国家之间污染产业转移的根源,并提出了实行较低环境标准的国家会成为世界及污染产业的"避难所"。在全球化引起市场竞争加剧的今天,发达国家为改善自身的生态环境现状,将高能耗、高污染的产业向发展中国家进行转移,发展中国家政府迫于发展压力降低环境保护标准及放松环境规制,从而出现"竞次效应"及"触底竞赛假说"(Markusen,1995;Esty and Dua,1997),导致发展中国家生态环境现状令人担忧。

当前,国际间的产业转移对中国所带来的污染转移问题也有学者进行了研究,夏友富(1999)就国际间产业转移提出发展中国家应避免成为发达国家的"污染避难所",通过对污染密集型产业与严重污染密集型产业进行界定,并从对外直接投资(foreign direct investment,FDI)金额与所投资企业个数进行分析,指出 FDI 向中国进行投资客观存在污染转移的事实。彭文斌等(2011)收集 FDI 及污染数

[①] 阿计. 2002—2012:重大环境污染事件之十年纪录. 民主与法制,2012,(27):24-28.
[②] 韩玉婷,班婕,翁素云,等. 我国环境污染事故源解析研究. 环境保护科学,2013,39(2):56-60.
[③] 张莺,陈亮. 广西南丹县 31 名儿童被查出高铅血症. http://news.sohu.com/20110816/n316477225.shtml,2017-3-6.

据，运用格兰杰因果检验方法对污染转移进行了实证分析，发现 FDI 主要流向高污染、高能耗行业成为污染转移的主要成因。也有学者通过实证研究，提出了相反的结论，例如，李小平和卢现祥（2010）通过投入产出模型及净出口消费指数等进行定量分析，以 CO_2 为测量指标，得出在国际产业向中国转移的过程中，转移企业不仅是污染密集型产业，同时也转移了许多"干净"产业，中国并没有成为发达国家的"污染天堂"。李子豪和刘辉煌（2011）通过收集整理 FDI 及中国 1999～2008 年 35 个工业行业碳排放强度的面板数据，实证检验了 FDI 所产生的技术效应对东道国的碳排放影响，提出 FDI 能对部分行业的碳排放有显著的积极影响。

随着"西部大开发"等一系列战略的出台，东部地区产业开始向民族地区进行转移。国内区域间产业转移是否会带来类似于国际间的污染转移值得人们思考，就西部民族地区是否会成为东部污染产业的避难所，国内研究大部分分为如下两类。①污染转移的定性分析。杨昌举等（2006）提出应关注西部产业转移，并分析由产业转移带来生态环境污染的过程及原因，提出建设西部绿色屏障，控制污染性行业的转移，提倡走绿色的、长期的发展模式。胥留德（2010）归纳了后发地区产业转移的几种类型，并根据不同类型提出了防止污染转移的相应措施，指出盲目承接产业转移不但无法促进欠发达地区的经济发展，反而可能对其生态环境造成不可逆转的破坏。②污染转移的定量分析。侯伟丽等（2013）运用各地区污染治理支付成本占地区总产值的比重来衡量环境管制强度，利用省级面板数据进行了实证研究，得出不同区域间环境规制的差异性是污染转移的一个重要因素，验证了不同地区间环境管制强度差异导致了区域"污染避难所"的产生。何龙斌（2013）综合前人研究成果将造纸及纸制品业、化学制品及化学制品制造业、黑色金属冶炼及压延加工业、电力及热力的生产和供应业、石油加工及炼焦业、非金属矿制品业等六大类产业作为污染密集型产业，通过收集整理主要污染密集型产业的工业品[①]产量、占全国的比重以及其变化趋势，分析了我国污染密集型产业的区域间转移，并证实了我国区域间的确实存在"污染避难所"假说。古冰等（2013）通过整理地区污染产业的生产总值，运用产业静态集聚绝对指数及相对指数衡量污染产业转移，发现 2000～2010 年部分污染密集型产业出现逐渐由东部向西部集聚的趋势。

总体来看，对区域间污染转移的研究指出了西部地区在承接产业转移过程中需要控制污染性行业的转移，避免成为东部地区产业转移的"污染避难所"，但更多偏重于定性研究，部分定量研究的文献由于区域间产业转移及污染数据的限制，无法进行细致有效的分析，对产业转移所引起的污染转移缺乏全面客观的评价，本章拟以工业行业生产份额及比例间接说明我国区域间产业转移趋势及方向，通过工业行业的产值

---

① 主要工业品包括机制纸及纸板、硫酸、纯碱、农用（氮、磷、钾）化肥、化学农药、塑料、乙烯、生铁、粗钢、成品钢、发电量、天然气、原煤、原油、水泥、平板玻璃等 16 种产品。

贡献率与能耗贡献率，整合不同行业产业转移及其能耗变动情况，从侧面反映民族地区承接产业转移所带来的环境污染影响，验证民族地区"污染避难所"假说。

首先，通过收集各省各工业行业生产总值及能耗数据，把工业内部行业按能耗强度分为高、中、低能耗产业，对各地区不同行业的产值及能耗强度进行对比，分析各地区各行业的能耗特点。同时利用不同地区各能耗组产值比重反映不同地区工业发展趋势。其次，将不同行业各地区产值比重进行对比，间接反映产业在地区间转移情况。最后，通过各地区不同能耗组产值贡献率与能耗贡献率，评价不同地区工业行业发展现状。综合上述分析所得结论验证民族地区是否在产业承接中存在高污染行业转移问题，并剖析这些行业对当地能耗方面的影响。

一、数据来源与处理

本章选取 2005 年、2010 年中国各省（自治区、直辖市）分行业能源消耗总量数据（单位：吨标准煤）和各省（自治区、直辖市）分行业工业产值数据（单位：亿元）。其中，2005 年、2010 年中国各省（自治区、直辖市）分行业能源消耗总量数据分别来源于各省（自治区、直辖市）2006 年、2011 年统计年鉴，2005 年、2010 年中国各省（自治区、直辖市）分行业工业产值数据来源于 2006 年、2011 年《中国工业经济统计年鉴》；由于一些省（自治区、直辖市）在统计方法等方面不同，所以数据统计结果口径不一致，为了统一数据，对面板数据进行如下处理。

（1）在各省（自治区、直辖市）统计年鉴中，首先对数据缺失、数据不全和数据存在问题的省（自治区、直辖市）予以剔除。①江苏、海南、四川、西藏、浙江、上海、山东和宁夏 2006 年统计年鉴中 2005 年分行业能源消耗数据缺失。②江苏、四川、西藏、浙江和上海 2011 年统计年鉴中 2010 年分行业能源消耗数据缺失。③河南 2005 年与 2010 年能源统计口径不一致，造成数据无法统一，剔除。

因此，本章在剔除江苏、海南、四川、西藏、浙江、上海、山东、宁夏和河南 9 个省（自治区、直辖市）后，选取北京、福建、河北、天津、广东、安徽、黑龙江、吉林、辽宁、江西、湖北、湖南、山西、重庆、甘肃、陕西、内蒙古、广西、贵州、青海、新疆、云南共 22 个省（自治区、直辖市）的 2005 年与 2010 年分行业能源消耗和工业产值数据进行分析。

本章采取东中西 3 类地区划分法，在选取的 22 个省（自治区、直辖市）中，东部地区 6 个省（直辖市），依次是北京、天津、河北、辽宁、福建和广东；少数民族地区 6 个省（自治区），依次为内蒙古、广西、贵州、青海、新疆、云南；将其他 10 个省（自治区、直辖市）统一并为"其他中西部地区"，依次是安徽、山西、吉林、黑龙江、江西、湖北、湖南、重庆、陕西和甘肃。

(2) 在《中国工业经济统计年鉴》中,由于所统计的行业有限,且为了与各省(自治区、直辖市)统计年鉴中的行业分类进行统一,特选取 26 个行业进行比较:①煤炭开采和洗选业;②石油和天然气开采业;③黑色金属矿采选业;④有色金属矿采选业;⑤非金属矿采选业;⑥农副食品加工业;⑦食品制造业;⑧饮料制造业;⑨烟草制造业;⑩纺织业;⑪纺织服装、鞋、帽制造业;⑫造纸及纸制品业;⑬石油加工、炼焦及核燃料加工业;⑭化学原料及化学制品制造业;⑮医药制造业;⑯化学纤维制造业;⑰非金属矿物制品业;⑱黑色金属冶炼及压延加工业;⑲有色金属冶炼及压延加工业;⑳金属制品业;㉑通用设备制造业;㉒专用设备制造业;㉓交通运输设备制造业;㉔电气机械及器材制造业通信设备、计算机及其他;㉕仪表仪表及文化、办公用机械制造业;㉖电力、热力的生产和供应业。

本章用全国平均水平(22 个省(自治区、直辖市)的平均水平)、东部地区(以 6 个省(直辖市)为代表)、其他中西部地区(以 10 个省(自治区、直辖市)为代表)与少数民族地区(以 6 个省(自治区)为代表)进行比较说明。

二、数据统计分析

下面分别从各地区总体比较、分行业比较、分能源强度行业组比较和产值与能耗贡献几个角度进行对比说明。

(一)各地区总体能源对比分析

通过对各地区 2005 年与 2010 年能源强度进行比较(表 4-2)发现:东部地区能源强度最低,少数民族地区能源强度最高,其他中西部地区居中;从 2005 年与 2010 年的差距来看,少数民族地区能源强度下降最快,东部地区下降最慢,少数民族地区 2005 年能源强度为 17 708.62 吨标准煤/亿元,约是东部地区的 2.4 倍,到 2010 年,少数民族地区的能源强度下降为 11 272.89 吨标准煤/亿元,下降了 36.34%,这从另外一方面也说明了,少数民族地区能源利用效率上升很快。但 2010 年少数民族地区的能源强度约是东部地区的 2.07 倍,因此,降低少数民族地区能源消耗,提高其能源利用效率仍然"任重而道远"。

表 4-2 2005 年、2010 年各地区能源强度   (单位:吨标准煤/亿元)

地区	2005 年能源强度	2010 年能源强度
全国平均水平	10 814.69	7 105.66
东部地区	7 441.58	5 439.61
其他中西部地区	13 781.85	8 020.07
少数民族地区	17 708.62	11 272.89

资料来源:根据各省(自治区、直辖市)统计年鉴收集数据整理计算所得。

(二)各地区分行业对比分析

通过对全国平均水平、东部地区、其他中西部地区和民族地区 26 个行业能源强度的分析可以看出(图 4-6):不同行业的能源强度差别很大;整体上来看,2005 年和 2010 年各行业能源排放强度中少数民族地区的排放强度基本上都是最大的,东部地区的能源强度基本上都是最小的。

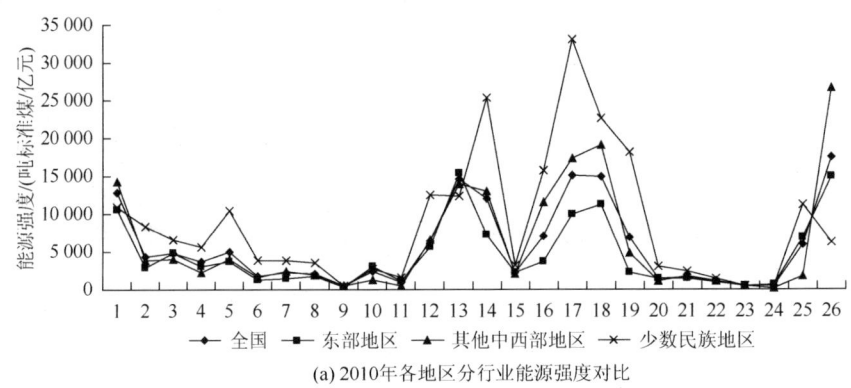

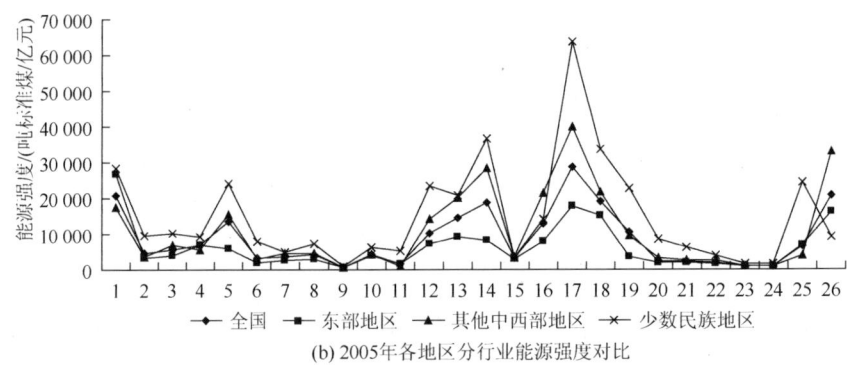

图 4-6 2005 年、2010 年各地区分行业能源强度对比

资料来源:同表 4-2

各数值分别代表:1-煤炭开采和洗选业;2-石油和天然气开采业;3-黑色金属矿采选业;4-有色金属矿采选业;5-非金属矿采选业;6-农副食品加工业;7-食品制造业;8-饮料制造业;9-烟草制造业;10-纺织业;11-纺织服装、鞋、帽制造业;12-造纸及纸制品业;13-石油加工、炼焦及核燃料加工业;14-化学原料及化学制品制造业;15-医药制造业;16-化学纤维制造业;17-非金属矿物制品业;18-黑色金属冶炼及压延加工业;19-有色金属冶炼及压延加工业;20-金属制品业;21-通用设备制造业;22-专用设备制造业;23-交通运输设备制造业;24-电气机械及器材制造业通信设备、计算机及其他;25-仪器仪表及文化、办公用机械制造业;26-电力、热力的生产和供应业

(三)各地区分能源强度行业组对比分析

上面通过对不同区域 26 个行业能源强度的分析可以看出,不同行业的能源强

度差别很大。为了分析各区域 2005 年与 2010 年分行业能源强度变化的特征,以 2005 年和 2010 年全国能源强度平均水平为准,将 26 个行业划分为高、中、低 3 个能源强度行业组。如图 4-7 所示,把平均能源强度高于 8000 吨标准煤/亿元的行业(包括 17、26、18、1、14、13、16、5、19 及 12 共 10 个行业)划分为高能源强度行业组,2000~8000 吨标准煤/亿元的行业(包括 25、4、3、2、10、8、7、15 及 6 共 9 个行业)划分为中能源强度行业组,低于 2000 吨标准煤/亿元的行业(包括 20、21、22、11、24、23 及 9 共 7 个行业)划分为低能源强度行业组。

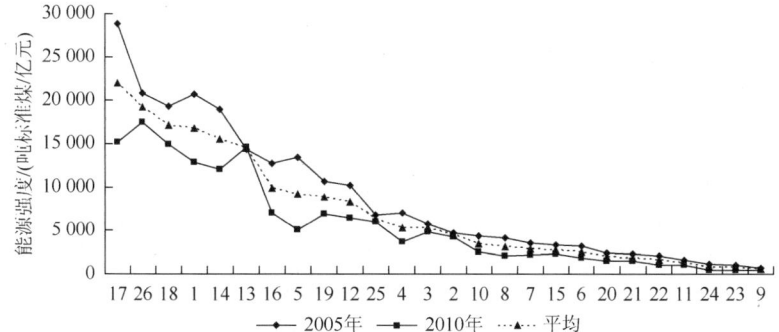

图 4-7 2005 年与 2010 年各行业能源强度及平均水平高低示意图

资料来源:同表 4-2

其中,分年份来看(表 4-3),各地区在高、中、低能源强度行业组中,2005 年能源强度均高于 2010 年,其中少数民族地区的差距最大,东部地区的差距最小;分地区来看,2010 年少数民族地区与东部地区的差距远小于 2005 年的差距,这从另外一方面也说明了少数民族地区在能源利用效率上提升明显。分地区看,2005 年各地区在不同能源强度行业组上的能源强度各异。少数民族地区各行业组能源强度均最高,而东部地区各行业组能源强度均最低;少数民族地区和其他中西部地区

表 4-3 分年份不同地区各行业组能源强度对比情况 (单位:吨标准煤/亿元)

地区	2005 年			2010 年		
	高能源强度行业组	中能源强度行业组	低能源强度行业组	高能源强度行业组	中能源强度行业组	低能源强度行业组
全国平均水平	18 596.62	4 269.55	1 465.03	13 588.72	2 778.30	763.76
东部地区	13 006.30	3 549.73	1 369.81	10 767.17	2 703.43	843.71
其他中西部地区	23 670.16	3 910.65	1 509.46	15 721.70	2 154.11	615.94
少数民族地区	26 522.70	7 787.86	2 155.13	16 873.90	4 761.01	901.03

资料来源:同表 4-2。

在三个行业组的能源强度均高于全国平均水平,而东部地区均低于全国平均水平;少数民族地区在高能源强度行业组与东部和其他中西部地区相差较大,在中能源强度行业组和低能源强度行业组相差很小。2010年各地区在不同能源强度行业组上的能源强度差异与2005年基本相同,只是2010年少数民族地区在高能源强度行业组和中能源强度行业组与东部和其他中西部地区相差较大,而在低能源强度行业组相差很小。

(四)不同地区行业组能耗、产值贡献对比

1. 不同地区各行业的产值比重对比

根据2005年、2010年我国不同地区各行业的产值(表4-4)及不同地区各行业的产值比例情况(表4-5),计算出我国不同地区2005~2010年在各行业间的产值比例变动情况(表4-6)。从2005年、2010年我国不同地区各行业组产值比例情况可以看出,在我国工业化进程的发展过程中,各地区高能源强度行业组所占比重均比较高,普遍超过总产值的40%;且东部地区低能源强度行业组所占比重相对较大,而少数民族地区的低能源强度行业组所占比重就相对较小。

表4-4 分年份不同地区各行业组产值对比情况　　　　(单位:亿元)

地区	2005年			2010年		
	高能源强度行业组	中能源强度行业组	低能源强度行业组	高能源强度行业组	中能源强度行业组	低能源强度行业组
全国平均水平	54 237.96	22 132.52	29 649.75	119 022.7	48 232.29	88 761.07
东部地区	27 629.59	11 069.18	18 227.21	55 427.51	22 663.87	50 758.49
其他中西部地区	19 786.51	7 984.22	9 520.64	45 591.36	18 795.48	32 532.46
少数民族地区	6 821.86	3 079.12	1 901.9	18 003.85	6 772.94	5 470.12

资料来源:同表4-2。

表4-5 分年份不同地区各行业组产值比例情况　　　　(单位:%)

地区	2005年			2010年		
	高能源强度行业组	中能源强度行业组	低能源强度行业组	高能源强度行业组	中能源强度行业组	低能源强度行业组
全国平均水平	51.16	20.88	27.97	46.49	18.84	34.67
东部地区	48.54	19.44	32.02	43.02	17.59	39.39
其他中西部地区	53.06	21.41	25.53	47.04	19.39	33.57
少数民族地区	57.80	26.09	16.11	59.52	22.39	18.08

资料来源:同表4-2。

表 4-6　2005～2010 年不同地区各行业组产值比例变动情况　（单位：%）

地区	高能源强度行业组	中能源强度行业组	低能源强度行业组
全国平均水平	-4.67	-2.04	6.70
东部地区	-5.52	-1.86	7.37
其他中西部地区	-6.02	-2.02	8.04
少数民族地区	1.72	-3.70	1.97

资料来源：同表 4-2。

根据我国 22 个省（自治区、直辖市）不同地区 2005～2010 年在各行业间的产值比例变动情况（表 4-6）可以看出如下内容。

从 22 个省（自治区、直辖市）平均水平上来看，整体上高能源强度行业组和中能源强度行业组比重都在下降，且高能源强度行业组比重下降得更为明显（|-4.67|>|-2.04|）；相应地，整体上在低能源强度行业组上的比重在上升。

分地区来看，东部地区和其他中西部地区在高能源强度行业组与中能源强度行业组比重上都在下降，且在高能源强度行业组下降得更为明显，特别是其他中西部地区，下降的幅度达到 6.02 个百分点；相应地，东部地区和其他中西部地区在低能源强度行业组的比重都在上升，且其他中西部地区上升的幅度更大一些；而少数民族地区在高能源强度行业组和低能源强度行业组的产业比重都在上升，其中高能源强度行业组比重上升了 1.72 个百分点。相应地，在中能源强度行业组的产业比重在下降。

由此可见，随着工业化进程的不断提高，我国少数民族地区高能源强度行业组占的比重越来越大，而东部地区和其他中西部地区高能源强度行业组占的比重越来越小，这说明随着工业化进程的发展，高能源强度行业组有从东部地区和其他中西部地区向少数民族地区发生转移的趋势。同时，东部地区和其他中西部地区行业发展由高、中能源强度行业组向低能源强度行业组转变；而少数民族地区行业发展则由中能源强度行业组向高、低能源强度行业组转变。

2. 不同行业组各地区的产值比重对比

根据 2005 年、2010 年我国不同行业组各地区的产值及不同行业组各地区的产值比例情况（表 4-7），计算出我国不同行业组 2005～2010 年在各地区间的产值比例变动情况（表 4-8）。从 2005 年和 2010 年我国不同行业组各地区产值比例情况可以看出，在各行业组中，我国东部地区所占的产值比重均最高，且普遍处于 45% 以上，而少数民族地区所占的产值比重均最低，且普遍均在 16% 以下。

表 4-7　分年份不同行业组各地区产值比例情况　　　（单位：%）

地区	2005 年			2010 年		
	高能源强度行业组	中能源强度行业组	低能源强度行业组	高能源强度行业组	中能源强度行业组	低能源强度行业组
东部地区	50.94	50.01	61.48	46.57	46.99	57.19
其他中西部地区	36.48	36.07	32.11	38.30	38.97	36.65
少数民族地区	12.58	13.91	6.41	15.13	14.04	6.16

资料来源：同表 4-2。

表 4-8　2005～2010 年不同行业组各地区产值比例变动情况　　（单位：%）

地区	高能源强度行业组	中能源强度行业组	低能源强度行业组
东部地区	-4.37	-3.02	-4.29
其他中西部地区	1.82	2.89	4.54
少数民族地区	2.55	0.13	-0.25

资料来源：同表 4-2。

根据不同行业间我国 2005～2010 年在各地区的产值比例变动情况（表 4-8）可以看出：东部地区在各行业组中所占的产值比重都在下降，产业转移特征明显，且在高能源强度行业组中下降得最快；而其他中西部地区在各行业组中所占的产值比重都在上升，且在高能源强度行业组中上升的比例最小，而在低能源强度行业组中上升的比例最大；少数民族地区产值比重在高能源强度行业组中上升最快，而在中能源强度行业组中产值比重基本持平并有极小的上升，但在低能源强度行业组中所占的产值比重不仅没有上升反而下降。同时，从各行业产值变动情况还可以看出，高能源强度行业组主要由东部地区向其他中西部地区及少数民族地区转移，且向少数民族地区转移得更多；而中能源强度行业组主要由东部地区向其他中西部地区转移；而低能源强度行业组主要由东部地区向其他中西部地区转移。

3. 不同地区能耗与产值贡献情况对比

根据我国不同地区 2005 年和 2010 年的能耗与产值变动值，计算出各自的变动比重，可以比较我国不同地区的能耗与产值贡献比重情况。

根据我国 2005～2010 年各地区能耗、产值贡献百分比变动情况（表 4-9）可以看出，东部地区的工业产值增加主要依靠低能源强度行业组产业拉动，其工业产值增长对环境的压力相对较小；而少数民族地区的工业产值增加主要依靠高能源强度行业组产业拉动，其工业产值增长对环境的压力相对较大；中部地区则居中。

表 4-9　2005～2010 年各地区不同行业组产值变动比例　　（单位：%）

地区	高能源强度行业组	中能源强度行业组	低能源强度行业组
东部地区	38.65	43.28	60.63
其他中西部地区	16.12	18.13	20.03
民族地区	45.23	38.59	19.35

资料来源：同表 4-2。

从表 4-10 可以看出，2005～2010 年，各地区能耗贡献和工业产值贡献均为正，从工业产值的贡献来看，东部地区的贡献最大，其次为其他中西部地区，少数民族地区的产值贡献最少；从能耗贡献来看，东部地区的能耗贡献也最大，其次为其他中西部地区，而少数民族的能耗贡献最少；从工业产值贡献与能耗贡献的对比来看，东部地区的工业产值贡献大于能耗贡献，其他中西部地区的工业产值贡献与能耗贡献基本持平，少数民族地区的工业产值贡献小于能耗贡献。这表明了东部地区需要其他地区为其工业增长承担相应的能耗压力，而少数民族地区则为其他地区的工业增长承担能耗压力。

表 4-10　2005～2010 年各地区能耗、产值贡献百分比　　（单位：%）

地区	能耗贡献百分比	工业产值贡献百分比
东部地区	41.23	47.95
其他中西部地区	39.16	39.75
民族地区	19.62	12.30

资料来源：同表 4-2。

三、主要结论

（1）从各地区的能源强度来看，东部地区的能源强度最低，少数民族地区的能源强度最高，其他中西部地区居中；从 2005 年与 2010 年的差距对比来看，少数民族地区能源强度下降最快，东部地区下降最慢，说明少数民族地区的能源利用效率上升较快。

（2）从各地区分行业能源强度来看，各地区在不同能源强度行业组上的能源强度各异，其中，少数民族地区各行业组能源强度均最高，而东部地区各行业组能源强度均最低；2005 年和 2010 年少数民族地区与其他中西部地区在三个行业组的能源强度均高于全国平均水平，而东部地区均低于全国平均水平，2005 年少数民族地区在高能源强度行业组与东部及其他中西部地区相差较大，在中能源强度行业组和低能源强度行业组相差很小，而 2010 年少数民族地区在高能源强度行业组和中能源强度行业组与东部及其他中西部地区相差较大,而在低能源强度行业组相差很小;各地区在3个能源强度行业组中,2005年能源强度均高于2010年,其中少数民族地区的差距最大,东部地区的差距最小,2010年少数民族地区与东部地区的差距均小于2005年的差距,这说明了少数民族地区在能源利用效率上提升明显。

(3)从我国不同地区各行业组产值比重变动情况来看,随着工业化进程的不断提高,我国少数民族地区高能源强度行业组占的比重越来越大,而东部地区和其他中西部地区高能源强度行业组占的比重越来越小,说明了随着工业化进程的发展,高能源强度行业组从东部地区和其他中西部地区向少数民族地区发生转移。同时,东部地区和其他中西部地区行业发展由高、中能源强度行业组向低能源强度行业组转变;而少数民族地区行业发展则由中能源强度行业组向高、低能源强度行业组转变。

(4)从我国不同行业组各地区产值变动情况来看,随着工业化进程的不断提高,我国东部地区的产业比重在各个行业组中都有所下降;而其他中西部地区的产业比重在各个行业组中都有所上升;少数民族地区的产业比重在高能源强度行业组中明显上升,在中能源强度行业组中略微上升,而在低能源强度行业组中有所下降。我国高能源强度行业组主要由东部地区向其他中西部地区及少数民族地区转移,且少数民族地区转移得更多;而中能源强度行业组和低能源强度行业组主要由东部地区向其他中西部地区转移。

(5)东部地区在经济增长过程中,需要其他地区为其经济增长承担相应的能耗压力,而少数民族地区则为其他地区的经济增长承担能耗压力,即存在着区域间的能耗和污染的转移。

小 结

民族地区生态环境处于"整体改善、局部恶化"的状态。主要表现为自然灾害频发、森林生态系统失衡、生物多样性遭到破坏、土地荒漠化势头仍在加重、水资源短缺且污染严重、矿产资源保护力度不足、环境污染防治水平仍然偏低,同时,由环境污染引起的群体性事件也在增多。

从民族地区的能源消耗状态来看,民族地区高污染、高能耗产业特征明显。①分地区来看,东部地区的能源强度最低,少数民族地区的能源强度最高,其他中西部地区居中;②分行业来看,少数民族地区各行业组能源强度均最高,而东部地区各行业组能源强度均最低;③从产值比重来看,民族地区高能源强度行业组占的比重越来越大,而东部地区和其他中西部地区高能源强度行业组占的比重越来越小。由此可以看出,民族地区在产业发展中,高污染、高能耗产业特征明显,且承接转移的产业多为东部地区的高能耗、高污染行业。

表4-9　2005～2010年各地区不同行业组产值变动比例　　（单位：%）

地区	高能源强度行业组	中能源强度行业组	低能源强度行业组
东部地区	38.65	43.28	60.63
其他中西部地区	16.12	18.13	20.03
民族地区	45.23	38.59	19.35

资料来源：同表4-2。

从表4-10可以看出，2005～2010年，各地区能耗贡献和工业产值贡献均为正，从工业产值的贡献来看，东部地区的贡献最大，其次为其他中西部地区，少数民族地区的产值贡献最少；从能耗贡献来看，东部地区的能耗贡献也最大，其次为其他中西部地区，而少数民族的能耗贡献最少；从工业产值贡献与能耗贡献的对比来看，东部地区的工业产值贡献大于能耗贡献，其他中西部地区的工业产值贡献与能耗贡献基本持平，少数民族地区的工业产值贡献小于能耗贡献。这表明了东部地区需要其他地区为其工业增长承担相应的能耗压力，而少数民族地区则为其他地区的工业增长承担能耗压力。

表4-10　2005～2010年各地区能耗、产值贡献百分比　　（单位：%）

地区	能耗贡献百分比	工业产值贡献百分比
东部地区	41.23	47.95
其他中西部地区	39.16	39.75
民族地区	19.62	12.30

资料来源：同表4-2。

三、主要结论

（1）从各地区的能源强度来看，东部地区的能源强度最低，少数民族地区的能源强度最高，其他中西部地区居中；从2005年与2010年的差距对比来看，少数民族地区能源强度下降最快，东部地区下降最慢，说明少数民族地区的能源利用效率上升较快。

（2）从各地区分行业能源强度来看，各地区在不同能源强度行业组上的能源强度各异，其中，少数民族地区各行业组能源强度均最高，而东部地区各行业组能源强度均最低；2005年和2010年少数民族地区与其他中西部地区在三个行业组的能源强度均高于全国平均水平，而东部地区均低于全国平均水平，2005年少数民族地区在高能源强度行业组与东部及其他中西部地区相差较大，在中能源强度行业组和低能源强度行业组相差很小，而2010年少数民族地区在高能源强度行业组和中能源强度行业组与东部及其他中西部地区相差较大,而在低能源强度行业组相差很小;各地区在3个能源强度行业组中,2005年能源强度均高于2010年,其中少数民族地区的差距最大,东部地区的差距最小,2010年少数民族地区与东部地区的差距均小于2005年的差距,这说明了少数民族地区在能源利用效率上提升明显。

(3)从我国不同地区各行业组产值比重变动情况来看,随着工业化进程的不断提高,我国少数民族地区高能源强度行业组占的比重越来越大,而东部地区和其他中西部地区高能源强度行业组占的比重越来越小,说明了随着工业化进程的发展,高能源强度行业组从东部地区和其他中西部地区向少数民族地区发生转移。同时,东部地区和其他中西部地区行业发展由高、中能源强度行业组向低能源强度行业组转变;而少数民族地区行业发展则由中能源强度行业组向高、低能源强度行业组转变。

(4)从我国不同行业组各地区产值变动情况来看,随着工业化进程的不断提高,我国东部地区的产业比重在各个行业组中都有所下降;而其他中西部地区的产业比重在各个行业组中都有所上升;少数民族地区的产业比重在高能源强度行业组中明显上升,在中能源强度行业组中略微上升,而在低能源强度行业组中有所下降。我国高能源强度行业组主要由东部地区向其他中西部地区及少数民族地区转移,且少数民族地区转移得更多;而中能源强度行业组和低能源强度行业组主要由东部地区向其他中西部地区转移。

(5)东部地区在经济增长过程中,需要其他地区为其经济增长承担相应的能耗压力,而少数民族地区则为其他地区的经济增长承担能耗压力,即存在着区域间的能耗和污染的转移。

小　　结

民族地区生态环境处于"整体改善、局部恶化"的状态。主要表现为自然灾害频发、森林生态系统失衡、生物多样性遭到破坏、土地荒漠化势头仍在加重、水资源短缺且污染严重、矿产资源保护力度不足、环境污染防治水平仍然偏低,同时,由环境污染引起的群体性事件也在增多。

从民族地区的能源消耗状态来看,民族地区高污染、高能耗产业特征明显。①分地区来看,东部地区的能源强度最低,少数民族地区的能源强度最高,其他中西部地区居中;②分行业来看,少数民族地区各行业组能源强度均最高,而东部地区各行业组能源强度均最低;③从产值比重来看,民族地区高能源强度行业组占的比重越来越大,而东部地区和其他中西部地区高能源强度行业组占的比重越来越小。由此可以看出,民族地区在产业发展中,高污染、高能耗产业特征明显,且承接转移的产业多为东部地区的高能耗、高污染行业。

第五章

民族地区可持续发展影响

民族地区的生态环境保护具有很强的特殊性，生态环境保护尤为重要。而民族地区经济增长驱动下带来的巨大环境压力，给民族地区资源环境造成了恶劣的影响。本章分为两节：第一节讨论民族地区生态环境保护的特殊性与重要性；第二节通过地区资源环境承载力变化的度量，定量分析民族地区环境压力对其资源环境系统带来的影响。

第一节 民族地区生态环境保护的特殊性

一、民族地区是我国的重要生态屏障

民族地区是全国乃至全亚洲的生态屏障，就某种程度来讲，其生态战略重要性远远大于其经济意义。北方防风固沙带是我国重要的防风防沙保护带，尤其是三北防护林和广大草原具有巨大的防风固沙作用；西北部的青藏高原是三江源头，是一个独特的生态系统，具有发挥涵养大江大河水源和调节气候的重要作用，是全国乃至全亚洲的气候"感应器"；位于西部偏中地带的黄土高原—川滇生态屏障具有加强水土流失防治和天然植被保护，发挥保障长江、黄河中下游地区生态安全的作用。"十二五"规划中力将构建的十大生态屏障位属于或包含民族地区的有北方防风固沙屏障、西部高原生态屏障、长江流域生态屏障、

黄河流域生态屏障、中小河流及库区生态屏障，同时国家主体功能区规划也把民族地区作为构建以"两屏三带"为主体的生态安全战略格局的重点。

二、民族地区地质环境特殊，生态环境脆弱

民族地区地域辽阔，集中分布着我国主要的山脉、高原、戈壁、沙漠、草原、裸岩、冰川以及雪山等地域，地质地貌复杂而特殊。虽然地广人稀，但是由于地质环境特殊，承载能力也有限，大部分地区不适宜人类居住。西北的黄土高原几乎都是大大小小的沙漠、黄土黏土荒漠地貌和沙化地貌；西南的广西、云南和贵州等省（自治区）分布着极广的喀斯特地貌；横断山区和青藏高原等地则主要是寒冬风化地貌。

民族地区占我国 7 大生态脆弱区的 5 个，分别为大兴安岭西侧的北方半干旱—半湿润区，西北干旱—半干旱区，西南石灰岩区，西南横断山区，云贵高原区，青藏高原区，共占全部生态环境脆弱区的 82%，见表 5-1。

表 5-1　民族地区生态脆弱区

区域	自然背景	人为原因	主要生态问题
大兴安岭西侧的北方半干旱—半湿润区	气候较干、降水较少、风蚀水蚀	过垦、过伐、过牧	水土流失、风蚀沙化、土壤次生盐碱化、干旱、森林破坏、草场退化
西北干旱—半干旱区	气候较干、降水较少	过牧	风蚀沙化和石砾化、土壤次生盐碱化、干旱、土地生物量低、草场退化、沙尘暴等灾害频繁
西南石灰岩区	春秋干旱、夏秋多雨、水土浅薄、水蚀溶蚀	人口稠密、过垦、过伐、过牧	水土流失、土地石漠化、植被破坏、干旱及洪涝灾害严重、崩坍和塌陷灾害多发
西南横断山区、云贵高原区	地质复杂、地形崎岖、降水集中、局部干旱	人民生活贫穷、过垦、过伐	水土流失、土壤肥力下降、土壤侵蚀、森林破坏严重、干旱、滑坡和泥石流灾害频繁、物种灭绝和多样性锐减
青藏高原区	高寒气候、降水极少、强风、干旱	过牧	风蚀沙化、土壤石砾化、草场退化、湿地萎缩、土地生物量低、波动大以及大风、沙尘暴和冰雹等灾害频繁

资料来源：根据赵跃龙. 中国脆弱生态环境类型分布及其综合整治. 北京：中国环境科学出版社, 1999, 以及相关材料整理。

大兴安岭西侧的包括内蒙古、宁夏、甘肃等地在内的北方半干旱—半湿润脆弱区北起呼伦贝尔，向西南方向延伸至河西走廊以东，是一条我国内陆深处由干旱—半干旱气候向东南方向湿润—半湿润气候的混合过渡地区，也是梯度连接、森林边缘、沙漠边缘等生态环境的明显过渡地带，是我国最大的生态脆弱区。该地区生态经济系统的能量、结构、物质的交换处于非均衡状态，抗干扰能力差，变化速度快，生态复原机会小，人类历史上出现的水土流失和风蚀沙化及各种自

然灾害不断。

地处我国内陆的，包含甘肃、新疆在内的西北干旱—半干旱脆弱区，西部呈环形，从天山南麓绕到昆仑山北麓边缘沙漠地带；东部则呈长条形，起源于祁连山以北的河西走廊延伸至罗布泊。该地区气候恶劣、长期干旱、植被覆盖率低、土地生物量低、风沙频繁、水资源极度缺乏。

云南、广西、贵州所在的西南石灰岩区和山区脆弱区的地质结构复杂，地形以高山陡坡为主，而且喀斯特地貌集中。主要环境问题集中于如下几个方面：降雨集中导致旱涝不均；表层土壤瘠薄导致水土流失严重；土地生产能力有限且抗干扰能力差导致遇到破坏很难还原。其中，云贵高原是我国原始森林的集中分布区之一，地势陡峭、山区面积广大，本身受夏季风的影响，多暴雨，水土流失、石质荒漠化严重，而且随着长期以来人类无节制的森林开发，现过度开垦已导致大量植被破坏。

青藏高原是我国的四大牧场之一，也是我国重要的湿地分布区，本身昼夜温差大，低温冷害及强风、土地风化伴随而来，同时降雨极少而旱灾易发；再加上长期以来人口贫困、过度放牧，草场退化明显，该地区生态环境遭到了极大破坏。

三、民族地区大多属于限制开发区与禁止开发区

在党的十七大和"十一五"期间提出的《国家主体功能区规划》，把民族地区主要设定为限制开发区（限制进行大规模高强度工业化城镇化的农产品主产区和重点生态功能区）和禁止开发区（禁止进行工业化城镇化开发的重点生态功能区）。

在占全国陆地面积的 40.2%，总面积约 386 万 km^2 的国家重点生态功能区（共 25 个）中，隶属于或部分属于民族地区的就多达 18 个。其中属于水源涵养型的有大小兴安岭森林生态功能区、阿尔泰山地森林草原生态功能区、三江源草原草甸湿地生态功能区、甘南黄河重要水源补给生态功能区、祁连山冰川与水源涵养生态功能区、南岭山地森林及生物多样性生态功能区；属于水土保持型的有黄土高原丘陵沟壑水土保持生态功能区、桂黔滇喀斯特石漠化防治生态功能区；属于防风固沙型的有塔里木河荒漠化防治生态功能区、阿尔金草原荒漠化防治生态功能区、呼伦贝尔草原草甸生态功能区、科尔沁草原生态功能区、浑善达克沙漠化防治生态功能区、阴山北麓草原生态功能区；属于生物多样性维护的有川滇森林及生物多样性生态功能区、秦巴生物多样性生态功能区、藏东南高原边缘森林生态功能区、藏西北羌塘高原荒漠生态功能区。

另外，国家自然保护区（共 319 个）中，民族地区内蒙古有 23 个，广西有 16 个，贵州有 8 个，云南有 16 个，西藏有 9 个，青海有 5 个，宁夏有 6 个，新疆有 9 个。国家级森林公园（共 738 个）中，民族地区内蒙古有 29 个，广西有 20 个，贵州有 21 个，云南有 27 个，西藏有 8 个，宁夏有 4 个，青海有 7 个，新疆有 17 个。

国家级地质公园（共 138 个）中，民族地区内蒙古有 3 个，广西有 5 个，贵州有 6 个，云南有 6 个，西藏有 2 个，宁夏有 1 个，青海有 4 个，新疆有 3 个。

四、民族地区是资源、能源及原材料基地

我国的水资源蕴藏世界第一，总量为 6.8 亿千瓦，70%分布在西南三省和西藏地区，其中长江水系最多，其次是雅鲁藏布江水系和珠江水系等，位于民族地区的水电站有龙羊峡和刘家峡。我国的土地资源种类多，面积大；耕地、林地、草地面积居世界第 4 位、第 8 位、第 2 位；民族地区占据了全国耕地面积的 23%、林地面积的 42%、草原面积的 73%、湿地面积的 42%，见表 5-2。另外，民族地区生物种类繁多，数量巨大。

表 5-2 民族地区耕地、林地、草原、湿地面积

地区	耕地面积/公顷	林地面积/公顷	森林面积/公顷	草原面积/公顷	湿地面积/公顷
内蒙古	7 147 000	4 395 000	2 366 000	78 804 000	4 245 000
广西	4 218 000	1 496 000	1 253 000	8 698 000	656 000
贵州	4 485 000	841 000	557 000	4 287 000	79 000
云南	6 072 000	2 476 000	1 818 000	15 308 000	235 000
西藏	362 000	1 747 000	1 463 000	82 052 000	5 232 000
青海	543 000	634 000	330 000	36 370 000	4 126 000
宁夏	1 107 000	179 000	51 000	3 014 000	256 000
新疆	4 125 000	1 067 000	662 000	54 504 000	1 410 000
新疆兵团	—	—	—	2 755 000	—
民族地区	28 059 000	12 834 000	8 500 000	285 792 000	16 239 000
全国	121 716 000	30 590 000	19 545 000	392 833 000	38 386 000
民族地区占全国比重/%	23	42	43	73	42

资料来源：《中国统计年鉴》（2012 年）。

内蒙古草原是天然牧场，河套平原是我国三大甜菜产区之一，还盛产土特产品、名贵药材、闻名全国的三河马等珍稀动物；新疆有野生植物 569 种，还有细毛羊等多种珍稀动物；宁夏有药用植物 500 余种，野生动物资源中有脊椎动物 300 余种，鸟类 200 余种，有 46 种是国家珍贵、稀有动物；广西沿海鱼产品很丰富，北部湾是著名的热带海洋渔场，海洋鱼类 500 余种，经济价值较高的 30 余种。

我国民族地区的矿产能源分布广泛，相对集中。内蒙古拥有丰富的煤炭、铁矿、稀土资源，发电能力居全国前列；新疆的石油、天然气储备量巨大，著名的

西气东输就是从这里开始的,覆盖了东部 8500 万居民的生活用气;云南、贵州的发电量也较为可观;另外,民族地区的锰矿、铬矿、铜矿、铅矿、锌矿、铝土矿、磷矿、高岭土分别占全国总储量的 60%、69%、35%、52%、54%、60%、43%、42%,见表 5-3。另外,民族地区还是新兴能源——风能、太阳能、生物能的主要发源地,例如,广西的多山多水地势有利于开发水利水电,现已经存在大型水电站及诸多小型水电站,另外,内蒙古大兴安岭南区南北有超过 500km² 的木材重要生产基地。这些都成为了我国经济建设、工业发展的重要能源和原材料。

表 5-3 民族地区能源及主要矿产资源分布

地区	石油/万吨	天然气/亿立方米	煤炭/亿吨	锰矿/万吨	铬矿/万吨	铜矿/万吨	铅矿/万吨	锌矿/万吨	铝土矿/万吨	磷矿/万吨	高岭土/万吨
内蒙古	8 520	8 040	369	566	60	364	311	603	0	0	433
广西	143	3	2	5 860	0	3	26	103	41 146	0	15 175
贵州	0	11	59	2 982	0	0	1	11	20 045	5	16
云南	12	2	60	935	0	277	199	713	1 552	6	402
西藏	0	0	0	0	178	234	9	6	0	0	0
青海	5 529	1 329	16	0	0	36	80	150	0	1	0
宁夏	710	3	31	0	0	0	0	0	0	0	0
新疆	56 299	8 810	148	560	45	80	49	91	0	0	0
民族地区	71 214	18 198	685	10 903	284	995	674	1 677	62 743	12	16 026
全国	323 968	40 206	2 158	18 241	413	2 812	1 292	3 124	105 064	29	37 765
比重/%	22	45	32	60	69	35	52	54	60	43	42

资料来源:《中国统计年鉴》(2012 年)。

今后,国家和地区要对这些能源及原材料基地进行更大范围的投资建设,《国家主体功能区规划》明确提出要形成以"五片一带"为主体,以点状分布的新能源基地为补充的能源开发布局框架。在能源资源富集的鄂尔多斯盆地和新疆等地区建设能源基地,在能源消费负荷中心建设核电基地;在河西走廊、兰新线、青藏线、宁夏和内蒙古沙漠边缘等地区建设大型风电基地、大型太阳能基地。同时合理开发内蒙古包头白云鄂博铁稀土矿,强化稀土资源保护和综合利用,建设全国重要的稀土生产基地。合理开发利用内蒙古、陕西、甘肃、新疆的铜、锌、镍、钼等资源。加强青海、新疆盐湖资源开发,加大对钾、镁、锂、硼等多种矿产综合开发利用的力度,构建循环经济产业链,建设青海柴达木、新疆罗布泊资源综合开发利用基地。在西南地区,合理开发利用攀西钒钛资源,加快技术攻关,进行保护性开发,提高资源综合利用水平，把攀西建设成为全国重要的钒钛产业基地；开发利用云南、贵州、广西的铜、铝、铅、锌、锡等资源；提高云南滇中、贵州开阳瓮福磷矿的开发利用水平，提高可持续发展能力，建设滇黔全国重要的磷化工基地。

五、民族地区能源结构单一且煤炭消费比例高

（一）能源储备结构

科学研究证明，每使用1吨煤炭会释放出4.12吨二氧化碳气体，是燃烧同等数量的石油所产生的二氧化碳气体的1.43倍，是天然气的3.33倍。所以很多人都认为，要想减少碳排放，首先便是要大力调整能源结构，少使用含碳量高的能源，多使用些石油、天然气等清洁能源，碳排放自然就可以降下来，然而，在我国现阶段，调整能源结构受资源禀赋条件的制约。表5-4是中国能源结构与世界能源结构对比表，从表中可以看出，在我国的所有能源当中，煤炭占70.4%，石油占19.7%，而核电和天然气才分别占0.7%和3.3%，而世界能源结构中，煤炭只占28.6%，石油和天然气分别占到了35.6%和23.8%，核电占到了5.6%。就欧洲、美国来说，石油储备更是占到了40%，天然气也很丰富。由此可以看出，中国能源结构就是"富煤少油贫气"，而且在短期内没有办法改变。

表 5-4　中国能源消费结构与世界能源消费结构对比表　　（单位：%）

能源结构	煤炭	石油	天然气	水电	核电
中国	70.4	19.7	3.3	5.9	0.7
世界	28.6	35.6	23.8	6.4	5.6

资料来源：任泽平，安风楼.中国能源消耗的国际比较与节能潜力分析.发展研究，2011，11：18-24.

（二）能源消费结构

能源消费结构在很大程度上取决于各国的能源储备结构，下面就来看我国的能源消费情况。表5-5是2010年我国能源消费情况（注：表5-5是我国能源消费的实物量）。

表 5-5　2010年我国各省（自治区、直辖市）能源消费情况

地区	煤炭/万吨	原油/万吨	天然气/亿立方米	地区	煤炭/万吨	原油/万吨	天然气/亿立方米
北京	2 635	1 116.29	74.79	湖北	13 470	1 033.86	19.56
天津	4 807	1 566.79	22.93	湖南	11 323	587.60	11.25
河北	27 465	1 396.65	29.47	安徽	13 376	477.57	12.48
山西	29 865	0.00	28.93	江西	6 246	469.92	3.85

续表

地区	煤炭/万吨	原油/万吨	天然气/亿立方米	地区	煤炭/万吨	原油/万吨	天然气/亿立方米
辽宁	16 908	6 558.91	19.02	陕西	11 639	2 104.61	59.19
吉林	9 583	939.97	22.01	重庆	6 397	—	56.42
黑龙江	12 219	2 106.53	29.9	四川	11 520	351.76	175.26
上海	5 876	2 126.50	45.01	内蒙古	27 004	140.74	45.3
江苏	23 100	2 998.55	71.57	广西	6 207	396.02	1.7
浙江	13 950	2 835.41	31.81	贵州	10 908	0.00	4.14
福建	7 026	1 141.74	29.1	云南	9 349	0.06	3.64
山东	37 328	5 593.40	47.01	甘肃	5 390	1 400.18	14.21
河南	26 050	835.07	47.15	青海	1 271	127.98	23.72
广东	15 984	4 455.31	61.56	宁夏	5 765	175.77	15.48
海南	647	859.17	29.72	新疆	8 106	2 308.44	80.15

资料来源：根据《中国能源统计年鉴 2011》整理所得，西藏数据缺失。

参照《中国统计年鉴》上面各种能源折标准煤参考系统，煤炭的参考系数为 0.7143，原油的参考系数为 1.4286，天然气的参考系数为 13.3，由此可以分别计算出民族地区、东部地区、全国能源消费中三种能源所占比例，见表 5-6，可以看出民族地区煤炭使用比例是最高的，为 87.79%，东部地区最低，为 71.10%，全国刚好居中，为 78.48%。从数据可以看出，民族地区煤炭使用比例是非常高的。根据《2006 年 IPCC 国家温室气体清单指南》所提供的能源燃烧缺省 CO_2 排放因子，各种能源的碳排放因子不同，其中煤炭及其产品的排放因子＞原油及其产品的排放因子＞天然气等的排放因子。据于此可以推断出使用煤炭的比例越高，碳排放量相应就越大。民族地区的能源消费中，87.79%都来自于煤炭，因此，碳减排的压力就会更大。

表 5-6　2010 年各地区能源消费份额　　　　（单位：%）

地区	煤炭	原油	天然气
民族地区	87.79	8.06	4.15
东部地区	71.10	24.68	4.22
全国	78.48	17.49	4.03

资料来源：同表 5-5。

民族地区是我国经济发展相对落后的欠发达地区，又是能源与矿产资源基地和构建现代化产业体系的战略基地。随着中国产业结构调整和经济发展方式转型，包括民族地区在内的西部地区已成为新的快速增长区域,发展与资源环境的矛盾越来越突出。在发展低碳经济和加强生态文明建设的背景下,需要更加关注民族地区的绿色发展问题,实现民族地区绿色经济发展转型。

六、民族地区经济发展水平相对落后

从历年各地区的人均 GDP 来看(表 5-7),民族地区的人均 GDP 一直较低,1997年,民族地区的人均 GDP 仅为 478.71 美元,仅占东部地区的 42.16%;到 2010 年,民族地区人均 GDP 为 3277.36 美元,占东部地区的 47.88%。将民族地区的人均 GDP 水平与全国 31 个省(自治区、直辖市)平均水平相比,1997 年,全国 31 个省(自治区、直辖市)人均 GDP 为 756.63 美元,民族地区占全国平均水平的 63.27%;到 2010 年,全国 31 个省(自治区、直辖市)人均 GDP 为 4863.64 美元,民族地区占全国平均水平的 67.38%。这说明与东部地区及全国平均水平相比,民族地区人均 GDP 仍然相对较低,但相对差距有所缩小,绝对差距呈现出越拉越大的趋势。

表 5-7 历年各地区人均 GDP[①] (单位:美元)

年份\地区	民族地区	东部地区	全国
1997	478.71	1135.43	756.63
1998	517.91	1225.40	814.24
1999	541.91	1310.14	864.03
2000	585.27	1451.87	959.01
2001	634.92	1582.51	1048.52
2002	693.66	1760.38	1158.71
2003	792.04	2042.45	1331.05
2004	952.40	2437.00	1591.99
2005	1129.44	2901.24	1889.43
2006	1372.63	3446.19	2258.68
2007	1753.03	4251.90	2825.93
2008	2383.43	5385.19	3666.58
2009	2646.05	5901.28	4053.26
2010	3277.36	6843.86	4863.64

数据来源:根据《中国统计年鉴》(1998~2011 年)资料收集整理。

因此,快速推动民族地区的经济进步,改善民族地区经济状况,具备必要性。

---

① 此处的人均 GDP 按各年份美元汇价进行调整。

七、发展中减排，民族地区需制定合理的排污指标

中国在工业化进程中，随着经济的持续增长和能源消费量的不断增加，碳排放量还将进一步上升。作为有影响的发展中大国，发展低碳经济不仅是我国应承担的国际责任，而且是自身可持续发展的内在需要。在我国，由于各地区资源禀赋和发展条件的差异，省际碳排放模式有很强的异质性，减排政策也应该具有区域的针对性[①]。民族地区是我国经济发展相对落后的欠发达地区，又是能源与矿产资源基地、构建现代化产业体系的战略基地。随着中国产业结构调整和经济发展方式转型，包括民族地区在内的西部地区已成为新的快速增长区域，发展与资源环境的矛盾越来越突出。在发展低碳经济和加强生态文明建设的背景下，需要更加关注民族地区的绿色发展问题，实现民族地区经济发展的转型。

国家环境保护"十二五"规划指出，根据不同地区主要环境功能差异，以维护环境健康、保育自然生态安全、保障食品产地环境安全等为目标，结合全国主体功能区规划，编制国家环境功能区划，在重点生态功能区、陆地和海洋生态环境敏感区、脆弱区等区域划定"生态红线"，制定不同区域的环境目标、政策和环境标准，实行分类指导、分区管理[②]。国家已经对东、中、西部不同省（自治区、直辖市）制定了差异化的减排目标，例如，在京津冀、长三角、珠三角等重点区域率先实施大气污染联防联控机制，减少酸雨、灰霾现象；完成环渤海、成渝等五大区域重点产业发展战略环境影响评价等。在经济与环境并重的思想指导下，对民族地区碳排放指标的制定极为困难，因为民族地区的经济正在飞速发展，工业化进程不断加快，环境保护和经济发展处在博弈之间。

民族地区低碳经济发展的特殊性，决定了低碳经济发展的制度安排应充分考虑民族地区发展减排的特点，坚持"共同而有区别的责任原则"，给予民族地区适当的碳排放空间；在产业转移的背景下，要统筹安排民族地区碳减排与经济增长；要加大对民族地区发展低碳经济的政策扶持力度，帮助民族地区实现低碳经济发展转型。民族地区要把发展放在第一位，在发展中减排。民族地区属于欠发达地区，发展经济、解决贫困问题是首要任务，所以必须优先发展。当前，民族地区整体上仍处于工业化初期的中后阶段，重化工工业化特征明显。而这些工业资源消耗高、污染排放强度大，加上西部资金、技术、管理等方面的劣势，无法像东部发达地区发展高端服务业来实现产业的低碳发展。因此，在一定时间内，这种以重化工业为主的产业结构很难发生根本改变。这就决定了在未来减排政策的安排中，对于人均碳排放低，工业化水平低，正处于工业化进程中的民族地区，要

[①] 蔡昉，都阳，王美艳. 经济发展方式转变与节能减排内在动力. 经济研究，2008，(6)：4-11，36.
[②] 国家环境保护"十二五"规划概述. http://gcs.mep.gov.cn/hjgh/shierwu/.2011-12-21.

有特殊的政策支持。按照人文发展理念,不同发展水平地区在减排中应遵循"共同而有区别的责任原则"[①],在碳排放指标的分配中应当给予民族地区适当的碳排放空间,支持民族地区适度发展具有资源、能源优势的清洁载能产业,促进民族地区资源优势转化为经济优势。

第二节 民族地区可持续发展影响定量评价

民族地区经济增长中带来的环境压力给其资源环境系统造成了恶劣的影响,但如何定量衡量这种压力带来的影响呢?对已有的研究进行对比分析,本节采用民族地区资源环境承载力的变化来衡量环境压力带来的影响。

一、对资源环境承载力的研究

(一)资源环境承载力的研究范围

1. 区域资源环境承载力评价

从已有的研究来看,我国学者对区域的资源环境承载力的研究主要集中在长江流域、黄河流域、灾区等区域。叶明霞和罗国云(2009)对长江上游地区的资源环境承载力进行了量化研究,得出了长江上游地区资源环境承载力目前处于全载或者超载的状态的结论。董延涌(2011)对辽宁沿海经济带的资源环境承载状态进行了分析,认为尽管辽宁沿海经济带的资源环境优越,但承载能力并不乐观,需走可持续发展的道路。任建兰等(2013)对黄河三角洲高效生态经济区的资源环境综合承载力进行了定量评价,得出目前尚处于可接受范围内,但在未来的发展应当注意可持续发展的结论。刘玉娟等(2010)则将资源环境承载能力评价的方法应用于四川汶川地震灾区灾后恢复重建规划中,得出结论:雅安市资源环境承载力最大的制约要素是耕地资源,在未来的灾后重建阶段,部分地区的资源环境不能满足现有人口规模的小康社会建设需求,需采取措施,有效引导。张燕等(2009)将资源环境承载力与发展潜力进行综合分析,得出发展潜力高的省区集聚于东部,发展潜力较低地区则集聚于西部;东北、东部沿海,中部和南部的资源环境承载力得到提高且趋于集聚,而资源环境承载力较低的省区集聚于西北的结论。卢小兰(2014)对全国 31 个省域进行研究,得出结论:我国省域的资源环境压力由西向东、由北到南依次递减,而资源环境承载力和承载率则呈现出由东部沿海向西北部梯状下降的模式。

---

① 潘家华,陈迎. 碳预算方案:一个公平、可持续的国际气候制度框架. 中国社会科学,2009,(5):83-98,206.

2. 城市及城市群资源环境承载力评价

王红旗等（2013）对内蒙古自治区的资源环境承载力进行了综合评价，得出结论：内蒙古自治区资源环境承载力总体偏低。虽然资源供给暂时成为其区域发展的瓶颈，但生态环境支撑系统对立度偏高。黄志基等（2012）对中国的16个城市群进行了研究，认为我国城市群资源环境承载力空间差异明显，环境压力与治理效率未能实现耦合。何益得等（2010）分析了长株潭城市群的资源环境承载力，得出结论：长株潭城市群资源环境承载力相对饱和。吕斌等（2008）则对中原城市群进行了分析，认为中原城市群在五大城市群中，资源环境承载力处于中等水平，水资源是影响其城市发展的重要因素。

（二）资源环境承载力综合评价方法的研究

目前对资源环境承载力多采用指标体系进行综合评价，具体来说主要有主成分分析、状态空间模型、层次分析法等。

李岩（2010）采用主成分分析确定了资源环境承载力的10个统计指标。毕明（2011）采用主成分分析对京津冀城市群的资源环境承载力进行了统计分析。李磊等（2014）采用层次分析与熵值定权结合的方法对武汉市的水环境承载力进行了评价，得出近年间武汉市水资源、环境与社会经济的发展协调性较好的结论。李新等（2011）采用层次分析法对洱海流域的水环境承载力进行了研究，得出流域内人口承载超标，经济承载压力增长显著等结论。熊建新等（2012）采用状态空间法对洞庭湖区的生态承载力进行了研究，最后得出洞庭湖区资源环境承载力呈现"回暖"趋势，生态承载力综合指数呈"U"形变化趋势的结论。

通过对文献的梳理可以发现，对资源环境承载力的影响研究较少，而且存在不少的问题：①权重的设定缺乏客观性；②缺乏连续评价，大多只是对某一年份的资源环境承载力进行评价；③仅评价某一区域的资源环境状态，未将其与其他地区以及全国联系起来。

基于此，本节依托DPSIR指标体系，采用"纵横向拉开档次评价法"对2003~2010年的中国30个省域的资源环境压力、资源环境承载力进行评价，并进一步计算资源环境承载率，通过资源环境承载率来着重分析民族地区的经济发展给资源环境带来的影响。

二、资源环境承载力和资源环境承载率的内涵

资源环境承载力一词在国内最早出现是在课题《我国沿海新经济开发区环境的综合研究——福建省湄洲湾开发区环境综合研究总报告》中[①]，具体是指"在某

---

① 齐亚彬. 资源环境承载力研究进展及其主要问题剖析. 中国国土资源经济，2005，18（5）：7-11，46.

一时期、某种状态或条件下，某地区的环境所能承受的人类活动的阀值"。这里给出资源环境承载力的定义：在一定的时间段内，某一地区资源和环境能承受的人类经济活动带来的压力的能力。

资源环境承载率是指，用一个比研究地区更大的参考区域作为对比，计算出相对于对比区域的各个研究地区的相对资源环境承载力，即资源环境承载率。计算公式如下：

$$地区资源环境承载率 = \frac{地区资源环境承载力/地区资源环境压力}{全国资源环境承载力/全国资源环境压力}$$

三、指标体系和数据来源

此处采用的指标体系是基于 DPSIR 模型的压力指标体系和影响指标体系，详见表 5-8。

表 5-8 资源环境承载力（影响）评价指标体系

资源环境承载力（影响）	资源丰度	人均耕地面积
		人均水资源
		人均煤炭基础储量
		森林覆盖率
	环境支撑	工业固体废弃物综合利用率
		工业废水排放达标率
		工业二氧化硫去除率
		生活垃圾无害化处理率

数据来源：同表 5-7。

四、研究方法——纵横向拉开档次评价法

纵横向拉开档次评价法相对于原有的熵值法、主成分分析、层次分析法等方法而言，可以尽可能地体现各个评价对象之间的整体差异。拉开档次法最早由郭亚军和潘德惠（1986）[①]提出，随后郭亚军（2002）[②]针对时序立体数据表支持的综合评价问题的特殊性，提出了"纵横向拉开档次评价法"。具体计算步骤如下。

第一步：数据无量纲化处理，得到时序立体数据 x_{ij} 以及无量纲数据矩阵 A_t

[①] 郭亚军, 潘德惠. 城市系统的综合评价方法与城市发展最佳决策的探讨. 系统工程理论与实践, 1986, 6（4）: 26-32, 58.

[②] 郭亚军. 一种新的动态综合评价方法. 管理科学学报, 2002, 5（2）: 49-54.

（ $t=1,2,\cdots,N$ ）。此处采用功效系数法对原始数据进行无量纲化处理。

$$x_{ij} = c + \frac{a_{ij} - m_j}{M_j - m_j} \cdot d$$

其中，a_{ij} 为原始数据；M_j, m_j 分别表示最大值和最小值；c, d 分别为平移系数和缩放系数，此处取值 40 和 60。

第二步：确定权重。由无量纲数据矩阵 A_t 求其对应的对称矩阵 $H_t = A_t \cdot A_t^{\mathrm{T}}$（ $t=1,2,\cdots,N$ ），求和得到 $H = \sum_{t=1}^{N} H_t$，计算 H 的最大特征值对应的特征向量，并对特征向量进行归一化处理得到的向量即为权重 ω_t。

第三步：计算综合评价值。由 $y_i = \sum \omega_i x_{ij}$ 计算各个研究区域在各时序点上的综合评价值。

五、资源环境承载情况的实证分析

（一）资源环境压力、承载力评价及承载率计算

为了便于研究民族地区的资源环境承载情况和全国的资源环境承载情况。书中将 2003~2010 年全国及各省级区域资源环境承载力和压力一起分析。将 8 年间 31 个区域的 7 个资源环境承载力类数据整理成为 8 个 31×7 无量纲数据矩阵（因森林覆盖率自 2003~2008 年基本未发生变化，所以在进行综合评价时将该指标剔除），进而得到 8 个 7×7 对称矩阵，加总得到资源环境承载力类总和对称矩阵。评价资源环境压力时同理。

运用 MATLAB 软件对上述原始数据进行矩阵计算，最后由资源环境承载力类与资源环境压力类总和对称矩阵计算得到相对权重 ω_c 和 ω_y：

$$\omega_c = (0.364, 0.4001, 0.3719, 0.3828, 0.3828, 0.3921, 0.3498)$$
$$\omega_y = (0.5133, 0.4882, 0.5408, 0.45)$$

进而得到民族地区及其他各省资源环境承载力和资源环境压力。

（二）民族地区资源环境承载情况分析

1. 资源环境压力、资源环境承载力分析

从资源环境压力的变化状况来看（表 5-9），全国的资源环境压力水平总体呈现增长的趋势，在 2007~2009 年小有波动，但增长趋势较缓。而民族 7 省份的资源环境压力状态总体上与全国的趋势相同，尽管有所波动，但总体呈上升趋势，且上升趋势要更加迅速。其中，新疆、青海这一类生态环境脆弱地区的环境压力直线上升。

表 5-9　民族地区资源环境压力、资源环境承载力评价值

地区	资源环境压力							
	2003	2004	2005	2006	2007	2008	2009	2010
全国	99.38	114.25	154.10	163.37	158.76	140.03	131.60	143.16
内蒙古	109.52	109.79	151.18	158.44	157.22	159.90	156.93	149.00
广西	99.19	129.22	149.33	155.80	153.79	143.14	136.37	141.79
贵州	109.13	124.56	132.64	162.64	161.17	122.14	126.76	134.62
云南	95.99	107.62	156.18	174.40	167.70	153.95	150.57	167.06
青海	79.84	95.76	137.60	152.62	165.21	174.58	178.20	199.59
宁夏	111.81	81.32	132.98	156.04	159.46	156.70	146.00	167.30
新疆	79.84	107.46	124.93	150.71	164.87	170.59	176.25	196.60
地区	资源环境承载力							
	2003	2004	2005	2006	2007	2008	2009	2010
全国	165.15	161.29	168.18	139.28	191.32	209.05	216.13	230.47
内蒙古	129.16	141.62	171.57	190.50	209.01	217.65	211.92	214.34
广西	146.78	128.11	151.11	180.54	203.33	195.34	198.11	214.93
贵州	122.97	160.37	161.65	174.59	208.16	226.97	214.69	215.14
云南	179.87	200.29	184.41	173.92	201.79	213.68	198.40	209.19
青海	178.26	178.06	182.56	174.26	203.66	201.28	209.03	200.12
宁夏	174.19	179.17	163.51	167.42	181.18	179.85	181.69	181.60
新疆	155.00	186.84	192.81	149.09	157.88	185.35	196.70	218.68

数据来源：笔者计算。

从表 5-9 中可以看出，民族 7 省份的资源环境承载力总体上呈现出先增长后减少的趋势，而全国的资源环境承载力总体则呈现上升的趋势。在 7 省份中，宁夏和青海资源环境承载力呈总体上升趋势，新疆则处于先增长后下降的循环波动趋势，其余的省份多呈现先增长后下降的"倒 U 形"趋势。

值得注意的是，民族地区大部分省份的资源环境承载力评价值在 2010 年都出现了较大程度的回升。这是因为在 2010 年，我国的降水状况不同于往年，水资源总量出现了较大程度的上涨，2010 年全国水资源总量为 30 906.4 亿立方米，比常年值增多 11.5%[①]。而人均水资源指标在指标体系中占有较大的权重，因此直接影响到评价值的结果。尽管 2010 年水资源总量增加，但实际上，当年我国西南五省区发生了历史罕见的时段性特大干旱。因此，2010 年我国资源环境承载力综合评价值在总体趋势分析中不具备客观性，在分析总体趋势时暂时不考虑。最后判断

---

① 2010 年中国水资源公报。

民族地区的资源环境承载力指标呈现出"倒U形"趋势。

运用层次聚类分析,对民族地区 2010 年的资源环境承载力进行分类,由图 5-1 可以看出,内蒙古和贵州、云南和青海的距离最近,首先合并为一类;其次合并的是内蒙古、贵州和广西,大门之间的距离要大于内蒙古和贵州的距离;再次是云南、青海和宁夏;然后是云南、青海、宁夏和新疆;最后是所有的省份聚成一类。因此可以将其分为两大类:第一类包含内蒙古、贵州和广西;第二类包含云南、青海、宁夏和新疆。

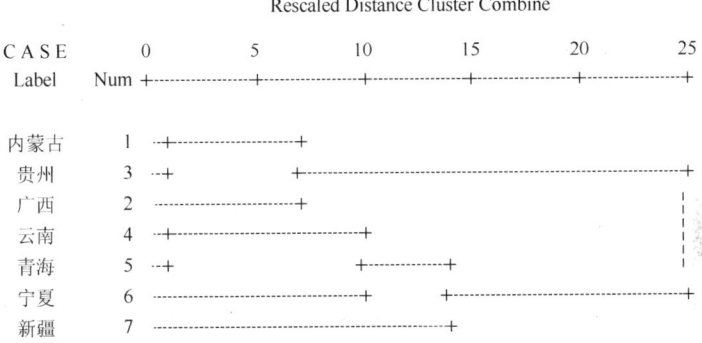

图 5-1 民族地区资源环境承载力层次聚类分析倒树状图

数据来源:笔者计算

2. 资源环境承载率分析

从资源环境承载率看(表 5-10),我国的资源环境承载能力明显富余,内蒙古、广西、贵州的资源环境承载力适中,云南、青海、宁夏和新疆的资源环境承载力超载,且资源环境承载率处于递减的状态。

表 5-10 民族地区资源环境承载率评价值

地区	资源环境承载率							
	2003	2004	2005	2006	2007	2008	2009	2010
全国	1.66	1.41	1.09	0.85	1.21	1.49	1.64	1.61
内蒙古	0.71	0.91	1.04	1.41	1.10	0.91	0.82	0.89
广西	0.89	0.70	0.93	1.36	1.10	0.91	0.88	0.94
贵州	0.68	0.91	1.12	1.26	1.07	1.24	1.03	0.99
云南	1.13	1.32	1.08	1.17	1.00	0.93	0.80	0.78
青海	1.34	1.32	1.22	1.34	1.02	0.77	0.71	0.62
宁夏	0.94	1.56	1.13	1.26	0.94	0.77	0.76	0.67
新疆	1.17	1.23	1.41	1.16	0.79	0.73	0.68	0.69

数据来源:笔者计算。

2003年，除贵州和内蒙古资源环境承载力超载以外，民族地区资源环境承载力明显富余，宁夏和广西资源环境承载力适中。而其他省份大多处于资源环境承载力适中水平。到2008年，在民族地区中，新疆、青海、宁夏已处于资源环境承载力超载的状态，内蒙古、广西和贵州则处于资源环境承载力适中水平。东部地区的省份资源环境承载状态开始向好方向发展。到2010年，民族地区中新疆、青海、云南和宁夏都处于资源环境承载力超载状态，内蒙古、贵州和广西则处于资源环境承载力适中的状态。东部地区大部分省份开始处于资源环境承载力适中的状态，部分省份资源环境承载力富余。

结合上面的研究可以看出，在东部地区向民族地区实行产业转移的过程中，其资源环境承载力状态开始上升，与此同时，民族地区的资源环境承载状态逐步下降。

综上，民族地区的资源环境压力逐年上升，除贵州外，其余民族省份的资源环境压力都要高于全国水平（这与贵州将禁止开发区、公益林地和1000亩（1亩=1/15公顷）以上集中连片优质耕地划为生态保护红线区域（总面积占全省面积的30%以上）的政策限定有一定的关系），而其资源环境承载力评价值也呈现出先上升后下降的趋势。用资源环境承载率来综合考量可以发现，随着东部地区向民族地区进行产业转移，东部地区的资源环境承载力状态正在逐步上升，与此同时，民族地区大部分省份都出现了资源环境承载力超载的状态。

小　结

民族地区是我国重要的生态屏障，地质环境特殊，生态环境脆弱，大多属于限制开发区与禁止开发区。另外，民族地区又是我国重要的能源及原材料基地，在经济发展进程中，能源消费结构单一且煤炭消费比例高。这些决定了民族地区生态环境保护的特殊性与重要性，必须加强民族地区生态环境保护，避免对其资源环境系统带来恶劣的影响。

第二节定量分析了民族地区在2003～2010年资源环境承载力及资源环境承载率的变化情况，刻画了经济增长中的环境压力及其对资源环境系统带来的影响。得出以下主要结论：①民族地区的资源环境压力逐年上升，普遍高于全国平均水平；②民族地区资源环境承载力评价值呈现先上升后下降的"倒U形"趋势，资源环境承载力恶化的趋势明显，而东部地区的资源环境承载力正在回升。

第六章

民族地区环境响应效应评价

正如第五章所言,民族地区环境保护具备其特殊性,而日益增加的环境压力给民族地区的资源环境系统带来了恶劣的影响,民族地区在环境压力下也采取了一系列的响应措施。本章将在对民族地区环境响应因素进行分析的基础上,采用计量模型,从技术进步、结构调整和环境保护投资三个方面定量测评其响应效果。

第一节 环境响应因素分析

产业结构调整、技术进步和环境保护投资被看作三大环境治理手段,其中,技术进步又可以进一步分为生产技术进步和污染治理技术进步。基于此,本书将技术进步、结构调整、污染治理和环境保护投资作为 DPSIR 模型中环境响应(R)的四大手段。本节将对这个四大手段的现状进行简要阐述。第二节和第三节将对技术进步、结构调整和环境保护投资的响应效应进行定量评价。

一、技术进步

技术进步是我国可持续发展的关键,技术进步主要表示为产业在生产的过程中,通过节能技术的进步或某项能源使用效率的提高等,企业污染强度降低,进而导致企业在产出相同的情况下降低对环境的污染。当技术进步为正值时表示地区工业技术呈现退步的趋势,相应的污染强度上升,技术出现倒退,无法对污染起到抑制作用。反之,技术呈现进步的趋势,相应的污染强度下降,技术出现进步,并对污染起到抑制作用。

从表 6-1 来看,民族地区技术进步效果较为明显,污染物的排放强度在不断下降,2003~2010 年,COD 排放强度下降了 76.24%,碳排放强度下降了 23.81%,SO_2 排放强度下降了 69.46%。

表 6-1 民族地区技术进步现状分析表

年份	COD 排放强度	碳排放强度	SO_2 排放强度
2003	260.502 8	3.943 157	829.432 8
2004	223.508 2	3.962 72	695.336 1
2005	194.528 4	4.058 844	645.283 9
2006	155.182 7	3.825 225	586.782 5
2007	119.171	3.559 556	460.308 6
2008	91.686 09	3.264 88	355.382 1
2009	79.849 85	3.191 051	311.692 7
2010	61.906 84	3.004 321	253.329 9
下降幅度/%	76.24	23.81	69.46

数据来源:根据《中国统计年鉴》(2004~2011 年)资料收集整理。

二、结构调整

结构调整是减少区域碳排放总量的主要途径,结构调整主要表示为在区域经济发展过程中,减少工业比重导致工业污染排放下降,进而降低工业对当地环境的破坏。当工业结构相对优化时,结构调整为负值,表明工业在地区总产值中所占比例下降,产业结构的优化有效抑制工业污染。反之,工业结构不优,表明工业在地区总产值中所占比例上升,产业结构的变动无法抑制工业污染。此处将通过对民族地区产业结构变化的分析来阐述结构调整的现状。

从结构调整的状况来看(表 6-2),民族地区第一产业和第三产业所占比重在不断下降,而第二产业比重在不断上升。到 2010 年,第一产业仅占地区生产总值的 14.20%,第三产业仅占地区生产总值的 37.63%,而第二产业占地区生产总值的 48.16%。第二产业占地区生产总值的比重从 2003 年的 38.86%上升到 2010 年的 48.16%,上升了近 10 个百分点。尤其是工业化率,从 2003 年的 31.29%上升到 2010 年的 40.56%。

这说明民族地区结构调整为正值,结构调整不仅无法抑制工业污染,反而会增加工业污染的程度。

表 6-2　民族地区结构调整现状分析表　　　　　　（单位：%）

年份	第一产业	第二产业	工业化率	第三产业
2003	20.08	38.86	31.29	41.05
2004	19.67	40.15	32.76	40.18
2005	18.59	42.07	34.84	39.35
2006	16.88	44.14	37.15	38.97
2007	16.29	44.74	38.10	38.96
2008	15.51	46.21	39.53	38.27
2009	14.58	45.66	38.25	39.76
2010	14.20	48.16	40.56	37.63

数据来源：根据《中国统计年鉴》(2004~2011年) 资料收集整理。

三、污染治理

污染治理主要是指区域在工业化进程中的污染治理情况，具体说来，采用工业二氧化硫去除量、工业废水排放达标量、工业固体废弃物综合利用量和城市生活垃圾无害化处理量来说明区域的污染治理状况（表6-3）。

表 6-3　民族地区污染治理现状分析表

年份	工业二氧化硫去除量/万吨	工业废水排放达标量/亿吨	工业固体废物综合利用量/万吨	城市生活垃圾无害化处理量/万吨
2003	119.59	17.00	6 574.487	640.5
2004	139.44	17.91	7 917	725.2
2005	180.82	20.50	9 723.55	763.6
2006	217.02	20.99	12 198.42	690.1
2007	358.19	26.19	16 672.1	909.54
2008	411.55	27.61	17 092.28	1 037.72
2009	559.50	25.71	20 863.93	1 137.55
2010	696.63	27.25	26 824.28	1 284.72

数据来源：根据《中国统计年鉴》(2004~2011年) 资料收集整理。

从工业二氧化硫去除量来看，民族地区2003~2010年有很大程度的增长，从2003年的119.59万吨到2010年的696.63万吨，增长了482.5%，其中，又以宁夏回族自治区的增长幅度最大，增长了186.41%。从工业废水排放达标量来看，民族地区从2003年的17.00亿吨到27.25亿吨，增长了60.25%，宁夏回族自治区的增长幅度最大，达到了175.19%。从工业固体废弃物综合利用量来看，民族地区从 2003 年的 6574.49 万吨到 2010 年的 26 824.28 万吨,增长了 308%,其中,青海省的增长幅度最大,达到了 873.07%。从城市生活垃圾无害化处理量来看,民族地区从 2003 年的 640.5 万吨到 2010 年的 1284.72 万吨,增长了 100.58%,其中,以贵州省的增长幅度最大,增长了 296.11%。

总体来看,民族地区的污染治理总量情况较好,2003~2010 年,各类污染物的治理总量都有大幅度的增加,其中,仅工业废水排放达标量的增加幅度相对较小,在民族地区 7 个省(自治区)中,又以宁夏回族自治区、贵州省和青海省的污染物治理程度较好。

四、环境保护投资

"环境保护投资"这一概念最早出现在 20 世纪六七十年代。当时随着工业发展水平不断提高,各种水污染、空气污染等环境污染问题逐渐严重,特别是一系列公害事件的发生,给现代工业发达的西方国家敲响了警钟,于是在西方发达国家掀起了一股保护环境、治理污染、改善生活环境的热潮。与此同时,环境保护投资这一概念应运而生。

从 2003~2010 年环境保护投资总额及占 GDP 比重来看,民族地区的环境保护投资总额大幅度增加,从 2003 年的 138.20 亿元增长到 2010 年的 669.40 亿元,占 GDP 的比重也从 2003 年的 1.18%增长到 2010 年的 12.31%(表 6-4)。

表 6-4 民族地区环境保护投资现状分析表

年份	2003	2004	2005	2006	2007	2008	2009	2010
投资总额/亿元	138.20	177.00	203.30	247.20	288.10	392.20	510.20	669.40
占 GDP 比重/%	1.18	1.85	4.42	3.42	56.77	29.04	30.20	12.31

数据来源:根据《中国统计年鉴》(2004~2011 年)资料收集整理。

第二节 基于 LMDI 分解模型的环境效应评价

一、概述

从第三章的分析可以看出,民族地区环境污染的拐点还没有到来,生态环境压力巨大。但是随着环境保护技术水平的不断提高,特别是"十一五"节能减排规划提出之后,全国包括民族地区污染排放的增长幅度出现减缓的势头。按可变价格计算,民族地区 1997~2010 年 13 年间工业增加值从 2222.13 亿元上升到 15 949.82 亿元,增长了 617.77%;与此同时,工业 SO_2 排放量则由 228.17 万吨增加到 405.1 万吨,仅上涨了 77.54%；工业废水 COD 排放量则由 120.40 万吨下降到 99.08 万吨，下降了 17.71%；工业碳排放量则由 2.30 亿吨增加到 8.19 亿吨，上涨了 256.09%（图 6-1）。

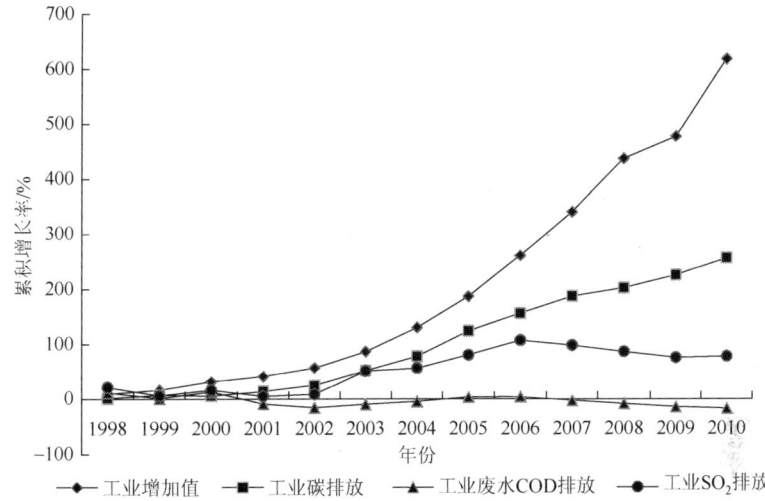

图 6-1　1998～2010 年民族地区工业增加值和污染排放量累积增长率分布图

资料来源：《中国统计年鉴》（1998～2011 年）

这表明民族地区经济增长速度显著高于污染物排放速度。Grossman 和 Krueger（1991）认为经济增长通过三种途径影响环境质量，即规模效应（scale effects）、结构效应（composition effects）和技术效应（technological effects）：经济增长意味着经济规模的扩大，就会有更多的污染排放，规模效应会对环境产生负面影响；经济增长意味着经济结构会逐渐由能源密集的工业向服务业和技术密集型产业转变，工业生产由高污染、高能耗、低效率的产业向高效率、低污染、低能耗产业发展，这样的结构效应有利于环境质量改善；经济增长也意味着落后技术会逐渐被新技术和更为清洁的技术替代，这样的技术效应同样有利于环境质量改善。

近年来随着民族地区经济的增长，一方面，经济增长的规模效应带来了更多污染排放；另一方面，在环境技术进步和产业结构调整等因素的作用下，污染排放明显下降。因此，本节拟就环境技术进步和结构调整两方面来考察民族地区生态环境压力下的响应。

二、变量选择

国家"十一五"节能减排规划和"十二五"节能减排综合性工作方案中，都明确规定了各地区 COD 和 SO_2 排放总量的控制目标，由于 SO_2 一直以来都被认为是一种主要的污染物，且主要为工业排放，工业 SO_2 作为污染气体更具有代表性，所以本节选取工业 SO_2 作为污染气体的研究对象，另外，选取工业废水 COD 作为水污染排放的代表。

2009 年 11 月，国务院常务会议决定，到 2020 年我国单位国内生产总值二氧化碳排放比 2005 年下降 40%～45%，作为约束性指标纳入国民经济和社会发展中长期规划。因此，本书也将选取 CO_2 作为研究对象。

本书拟以民族地区 1997～2010 年数据为样本，通过分解模型对工业废水 COD 和工业 SO_2 及工业碳排放进行实证分析，探讨技术进步和结构调整对民族地区减排的影响，对民族地区污染排放的响应效果进行定量分析。

三、模型介绍

（一）工业 SO_2 与工业废水 COD 分解模型

20 世纪 90 年代 Grossman 和 Kruger 提出经济增长通过 3 种途径影响环境，即规模效应、结构效应和技术效应，国内外许多学者曾通过对 3 种效应的分解对碳排放进行了分析，在此，本书借鉴此种思路对主要污染物工业 SO_2 和工业废水 COD 排放进行分析，首先构建模型：

$$P_t = \sum_{i=1} P_{it} = \sum_{i=1} \frac{P_{it}}{Y_{it}} \cdot \frac{Y_{it}}{Y_t} \cdot Y_t = Y_t \sum_{i=1} S_{it} I_{it} \tag{6-1}$$

其中，P_t 为污染物排放总量；$i=1, 2, 3, \cdots, n$，代表 n 个不同的行业；P_{it} 为 i 行业 t 年污染物排放总量；Y_t 表示 t 年的工业增加值；$S_{it}=Y_{it}/Y_t$，表示 i 行业 t 年的工业增加值占 t 年 GDP 的比重；$I_{it}=P_{it}/Y_{it}$，表示 i 行业 t 年的污染排放强度。

第 t 期相对于基期的污染物排放变化表示为

$$\Delta P = \Delta P_y + \Delta P_s + \Delta P_i \tag{6-2}$$

$$D = D_y D_s D_i \tag{6-3}$$

式（6-2）和式（6-3）分别列出了三种效应的加法形式及乘法形式。加法形式中 ΔP_y、ΔP_s、ΔP_i 分别为各因素对污染物排放变化的贡献值，乘法形式中 D_y、D_s、D_i 分别为各因素变化对污染物排放的贡献率。从式（6-2）和式（6-3）中可以看出引起污染物排放变化的三种效应：ΔP_y、D_y 表示规模效应即经济增长规模的变化带来的污染物排放情况的变化；ΔP_s、D_s 表示结构效应即经济结构的调整带来的污染物排放情况的变化；ΔP_i、D_i 表示技术效应即技术水平的提高带来的污染物排放情况的变化。

参照 Ang 和 Choi 提出的改进的 LMDI 方法及 Ang[①] 在 2005 年文献中的描述，式（6-2）和式（6-3）中的各因素分解结果如下：

---

① Ang B W. The LMDI approach to decomposition analysis: a practical guide. Energy Policy, 2005, (33): 867-871.

$$\Delta P_y = \sum \frac{P_{it} - P_{i0}}{\ln P_{it} - \ln P_{i0}} \ln \frac{Y_t}{Y_0}$$

$$\Delta P_s = \sum \frac{P_{it} - P_{i0}}{\ln P_{it} - \ln P_{i0}} \ln \frac{S_{it}}{S_{i0}} \quad \quad (6\text{-}4)$$

$$\Delta P_i = \sum \frac{P_{it} - P_{i0}}{\ln P_{it} - \ln P_{i0}} \ln \frac{I_{it}}{I_{i0}}$$

$$D_y = \exp\left(\sum_{i=1} \frac{(P_{it} - P_{i0})/(\ln P_{it} - \ln P_{i0})}{(P_t - P_0)/(\ln P_t - \ln P_0)} \ln\left(\frac{Y_t}{Y_0}\right) \right)$$

$$D_s = \exp\left(\sum_{i=1} \frac{(P_{it} - P_{i0})/(\ln P_{it} - \ln P_{i0})}{(P_t - P_0)/(\ln P_t - \ln P_0)} \ln\left(\frac{S_{it}}{S_{i0}}\right) \right) \quad (6\text{-}5)$$

$$D_i = \exp\left(\sum_{i=1} \frac{(P_{it} - P_{i0})/(\ln P_{it} - \ln P_{i0})}{(P_t - P_0)/(\ln P_t - \ln P_0)} \ln\left(\frac{I_{it}}{I_{i0}}\right) \right)$$

（二）工业碳排放分解模型

碳排放效应中与 SO_2 和 COD 不同的是，需要加上碳排放系数效应来反映地区能源利用结构的变化。为此，本书将在综合考虑民族地区工业化水平、碳减排技术、碳排放增量及趋势等指标的基础上，就民族地区与全国及发达地区进行比较，明确民族地区低碳经济发展的特征；运用 LMDI 分解模型，对影响民族地区碳排放的因素进行分解，并提出有差别化的地区碳减排目标，探索新时期民族地区低碳经济发展的路径选择与制度创新。由于工业是主要的排放部门[①]，同时，民族地区与全国及其他发达地区的差别主要体现在工业发展水平的差异上，所以本书的分析将主要以工业碳排放为主。

根据日本学者 Kaya 提出的 Kaya 恒等式将碳排放分解为 5 种效应：

$$C = \sum_i \sum_j \left(\frac{C_{ij}}{PE_{ij}} \times \frac{PE_{ij}}{PE_i} \times \frac{PE_i}{GDP_i} \times \frac{GDP_i}{GDP} \times GDP \right) \quad (6\text{-}6)$$

其中，C 代表二氧化碳排放量；i、j 代表 i 个产业和 j 种能源；PE 代表能源使用量；GDP 代表地区产值。式（6-6）可以简写如下：

$$C = \sum_i \sum_j (f_{ij} \times m_{ij} \times t_{ij} \times s_i \times g) \quad (6\text{-}7)$$

---

① 陈诗一. 节能减排与中国工业的双赢发展：2009—2049. 经济研究，2010，（3）：129-143.

f_{ij}，m_{ij}，t_{ij}，s_i，g 分别为碳排放系数效应、能源结构效应、能源强度效应、产业结构效应和经济规模效应。按照王锋等（2010）的推导①，可以把地区碳排放增量分解为碳排放系数、能源利用结构、能源利用强度、产业结构及经济规模效应五种效应，即

$$G(CO_2) = [C(f) \cdot C(m) \cdot C(t) \cdot C(s) \cdot C(g)] \qquad (6-8)$$

LMDI 分解模型的优点是有效解决了分解中的剩余问题和数据中的 0 值与负值问题。并且在 LMDI 方法中，分部门效应加总与总效应保持一致，即不同的分部门效应总和与各个部门作用于总体水平上获得的总效应一致，这一点在多层次分析中十分有用，可以进一步分农业、工业等部门做出详细说明。

根据上面的分析，本书把碳排放系数 f 和能源利用结构 m 合并为地区碳排放系数 η，即

$$G(CO_2) = [C(\eta) \cdot C(t) \cdot C(s) \cdot C(g)] \qquad (6-9)$$

只重点对地区工业碳减排效应进行分析，分解公式为

$$G_{工业}(CO_2) = C_{工业}(\eta) \cdot C_{工业}(t) \cdot C_{工业}(s) \cdot C_{工业}(g) \qquad (6-10)$$

四、实证分析结果

（一）工业 SO_2 与工业废水 COD

下面将运用式（6-3）和式（6-4）分析 1997～2010 年民族地区工业废水 COD 和 SO_2 排放的效应。结合本书研究重点和需要，首先以 1997 年为基期动态反映每年影响污染物排放的三种效应；然后分别以 1997 年为基期分阶段重点分析 1997～2000 年、2000～2005 年、2005～2010 年即"十五"前、"十五"及"十一五"期间影响污染物排放的三种效应变化，并与东部地区进行对比分析。

1. 工业废水 COD 排放效应

1）不同时段工业废水 COD 减排效应分析

首先，从工业废水 COD 排放的总效应看，1997～2010 年，民族地区工业废水 COD 排放量减少了 17.70%或者是减少了 21.31 万吨（表 6-5）。分阶段看，1997～2002 年民族地区工业废水 COD 排放波动较大，2002～2006 年，工业废水 COD 排放呈现连续增长的趋势，2006～2010 年工业废水 COD 排放持续下降。其中西部大开发前，民族地区工业 COD 排放增长了 15.89 万吨，"十五"期间减少了 11.86 万吨，"十一五"期间减少了 25.35 万吨，减排效果良好。

---

① 王锋，吴丽华，杨超. 中国经济发展中碳排放增长的驱动因素研究. 经济研究，2010，（2）：123-136.

表 6-5 民族地区不同时间段工业废水 COD 减排效应分析

年份	总效应		技术效应		结构效应		规模效应	
	ΔP/万吨	D/%	ΔP_t/万吨	D_t/%	ΔP_s/万吨	D_s/%	ΔP_y/万吨	D_y/%
1997~1998	13.87	11.53	2.72	2.26	−2.16	−1.79	13.31	11.06
1998~1999	−12.55	−9.34	−20.80	−15.49	−4.11	−3.06	12.36	9.21
1999~2000	14.56	11.96	−1.30	−1.07	−0.31	−0.25	16.17	13.28
2000~2001	−26.72	−19.61	−35.87	−26.32	−3.71	−2.72	12.86	9.43
2001~2002	−7.96	−7.27	−18.64	−17.02	−1.80	−1.65	12.48	11.39
2002~2003	6.92	6.81	−11.19	−11.02	2.89	2.85	15.22	14.98
2003~2004	6.35	5.86	−17.11	−15.77	5.86	5.40	17.60	16.22
2004~2005	9.55	8.32	−16.63	−14.47	6.48	5.65	19.70	17.15
2005~2006	0.59	0.48	−28.20	−22.66	10.59	8.51	18.20	14.63
2006~2007	−8.09	−6.47	−31.93	−25.54	6.15	4.92	17.69	14.15
2007~2008	−7.32	−6.26	−29.69	−25.39	9.01	7.71	13.36	11.42
2008~2009	−7.03	−6.41	−14.67	−13.38	−3.36	−3.07	11.00	10.04
2009~2010	−3.52	−3.42	−25.62	−24.97	7.10	6.92	15.00	14.63
1997~2000	15.89	13.20	−19.38	−16.10	−6.57	−5.46	41.84	34.75
2000~2005	−11.86	−8.70	−99.44	−72.97	9.73	7.14	77.85	57.12
2005~2010	−25.35	−20.37	−130.11	−104.56	29.50	23.71	75.26	60.48
1997~2010	−21.31	−17.70	−248.93	−206.76	32.66	27.13	194.96	161.93

数据来源：笔者计算。

从分析结果上看，规模效应即经济增长对工业废水 COD 排放的影响大且表现为持续拉动效应，累计贡献了 194.96 万吨；结构效应使得民族地区工业废水 COD 排放增加了 32.66 万吨；而技术效应对工业废水 COD 排放有明显的抑制作用，1997~2010 年，技术效应累计减少民族地区 COD 排放 248.93 万吨，减排效果明显。

分年份看，拉动工业废水 COD 排放不断增加的因素始终是经济增长规模效应，结构效应在 1997~2002 年前表现为抑制作用，但是抑制作用能力并不大，说明这些年民族地区的工业发展水平较低，工业化率提升速度慢。2002~2010 年，除了 2008 年受金融危机影响，结构效应有所下降，其他各年份都保持持续拉动作用，民族地区工业化进程带来了较多的工业 COD 排放。技术效应除了 1998 年，一直是抑制民族地区废水 COD 排放的重要因素，且这种抑制作用在不断加大；尤其是 2003 年之后，随着民族地区工业技术水平的不断提升，技术进步为减少地区工业废水 COD 的排放作出了巨大的贡献，不断提高技术水平是民族地区在减少废水 COD 排放中需要继续坚持的举措。

同时可以比较民族地区不同时间段 COD 减排效果，1997~2000 年，经济规模扩张使得民族地区 COD 排放迅速增加，尽管技术效应与结构效应发挥了抑制作用，但技术效应所起作用有限，使得期间 COD 排放增加了 15.89 万吨，经济粗放增长特征明显。2000~2005 年"十五"期间，经济快速增长带来的 COD 排放快速增加，达到了 77.85 万吨，工业化水平提升的结构效应也贡献了 9.73 万吨 COD 排放，但技术进步发挥了更大的作用，减少 COD 排放 99.44 万吨，最终实现民族地区工业 COD 减排 11.86 万吨；2005~2010 年"十一五"期间，经济规模效应带来了 75.26 万吨 COD 排放，与此同时，结构效应贡献了 29.50 万吨 COD 排放，这表明民族地区工业化进程加速推进特征明显，期间技术进步进一步加强，贡献了 130.11 万吨工业 COD 减排，最终实现民族地区工业 COD 减排 25.35 万吨。

因此，"十一五"期间在国家政策的激励下，民族地区在减少工业废水 COD 排放上取得了一定的成就，从注重经济增长向经济、环境共同发展的观念上转变，减排技术水平有所提高，对减少工业废水 COD 的排放贡献不断增强。但经济结构效应使得 COD 排放不断增加。民族地区要想实现更好的减排，应加大产业结构调整步伐，减少重污染工业产值比重，大力发展新型产业。

为了更好地分析，本书还计算了三种效应对增加工业 COD 排放的累积贡献值。从三种效应的累积分布图看（图 6-2），规模效应持续带来民族地区工业 COD 的排放，1997~2010 年 13 年间累积增加工业 COD 排放 194.96 万吨；技术效应对减少工业 COD 排放有较大的贡献率，1997~2010 年 13 年间累积减少工业 COD 排放 248.93 万吨；期间结构效应带来民族地区工业 COD 的排放累积增加 32.66 万吨，在三者共同作用下，最终工业 COD 排放总效应 2007~2010 年下降了 21.31 万吨。

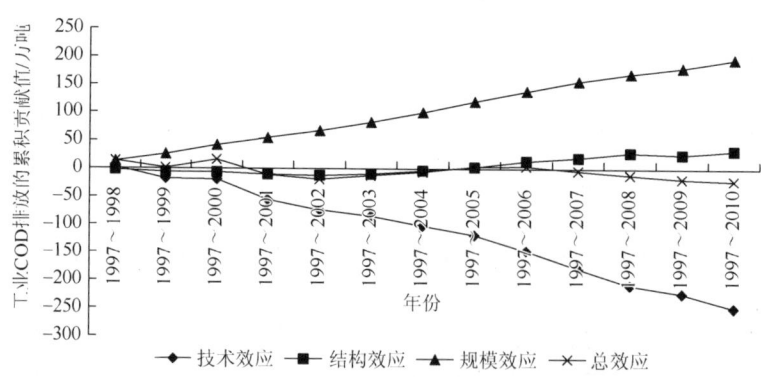

图 6-2　1997~2010 年工业 COD 排放的累积贡献值分布图

数据来源：笔者计算

2)与东部地区的对比分析

为了分析民族地区工业 COD 减排特征,本书分别计算了东部地区分时间段 COD 减排表,从而进行对比分析(表 6-6)。从表中可以看出,1997~2010 年,两者经济规模效应基本一致。但与东部地区相比,民族地区工业 COD 减排效应较低,只减少了 17.70%的 COD 排放,远低于东部地区 48.26%的减排幅度。究其原因,主要是 1997~2000 年,在东部地区 COD 排放开始下降的过程中,民族地区 COD 排放仍在增加。从"十五"期间看,东部地区技术进步带来的减排效应大于民族地区,使得民族地区减排效果不明显;而在"十一五"期间,民族地区环境技术进步效应发挥了重要的作用,减排 104.56%,远高于东部地区技术进步水平带来的减排效应,后发优势明显。从结构效应看,"十一五"期间东部地区结构调整已经开始发挥较好的作用,工业 COD 减排 6.82%,而民族地区结构效应使得工业 COD 排放增加了 23.71%,这也说明东部地区在结构调整进程中:一方面,通过淘汰落后产能、传统产业转移等方式实现产业结构升级,并开始取得了较好的减排效果;另一方面,也充分说明民族地区承接东部地区产业特征明显,产业转移也给民族地区工业 COD 排放带来较大的环境压力。

表 6-6 不同时间段工业部门各区域 COD 减排效应 (单位:%)

年份	民族地区				东部地区			
	总效应	技术效应	结构效应	规模效应	总效应	技术效应	结构效应	规模效应
1997~2000	13.20	−16.10	−5.46	34.75	−18.08	−51.56	1.20	32.28
2000~2005	−8.70	−72.97	7.14	57.12	−14.38	−81.13	9.97	56.78
2005~2010	−20.37	−104.56	23.71	60.48	−26.24	−74.31	−6.82	54.89
1997~2010	−17.70	−206.76	27.13	161.93	−48.26	−170.14	4.58	117.30

数据来源:笔者计算。

2. 工业 SO_2 排放效应

同样,本书对民族地区工业 SO_2 减排效应进行了分析(表 6-7)。

表 6-7 民族地区不同时间段工业 SO_2 减排效应分析

年份	总效应		技术效应		结构效应		规模效应	
	ΔP/万吨	D/%	ΔP_t/万吨	D_t/%	ΔP_s/万吨	D_s/%	ΔP_y/万吨	D_y/%
1997~1998	48.69	21.34	26.61	11.66	−4.27	−1.87	26.35	11.55
1998~1999	−34.93	−12.62	−51.65	−18.66	−8.32	−3.00	25.04	9.04
1999~2000	23.67	9.78	−7.54	−3.11	−0.61	−0.25	31.81	13.15
2000~2001	−26.02	−9.80	−44.88	−16.90	−7.64	−2.88	26.50	9.98

续表

年份	总效应		技术效应		结构效应		规模效应	
	ΔP/万吨	D/%	ΔP_t/万吨	D_t/%	ΔP_s/万吨	D_s/%	ΔP_y/万吨	D_y/%
2001~2002	8.28	3.46	−16.37	−6.83	−4.16	−1.74	28.81	12.03
2002~2003	97.36	39.28	46.69	18.84	8.10	3.27	42.58	17.18
2003~2004	11.88	3.44	−61.90	−17.93	18.43	5.34	55.35	16.03
2004~2005	55.40	15.51	−28.71	−8.04	20.83	5.83	63.28	17.72
2005~2006	60.00	14.55	−42.00	−10.18	37.53	9.10	64.48	15.63
2006~2007	−21.09	−4.46	−112.14	−23.73	23.49	4.97	67.56	14.30
2007~2008	−26.74	−5.92	−113.24	−25.09	34.84	7.72	51.66	11.44
2008~2009	−24.31	−5.73	−54.04	−12.72	−13.06	−3.08	42.79	10.08
2009~2010	4.74	1.19	−83.56	−20.87	28.38	7.09	59.93	14.97
1997~2000	37.43	16.40	−32.58	−14.28	−13.19	−5.78	83.19	36.46
2000~2005	146.91	55.31	−105.17	−39.60	35.56	13.39	216.52	81.52
2005~2010	−7.40	−1.79	−404.99	−98.18	111.17	23.75	286.42	69.43
1997~2010	176.93	77.55	−542.73	−237.87	133.54	58.53	586.13	293.35

数据来源：笔者计算。

从计算结果看，1997~2010年13年间，民族地区的工业SO_2排放量并非逐年增加，2006年达到最大值，2007~2010年排放量已经开始减少。通过观察，1997~2000年，SO_2排放量增长了16.40%，增加了37.43万吨；2000~2005年SO_2排放量增长了55.31%，增加了146.91万吨；2005~2010年SO_2排放量出现了下降，但下降幅度有限，仅下降了1.79%，下降了7.40万吨。

从分析结果上可以看出，规模效应依然是SO_2排放增加的主要拉动因素，1997~2010年规模效应使SO_2排放量增加了586.13万吨，结构效应贡献了133.54万吨，技术效应贡献了−542.73万吨，虽然技术效应已经展现出在减排中的重要作用，但由于结构效应和规模效应的影响，技术效应对SO_2排放总量的抑制作用并不明显，13年间民族地区工业SO_2排放总量增加了176.93万吨，增长了77.55%（图6-3）。

本书计算了东部地区的1997~2010年SO_2累计排放量贡献值（表6-8）。发现不管是"十五"还是"十一五"，东部SO_2在总效应的累积贡献值都要优于民族地区，对比技术效应贡献值可以发现从"十一五"开始，民族地区的技术效应对SO_2排放量的抑制作用开始超过东部地区，民族地区技术效应累积贡献值−237.87%，东部地区−199.20%。另外，结构效应也出现相同的变化，民族地区结构效应对SO_2

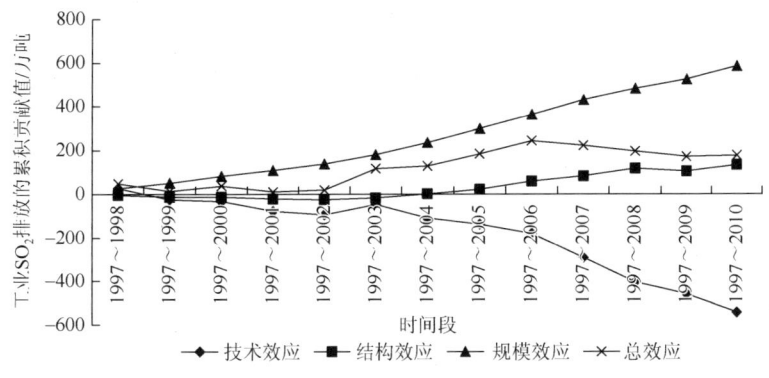

图 6-3　1997~2010 年工业 SO_2 排放的累积贡献值分布图

数据来源：笔者计算

排放的推动作用在"十一五"期间超过东部地区，这也说明，产业转移对民族地区的产业结构造成了巨大的影响，从 1997~2010 年累积贡献值考虑，民族地区累积贡献值 58.53%，东部地区累积贡献值 6.26%。这些数据充分说明，技术效应是民族地区 SO_2 减排的主要助推力，政府应加大对民族地区技术进步的支持，淘汰落后的生产方式。同时，由产业转移带来的结构效应问题是民族地区政府必须面对的严峻挑战。

表 6-8　不同时间段工业部门各区域 SO_2 减排效应　　　（单位：%）

年份	民族地区				东部地区			
	总效应	技术效应	结构效应	规模效应	总效应	技术效应	结构效应	规模效应
1997~2000	16.40	−14.28	−5.78	36.46	14.08	−23.54	1.72	35.90
2000~2005	55.31	−39.60	13.39	81.52	26.20	−68.83	14.78	80.26
2005~2010	−1.79	−98.18	23.75	69.43	−21.83	−73.53	−7.68	59.38
1997~2010	77.55	−237.87	58.53	293.35	10.52	−199.20	6.26	203.46

数据来源：笔者计算。

（二）工业碳排放

运用公式（6-10）对民族地区工业碳减排因素进行分解。计算数据来源于《中国统计年鉴》《中国能源统计年鉴》《中国工业统计年鉴》及各地区统计年鉴（1998~2010 年）。实证研究结果如下。

1. 民族地区碳排放效应

对 1997~2009 年民族地区工业部门碳排放效应进行了分解（图 6-4）。结果表明,从规模效应看,随着民族地区工业化水平的不断提升,碳排放的规模效应不断增加,1998年相比1997年增加碳排放总量0.14亿吨,然后碳排放规模效应的增量从1998年的0.14亿吨提升到2005年的0.92亿吨,2005~2009年维持在0.9亿吨左右的水平,1997~2009年12年间累积增加碳排放6.47亿吨。

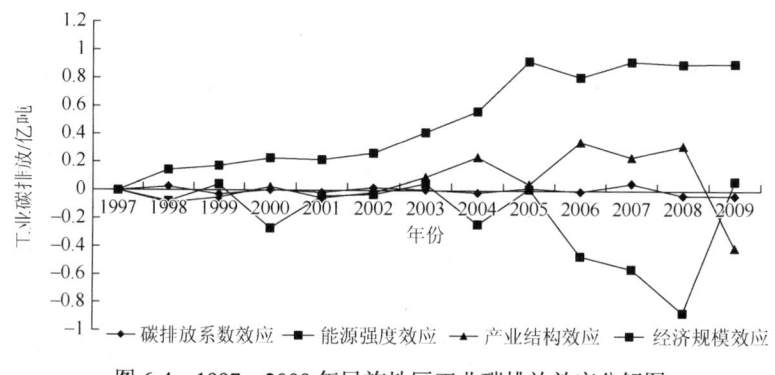

图6-4 1997~2009年民族地区工业碳排放效应分解图

数据来源:笔者计算

碳排放系数的改善对民族地区工业部门减排效应较小,1997~2009年12年间累积增加了0.02亿吨,这表明能源利用结构的改善在民族地区没有起到应有的作用,很多年份出现正值,尤其是2007年,达到了0.05亿吨,这表明2007年,民族地区碳排放系数的上升导致民族地区工业碳排放总量进一步提升,能源利用结构有待于进一步改善。

在1997~2002年产业结构效应发挥了一定的作用,累积减排了0.17亿吨。从2002年开始,伴随着民族地区新一轮的重工业进程,产业结构效应使得碳排放持续增加,2002~2008年累积增加碳排放1.28亿吨,2009年产业结构效应使得工业碳排放下降了0.4亿吨,总体来看,由于工业比重的增加,12年间累积增加碳排放0.71亿吨。

工业能源效率的改善一直是民族地区工业碳减排的主要驱动力,1997~2009年累积减排2.39亿吨,"十一五"期间的2006~2008年2年间,能源强度效应对碳减排的贡献较大,累积减排了1.90亿吨,尤其是2008年工业能源碳减排效应达到了最大值0.87亿吨,2009年能源强度效应使得碳排放增加了0.07亿吨。

2. 民族地区工业部门碳排放效应的对比分析

这里按每4年间隔把1997~2009年分为三个时间段,即1997~2001年、2001~2005年和2005~2009年,分别计算民族地区工业碳减排效应,并与东部发达地区进行对比(表6-9)。

表 6-9　不同时间段工业部门各区域碳减排效应　　　　（单位：%）

年份	民族地区					东部地区				
	总效应	碳排放系数效应	能源强度效应	产业结构效应	经济规模效应	总效应	碳排放系数效应	能源强度效应	产业结构效应	经济规模效应
1997~2001	10.97	−0.53	−15.55	−7.47	34.51	6.36	−2.99	−34.49	−2.06	45.90
2001~2005	96.66	1.33	−8.32	14.81	88.84	65.60	−0.49	−22.68	6.10	82.67
2005~2009	45.85	−0.38	−37.93	10.38	73.79	32.28	−0.82	−17.85	−7.48	58.43

数据来源：笔者计算。

从表 6-9 中可以看出，1997~2001 年，与民族地区经济规模快速增长相比，碳排放增长相对较小，主要是中间的碳排放系数效应、能源强度效应和产业结构效应三方面都发挥了较好的作用，其中产业结构效应使得碳排放下降了 7.47%，民族地区碳排放总效应上升了 10.97%；但期间东部发达地区的碳排放总效应只上升了 6.36%。

2001~2005 年是这三个时间段中碳排放增长最快的时期，民族地区工业碳排放总效应增长了 96.66%，东部发达地区碳排放增长了 65.60%。从碳排放系数效应看，民族地区为 1.33%，而东部发达地区为−0.49%；民族地区能源强度效应也明显偏低，为−8.32%，产业结构效应使得碳排放增加了 14.81%，也明显高于东部发达地区的 6.10%。

2005~2009 年，随着东部发达地区产业向中西部地区转移，经济规模的碳排放效应明显降低，为 58.43%，同时，产业结构效应也贡献了−7.48%，期间能源强度效应也出现了下降，贡献了−17.85%，这表明东部发达地区由于传统产业转移所带来的产业结构调整效应对减少碳排放的效应已开始显现。民族地区经济规模效应、产业结构效应分别使得碳排放增长了 73.79%和 10.38%，这说明产业转移对其经济增长发挥了积极的作用，工业经济增长速度开始加快，工业部门比重呈现出上升的态势，但碳排放增长趋势明显。民族地区能源利用结构进一步改善，贡献了−0.38%，尤其是能源强度效应，达到了−37.93%，贡献最大，这也表明从"十一五"时期开始，在节能减排的背景下，民族地区能源利用效率不断提升，但由于工业总量规模和工业比重不断上升，碳排放总效应增加了 45.85%，高于东部发达地区 13.57 个百分点。

总体看来，民族地区低碳经济发展具有很强的特殊性。与东部发达地区相比，民族地区正处于工业化加速发展时期，碳排放总量受工业经济规模扩张与工业比重提升两大驱动因素的影响，短期内仍有一个持续增长的要求，但从"十一五"时期减排效果看，能源强度效应已开始发挥重要作用，后发优势较为明显。

第三节 民族地区环境保护投资效应评价

一、民族地区环境保护投资现状

（一）民族地区环境保护投入总量增多，但投入仍然不足

1. 民族地区总体环境保护投入状况

民族地区环境问题复杂，生态脆弱，加上西部大开发对民族地区环境带来巨大的灾害，导致我国民族地区环境进一步恶化，人民生活困苦。因此，政府理应加大民族地区环境保护以及生态补偿力度，然而从对近几年来的环保支出数据的分析当中可以得出两个结论：①相比东部地区，我国民族地区环保投入绝对值小；②增长速度太慢。

从表 6-10 中可以看出民族地区投入环境污染治理的资金正在逐年增加，从 2003 年的 138.2 亿元提高到 2010 年的 669.4 亿元。然而，民族地区环境污染治理投资占民族地区生产总值的比例 2003~2010 年整体上没有很大变化，见表 6-11。

表 6-10　民族地区、东部地区及全国环境污染治理投资　（单位：亿元）

年份 \ 地区	民族地区（8省份）	东部地区（10省份）	全国（31省份）
2003	138.2	996.4	1627.7
2004	177	1115.7	1909.8
2005	203.3	1229.8	2388
2006	247.2	1342.4	2566
2007	288.1	1601.2	3387.3
2008	392.2	2191	4490.3
2009	510.2	2095.3	4525.3
2010	669.4	3699.5	6654.2

资料来源：《中国统计年鉴》（2004~2011 年）。

表 6-11　2003~2010 年环境污染治理投资占 GDP 比重　（单位：%）

年份 \ 地区	民族地区	东部地区	全国
2003	1.16	1.18	1.21
2004	1.22	1.07	1.20
2005	1.18	1.19	1.30
2006	1.21	1.04	1.19

续表

年份\地区	民族地区	东部地区	全国
2007	1.16	1.04	1.27
2008	1.30	1.21	1.42
2009	1.48	1.07	1.33
2010	1.61	1.59	1.66

资料来源:《中国统计年鉴》(2004~2011年)。

进一步观察表6-10可以看出,东部地区10个省份,相对于民族地区8个省份来说,只多2个省份,但是东部地区环境污染治理投资却是民族地区的6倍。从"十一五"期间民族地区、东部地区及全国环保投入情况(表6-12)可以看出,民族地区、东部地区及全国环保投入分别为2310.4亿元、12 159.4亿元和24 011.1亿元,其中,民族地区、东部地区环保投入占全国环境保护投资比例分别为9.62%和50.64%。因此,民族地区的环保投入总量相对还是很不足的。

表6-12 "十一五"期间地区环境保护投入情况对比

地区	"十一五"期间环保投入量/亿元	"十一五"期间环保投入占全国环境保护投资比例/%
民族地区(8省份)	2 310.4	9.62
东部地区(10省份)	12 159.4	50.64
全国(31省份)	24 011.1	100.00

资料来源:《中国统计年鉴》(2004~2011年)。

2. 民族地区各省份环境保护投入状态

从各省份来看,近几年民族地区逐年增加了对环境保护的投资,环境保护投资的总量呈现比较稳定的上升趋势(表6-13)。从绝对值来看,内蒙古的环保投入最多,2007年投入达到617 283万元,2008年为796 815万元,2009年达到了979 000万元,2010年高达1 079 897万元,年平均增长率是20.49%。第二是云南,由2007年的313 816万元增长到2010年的864 060万元,年均增长率达到40.16%。投入绝对值最少的西藏在2007年环保投入的资金是47 651万元,2008年为57 068万元,2009年达到了97 500万元,2010年为117 746万元,年均增长率约35.19%。再来对比一下东部地区的环保投入,广东2007年投入267 100万元,2008年是470 878万元,2009年投入1 008 000万元,2010年为2 391 606万元,年均增长率接近107.65%,由此不难看出,同东部几个发达省份的环保投入相比,民族地区的环保投入的绝对量偏低,增长速度太慢,见表6-13。

表 6-13　民族地区近年来环保支出　　　（单位：万元）

地区 \ 年份	2007	2008	2009	2010
内蒙古	617 283	796 815	979 000	1 079 897
广西	141 009	279 740	499 200	639 887
贵州	272 324	404 391	553 100	543 197
云南	313 816	584 582	821 600	864 060
西藏	47 651	57 068	97 500	117 746
青海	189 848	195 484	289 800	361 484
宁夏	127 629	175 067	225 900	307 857
新疆	226 175	304 671	364 200	510 155
民族地区	1 935 735	2 797 818	3 830 300	4 424 283
东部地区	3 099 474	4 642 769	6 936 100	9 565 916
全国	9 612 377	13 851 511	18 961 300	23 724 968

资料来源：《中国环境统计年鉴》（2011 年）。

但是，民族地区的地均环保投入普遍低于全国平均水平，更是远低于东部地区。例如，2007 年，环保投入量大部分民族省份不到 1 万元/千米^2，西藏更是不到 400 元/千米^2。而同期的东部省份当中，上海达到了 31 万元/千米^2，远远高于民族地区的投入。尽管各地也逐渐加大对环保的投入，但是同东部地区相比仍然差距巨大，在 2010 年，上海环保的投入量达到了 75 万元/千米^2，而西部地区中这一数字最高的宁夏也仅有 4.6 万元，这一组数据表明，西部地区在每平方千米的环保投入上和东部地区差距还是比较大的，见表 6-14。

表 6-14　民族地区地均环保投入　　　（单位：万元/千米^2）

地区	辖区面积/平方千米	2007 年	2008 年	2009 年	2010 年
内蒙古	1 183 000	0.52	0.67	0.83	0.91
广西	236 000	0.6	1.19	2.12	2.71
贵州	176 000	1.55	2.3	3.14	3.09
云南	383 300	0.82	1.53	2.14	2.25
西藏	1 228 000	0.04	0.05	0.08	0.1
青海	722 300	0.26	0.27	0.4	0.5
宁夏	66 400	1.92	2.64	3.4	4.64
新疆	1 660 000	0.14	0.18	0.22	0.31
民族地区	5 655 000	0.73	1.10	1.54	1.81
东部地区	915 800	7.783	9.745	14.071	19.14
全国	9 600 000	1	1.44	1.98	2.47

资料来源：《中国环境统计年鉴》（2011 年）。

(二) 环境保护效益低下

每万元 GDP 投入的环保资金中，民族地区普遍要高于东部地区。例如，在 2007 年，青海每万元 GDP 中环保支出是 238.1 元，西藏为 139.56 元，宁夏是 138.86 元，远远超过了全国 36.16 元的平均水平，2008～2010 年，除 2008 年广西外，其他民族每万元 GDP 投入的环保支出均超过了全国平均水平，见表 6-15。一般来说，如果一个地区自然环境比较恶劣，或者是污染状况比较严重，那么在其他条件相同的情况下，该地区对自然环境的治理需求会比其他地区大，从而拉动对环保方面的投资。我们知道，民族地区经济发展目前仍处在工业化中级阶段，随着工业化进程的加快，"三废"排放量随经济总量的增加仍将持续增长。在这种情形下，要使总体的环境质量不断改善，在保证经济发展的前提下，需要加大对环保投资的力度。同时，这也表明，民族地区的环境保护投资效益是低于东部地区的。

表 6-15　民族地区每万元 GDP 中环境保护投入量　（单位：元/万元 GDP）

地区＼年份	2007	2008	2009	2010
内蒙古	96.1	93.78	100.51	92.52
广西	24.21	39.84	64.34	66.86
贵州	94.42	113.54	141.36	118.03
云南	65.75	102.7	133.17	119.61
西藏	139.56	144.53	220.91	232.03
青海	238.1	191.91	268.02	267.68
宁夏	138.86	145.41	166.92	182.2
新疆	64.2	72.83	85.15	93.82
民族地区	107.65	113.07	147.55	146.59
东部地区	40.92	27.24	41.39	39.98
全国	36.16	44.11	55.62	59.13

资料来源：《中国环境统计年鉴》（2011 年）。

首先，根据现有的环境保护投资效率评价理论，结合民族地区的特殊情况，在分析孙冬煜（2002）所构造的"环境保护投资优先增长模型"的基础上，建立民族地区环境保护投资效率的计算模型，并结合民族地区的废水、废气及固体废物等环境污染数据、环境投资水平数据、民族地区人均 GDP 数据、第二和第三产业所占的比重数据以及外商直接投资数据等相关环境的面板数据的实际情况，分析民族地区环境保护投资效率的影响因素；然后，根据建立的民族地区环境保投资效率评价模型,利用经济学计量统计软件 Eviews6.0 对民族地区的环境保护投资效率进行实证计算并对计算结果进行评价分析;最后,对民族地区的环境保护投资效率呈现这种现象的原因进行分析并指出解决的办法和改进的方向。

二、民族地区环境保护投资效率评价

(一)民族地区环境保护投资效率评价模型的构建

在环境保护投资的效率评价方面,韩强等(2009)针对投入和产出采用了环比分析,同时利用聚类分析、因子分析等多元统计分析的方法,得出了我国工业环境保护投资效率偏低的结论。何平林等(2011)基于环境保护投资的视角,采用数据包络分析,对财政投资效率进行了评价,得出了环境保护投资有一定的积极效果,但是与环境保护投资高速增长并不相互协调的结论。陶敏(2011)也采用了数据包络分析,建立了评价指标体系,对 2008 年我国的环境保护投资进行了评价分析,得出了部分省市数据包络分析(data envelopment analysis,DEA)有效的结论。采用投入-产出分析的效率评价模型,有一定的优势,能够得出量化的效率比较,但也存在着分析年限较短的缺点。

本书通过认真分析孙冬煜(2002)提出的"环境保护投资优先增长模型",并借鉴颉茂华等(2010)对环境保护投资效率实证分析的方法,再结合民族地区环境保护投资的具体实际,修正模型中的部分假设条件,结合分析的实际条件,构建民族地区环境保护投资效率评价模型,并对民族地区的环境保护投资效率进行实证分析。

通过研究表明,环境保护投资变化受到技术发展水平、环保需求、人口增长规律以及经济状况等多种因素的影响。一般来说,一定时期内一个地区的环境保护投资规模、该地区环保目标以及环境污染问题三者之间存在一定的平衡关系。为了准确地用数学模型和公式表示出这种平衡关系,需要首先进行以下假设:①污染削减只与环境保护投资规模及治理技术效果有关;②环境-经济-社会系统内普遍存在物质平衡规律;③污染源包含消费部门和生产部门两个部分;④在一定时期内,消费占国民生产总值(gross national product,GNP)的比例不发生变化;⑤环境保护投资周期为零,环境保护投资水平和经济发展水平相一致。根据以上假设再结合物质平衡规律就可建立起环境污染平衡方程,具体如下:

$$pG_t + mU_t = qI_t + R_t \qquad (6\text{-}11)$$

其中,平衡方程式左端代表了环境污染量;右端代表了环境污染的治理量以及环境污染剩余量。平衡式中各符号的物理意义如下:

p——生产污染系数,为单位国民生产总值所产生的污染量;

G_t——国民生产总值;

m——消费污染系数，为单位消费基金所产生的污染量；
U_t——国民消费支出；
q——环境污染治理效果系数，为单位环境保护投资所消除的污染量；
I_t——环境保护投资总量；
R_t——第 t 年达标排放的污染量。

把式（6-11）两端分别除以国民生产总值 G_t 可得

$$p + m\frac{U_t}{G_t} = q\frac{I_t}{G_t} + \frac{R_t}{G_t} \tag{6-12}$$

其中，$\frac{R_t}{G_t} = b_t$，称为排放系数，表示单位国民生产总值达标排放的污染量；

$\frac{I_t}{G_t} = k_t$，称为环境保护投资比例系数，表示单位国民生产总值中环境保护投资总量；

$\frac{U_t}{G_t} = n$，称为消费比例系数，表示单位国民生产总值中消费基金的数量。

根据以上处理有式（6-13）成立：

$$p + m \times n = q \times k_t + b_t \tag{6-13}$$

经整理可得

$$k_t = \frac{p + m \times n - b_t}{q} \tag{6-14}$$

在上述模型的基础上，考虑到环境污染的历史遗传性和继承性，假设治理初期的环境遗留污染量为 R_0，则可知每个计算时期的污染量为当期环境污染量加上上期遗留的环境污染量，从而每一个计算时期的排放率 $r(r=R/G)$ 就会递减得越来越慢。由此可推出式（6-15）成立：

$$R_{t-1} + (p + m \times n)G_t = q \times I_t + R_t \tag{6-15}$$

再假设国民经济生产总值的增长率为 g，治理后的污染排放量的变动率为 Ω。则有式（6-16）和式（6-17）成立：

$$G_t = G_1(1+g)^{t-1} \tag{6-16}$$

$$R_t = R_1(1+\Omega)^{t-1} \tag{6-17}$$

而式（6-16）中的 G_1 可以利用环境污染平衡方程式求得

$$R_0 + (p + m \times n)G_1 = q \times I_1 + R_1 \tag{6-18}$$

第 t 年的环境保护投资增长率 i 的计算公式为

$$i = \frac{\Delta I_t}{I_{t-1}} = \frac{I_t - I_{t-1}}{I_{t-1}} \tag{6-19}$$

则根据式（6-19），再结合式（6-13）～式（6-18）可得第 t 年的环境保护投资

增长率 i 的具体表达式为

$$i=\frac{\Delta I_t}{I_{t-1}}=\frac{(2R_{t-1}-R_{t-2}-R_t)+g(p+m\times n)G_{t-1}}{qI_{t-1}} \quad (6\text{-}20)$$

由此可得环境保护投资优先增长模型为

$$\frac{i}{g}=1+\frac{\Omega(g-\Omega)R_1(1+\Omega)^{t-3}}{g\times q\times I_{t-1}} \quad (6\text{-}21)$$

根据式（6-21）可以知道，环境保护投资效率的高低可以直接利用 g 和 Ω 的大小关系来判断，其中，($g-\Omega$) 越小，则环境保护投资效率越低。本书在进行研究时，鉴于 Ω 的计算数据具有不可得性，对模型进行了一定的修改，本书采用 α 值：$\alpha=\frac{\chi}{g}$，其中，χ 表示污染排放量的年均增长率；g 表示国民经济的年均增长率。α 值越大，则表示环境保护投资效率越低。另外，采用 β 值：$\beta=\frac{\chi}{i}$，其中，i 表示环境保护投资增长速度，同上，β 值越大，则环境保护投资越无效率。

根据上述公式我们得知，判断环境保护投资是否有效率的一个很重要的因素就是污染排放递减，污染排放变动率也应该是一个递减的负数，而民族地区甚至东部地区污染排放总量都是递增的（表 6-16）。

表 6-16 2003～2010 年民族地区主要污染物排放量对比表

年份	工业废水排放量/万吨		工业废气排放量/万亿标准立方米		固体废物排放量/万吨		碳排放量/亿吨	
	民族地区	东部地区	民族地区	东部地区	民族地区	东部地区	民族地区	东部地区
2003	22.6	99.01	2.79	8.79	1.61	3.04	5.24	17.9
2004	23.2	106.34	4.07	10.49	1.89	4.16	6.21	20.77
2005	25.75	120.37	3.84	12.11	2.3	4.49	7.47	25.79
2006	25.2	121.26	5.27	14.65	2.71	4.77	8.32	28.37
2007	30.67	122.69	6.16	16.85	3.29	5.53	9.17	30.98
2008	32.7	118.99	6.08	16.72	3.48	5.98	9.84	32.66
2009	29.12	117.15	7.03	18.72	3.98	6.44	10.71	34.04
2010	30.7	118.52	9.28	21.62	4.9	7.98	11.8	37.67

资料来源：《中国环境年鉴》，碳排放数据根据《中国能源统计年鉴》计算。

根据颉茂华等[①]的研究，目前全国的环境保护投资都是无效率的，我国的实际

---

① 颉茂华，刘向伟，白牡丹. 环保投资效率实证与政策建议. 中国人口·资源与环境，2010，20（4）：100-105.

情况和"环境保护投资优先增长模型"的理论结果是不相符的。值得注意的是,真正的环境保护投资有效率应该是污染物排放负增长,在此处的环境保护投资效率是指无效率中的相对有效率。

(二)民族地区环境保护投资效率评价模型测算

为了更好地认识民族地区的环境保护投资对环境污染的治理效果和环境保护投资增长的变化关系,下面利用上述推出的民族地区环境保护投资评价模型,对民族地区的环境保护投资效率问题进行实证研究和计量检验。

1. 数据来源

根据中华人民共和国国家统计局公布的环境统计数据,可以得到民族地区各省份 2003~2011 年的环境保护投资总额、固体废弃物排放量、废气排放量、废水排放量、生活污水排放量等环境保护相关数据,根据《中国统计年鉴》(2012 年)可以查到各民族省份在 2003~2011 年的国民生产总值。在此基础上就可以根据查到的数据利用经济学统计计量软件 Eviews5.0 对 2003~2011 年民族地区环境保护投资和 GDP 的环比增长速度分别进行计算。

2. 模型测算

1)环境保护投资的平均增长速度 i 和 GDP 的平均增长速度 g 的测算

根据式(6-16)可设民族地区 GDP 的增长计算公式如下:

$$G_t = G_0 \times (1+g)^t \tag{6-22}$$

对式(6-22)两边分别取自然对数可得

$$\ln(G_t) = \ln(G_0) + t\ln(1+g) \tag{6-23}$$

在式(6-23)中令 $\alpha_1 = \ln(1+g)$,$\alpha_0 = \ln(G_0)$,那么式(6-23)可以变为如下形式:

$$\ln(G_t) = \alpha_0 + \alpha_1 t + \mu \tag{6-24}$$

根据式(6-24)利用经济学统计计量软件 Eviews5.0 进行回归分析,可以得到系数 α_0 和 α_1,数据拟合结果如下:

$$\ln(G_t) = 9.89671 + 0.134751t + \mu$$
$$(60.763)\quad (276.458)$$
$$R^2 = 0.986742, F = 512.46$$

由上述回归结果可知 $\alpha_1 = \ln(1+g) = 0.134751$,进而通过求解简单的对数方程可以获得 2003~2011 年民族地区 GDP 的平均增长速度 g,求得的结果为 $g=14.425\%$。

同理可以假设民族地区环境保护投资的增长速度为 i,环境保护投资量用 EPI(environmental protection investment)来表示,则其计算方程式如下:

$$\text{EPI}_t = \text{EPI}_0 \times (1+i)^t \tag{6-25}$$

对式（6-25）两边分别取自然对数可得

$$\ln(\text{EPI}_t) = \ln(\text{EPI}_0) + t\ln(1+i) \qquad (6\text{-}26)$$

在式（6-26）中令 $\beta_1 = \ln(1+i)$，$\beta_0 = \ln(\text{EPI}_0)$，那么式（6-26）可以变为如下形式：

$$\ln(\text{EPI}_t) = \beta_0 + \beta_1 t \qquad (6\text{-}27)$$

根据式（6-27）把已知数据利用经济学统计计量软件 Eviews5.0 进行回归分析，可以得到系数 β_0 和 β_1，数据拟合结果如下：

$$\ln(\text{EPI}_t) = 8.14953 + 0.235842t + \mu$$
$$(12.358)\quad(54.682)$$
$$R^2 = 0.73582, F = 85.674$$

由上述回归结果可知 $\beta_1 = \ln(1+i) = 0.235842$，进而通过求解简单的对数方程可以获得 2003～2011 年民族地区环境保护投资的平均增长速度 i，求得的结果为 $i=26.597\%$。

同理，得出东部地区的 GDP 增长公式如下：

$$\ln(G_t) = 11.22043 + 0.15102t + \mu$$
$$(39.614)\quad(474.338)$$

由上述回归结果可知 $\alpha_1 = \ln(1+g) = 0.15102$，进而通过求解简单的对数方程可以获得 2003～2010 年东部地区 GDP 的平均增长速度 g，求得的结果为 $g=16.30\%$。

同理，可以得出东部地区的环境保护投资增长公式如下：

$$\ln(\text{EPI}_t) = 16.13462 + 0.16526t + \mu$$
$$(4.743)\quad(103.543)$$

由上述回归结果可知 $\beta_1 = \ln(1+i) = 0.16526$，进而通过求解简单的对数方程可以获得 2003～2010 年东部地区环境保护投资的平均增长速度 i，求得的结果为 $i=17.97\%$。

通过对比 2003～2011 年民族地区环境保护投资的平均增长速度 i 和民族地区 GDP 的平均增长速度 g 可以发现 $i/g=1.844$，也就是说在 2003～2011 年这一时期内民族地区环境保护投资的平均增长速度是 GDP 的平均增长速度的 1.844 倍。

通过对比 2003～2010 年东部地区环境保护投资的平均增长速度 i 和东部地区 GDP 的平均增长速度 g 可以发现 $i/g=1.102$，也就是说东部地区在 2003～2010 年环境保护投资的平均增长速度是 GDP 的平均增长速度的 1.102 倍，要低于民族地区的比重。这个比值说明了民族地区的环境保护投资增长速度要远远优于东部地区。

2）污染排放变动率测算

通过计算（表 6-17）得知，民族地区所有污染物排放的年均增长率都保持在

0以上，已经说明了环境保护投资的无效率。在所有的污染物排放中，工业废水排放增长相对较慢，年均增长速度为5.12%，而工业废气排放年均增长速度最快，达到了33.23%，固体废弃物排放年均增长率也达到了29.19%，碳排放年均增长率为17.88%。在环境保护投资年均增长了26.6%时，污染物的排放仍然保持了如此高的增长率，说明了环境保护投资的无效率。与民族地区相比，东部地区的环境污染排放增长率要明显低于民族地区，与此同时，东部地区的环境保护投资增长率也要低于民族地区，进一步说明了民族地区环境保护投资的无效率。

表6-17 环境保护投资效率分析表

指标	民族地区	东部地区
g（年均GDP增长率）/%	14.425	16.30
i（年均环境保护投资增长率）/%	26.60	17.97
i/g	1.844	1.102
年均工业废水排放增长率/%	5.12	2.82
α	0.35	0.17
β	0.19	0.16
年均工业废气排放增长率/%	33.23	20.85
α	2.30	1.28
β	1.25	1.16
年均固体废弃物排放增长率/%	29.19	23.21
α	2.02	1.42
β	1.10	1.29
年均碳排放增长率/%	17.88	15.78
α	1.24	0.97
β	0.67	0.88

数据来源：笔者计算。

3）环境保护投资效率的对比分析

从表6-16可以看出，根据计算的α值也可以发现，民族地区除了工业废水排放的α值低于1，工业废气、固体废弃物、碳排放的α值都要大于1，说明了民族地区的污染物排放增长速度要远远大于GDP增长速度，与东部地区相比，α也要远远大于东部地区的值，而东部地区的GDP年均增长速度还要大于民族地区，同时，民族地区的环境保护投资年均增长速度要大于东部地区，这也进一步说明了民族地区环境保护投资的无效率；通过观察β值也可以发现，民族地区的β值也较大，工业废水和碳排放的 β 值要低于 1，说明工业废水和碳排放的年均增长速度没有超过环境保护投资增长速度，而工业废气和固体废弃物的 β 值都要高于 1，说明尽管民族地区在不断加大环境保护投资，但与此同时，污染排放的增加速度反而要高于环境保护投资的增长速度，也进一步说明了民族地区环境保护投资的无效率。

小　　结

本章主要从技术进步、结构调整和环境保护投资三个方面讨论了民族地区环境响应效应及其效果。第一节从技术进步、结构调整、污染治理和环境保护投资四个方面对民族地区环境响应的要素进行了分析。

第二节采用 LMDI 分解模型，从技术进步和结构调整两个方面，对民族地区污染排放的响应效果进行了定量评价。分析结果表明，技术进步一直是抑制民族地区工业污染物排放的重要因素，而结构效应并没有发挥很好的作用，相反给民族地区带来了更多的污染排放。而东部地区在产业转移进程中，产业结构调整已经开始发挥效用。从技术效应看，在工业 COD 和 SO_2 的减排中，东部地区比民族地区减排效应更为明显；而在工业碳排放中，民族地区技术效应发挥了更为积极的作用，后发优势明显。

第三节采用计量分析模型对民族地区的环境保护投资效率进行了评价。结果表明，民族地区污染物排放增长速度要远远大于 GDP 增长速度，环境保护投资效率有限。与东部地区相比，民族地区的环境保护投资速度要高于东部地区，而污染排放减少程度比东部地区缓慢，这也进一步说明了民族地区环境保护投资的无效率。

第七章

基于 DPSIR 框架的民族地区资源环境综合评价

在第二至第六章的阐述中分别讨论了民族地区"驱动力-压力-状态-影响-响应"概念框架中的各个阶段。本章将建立评价指标体系，运用熵值法对各个指标进行综合评价，并引入"响应度"的概念，动态考察民族地区环境压力下的响应综合值及其分项，最后采用灰色关联模型对其进行研究，综合考察民族地区环境响应效果。

第一节 DPSIR 模型评价指标体系构建

一、概述

近年来，我国工业化、城镇化以及区域开发建设的加速推进，带来了一系列资源环境问题以及不可持续发展矛盾的产生，如何促进地区经济与环境协调发展已经成为当前国内学术界研究的热点问题之一。

（一）DPSIR 模型研究

在对区域经济社会协调发展的模型构建上，我国学者引入了 DPSIR 模型。邵超峰和鞠美庭（2010）从低碳城市发展角度出发，基于 DPSIR 模型构建了低碳城市发展指标体系；朱霞和路正南（2013）结合指标体系，基于 DPSIR 模型，以江苏省为例，对其低碳城市发展程度进行了相应的评估；朱婧等（2012）以 DPSIR

模型为基础，构建评价指标体系，对"十一五"期间河南省济源市的低碳城市发展做出了评价，并提出了相关的政策建议。

（二）环境压力下的环境响应研究

在响应模型的分析上，也有不少学者做出了探索。刘艳军等（2012）从区域开发规模扩张和资源环境响应的角度出发，构建资源环境响应模型和指标体系，分析了东北地区开发规模扩张的资源环境响应演变及影响因素；刘耀彬等（2008）利用加权平均的思想，构建了响应度模型及综合响应度模型，对城市化进程中的生态环境响应时序特征和整体响应强度进行了对比分析；周蕾等（2013）应用了弹性理论和灰色关联分析法，分析了江苏省无锡市乡村环境对经济社会发展的响应及其耦合关系。

从目前国内的研究来看，关于城镇化、经济发展与资源环境之间相协调的文献很多，运用 DPSIR 模型对低碳城市进行评价的文献也不乏少数。也有不少人对响应度模型进行了探索，但就目前而言，关于民族地区经济增长中的环境压力与响应之间的关系较少有人涉及。同时，目前对 DPSIR 模型的应用主要集中于低碳经济，并未综合考虑资源环境压力与响应之间的关系。

民族地区的经济增长问题一直是促进我国区域经济协调发展的重要组成部分，自西部大开发以来，民族地区的经济增长也得到了迅速提升，同时带来了不少的环境问题。本书基于 DPSIR 模型，采用综合评价方法，以 2003 年为基期，主要研究民族地区的驱动力、压力与响应之间相互关系，系统考察民族地区环境压力下的响应程度，并构建响应度模型，引入弹性的概念，综合反映民族地区环境响应对环境压力的敏感程度，与东部地区进行对比，分析民族地区目前在环境压力下环境响应水平及其存在的问题，并提出相关的政策建议。

二、模型构建

（一）DPSIR 模型

DPSIR 概念模型是由 OECD 在 1993 年提出的，并为欧洲环境局（European Environment Agency，EEA）所发展。近年来，该模型已逐渐成为判断环境状态和环境问题因果关系的有效工具，具有综合性、系统性、整体性、灵活性等特点。在 DPSIR 概念模型中，"驱动力"是指资源环境变化的潜在原因，主要指城市社会经济活动和产业的发展趋势；"压力"是指人类活动对其紧邻的环境以及自然环境的影响，是环境的直接压力因子；"状态"是指环境在上述压力下所处的状况，主要表现为区域的生态环境污染水平；"影响"是指系统所处的状态对人类健康和社会经济结构的影响；"响应"过程表明人类在促进可持续发展进程中所采取的对策和制定的积极政策，如提高资源利用效率、减少污染、增加投资等措施。[①]

（二）响应度测度模型

为进一步定量测度民族地区环境响应对环境压力的反应程度关系，引入"响应度"的概念，"响应度"主要是指区域响应水平对压力水平的敏感程度，结合了"弹性"的概念与区域DPSIR模型，对民族地区经济发展中产生的环境压力及其响应机制进行研究。刘艳军等（2012）主要采用弹性及导数的概念引入了响应度模型；周蕾等（2013）引入了弹性的概念，并采用相对变化率来表征弹性。本书将借鉴周蕾等（2013）采用的响应度模型，结合灰色关联度模型，对民族地区的DPSIR模型进行深入的响应度分析及相关性分析。

环境压力下的环境响应指数的响应度测度模型为

$$v = \frac{I_{R,t+1} - I_{R,t}}{I_{R,t}} \bigg/ \frac{I_{P,t+1} - I_{P,t}}{I_{P,t}} \tag{7-1}$$

其中，v为区域环境响应对环境压力的响应度；$I_{R,t}$为环境响应指数（$I_{R,t} = \sum_{i=1}^{n} R_i \gamma_i$ $(i=1,2,3,\cdots,n)$，其中，R_i为i指标的标准化值；γ_i为i指标的权重值）；$I_{P,t}$为环境压力指数（$I_{P,t} = \sum_{i=1}^{m} P_i \lambda_i (i=1,2,3,\cdots,m)$，其中，$P_i$为$i$指标的标准化值；$\lambda_i$为$i$指标的权重值）。令$V_R$表示民族地区环境响应变化率，$V_P$表示民族地区环境压力变化率。

模型通过对响应度的测度来衡量民族地区基于环境压力采取环境响应措施的反应程度变化趋势及特征。v值表示当环境压力指数每变动1%单位，环境响应指数变动的程度。v值越大，表明民族地区发展过程中对环境压力的敏感程度越高；反之，v值越小，则表明民族地区发展过程中对环境压力的敏感程度越低。

（三）响应机理模型

灰色关联的分析方法可以全面分析民族地区经济增长中环境压力与环境响应之间相互影响的作用特征，基本思想是定量比较系统之间或系统内部各要素之间特征曲线的几何形状，根据特征曲线变化的大小、方向和速度等指标的接近程度来度量因素之间的关联程度，曲线越接近，关联度越大，反之越小（邓聚龙，1987；傅立，1992）。通过民族地区经济增长中的环境压力各指标与环境响应各指标之间的关联度，分析其存在的约束和胁迫作用，进一步揭示两者之间的响应机理。

为了揭示出环境压力和环境响应耦合的主要作用关系及耦合强度对比，构建

---

① 邵超峰，鞠美庭. 基于DPSIR模型的低碳城市指标体系研究. 生态经济，2010，（10）：95-99.

了耦合的关联度模型和耦合度模型。具体步骤如下。

第一步,求差序列:

$$\Delta_i(k) = |M_i(k) - N_i(k)| \qquad (7-2)$$

第二步,求两级最大差和最小差:

$$M = \max_i \max_i \Delta_i(k)$$
$$m = \min_i \min_i \Delta_i(k) \qquad (7-3)$$

第三步,求关联系数:

$$\xi_{it} = \frac{m + \theta M}{\Delta_i(k) + \theta M} \qquad (7-4)$$

其中,θ 为分辨系数,一般取 0.5;ξ_{it} 表示 t 时刻的关联系数。

将关联度系数按样本数取平均值可以得出一个 14×14 的关联度矩阵 γ,反映环境压力各指标与环境响应体系各指标耦合作用的关系,可以通过各个关联度 γ_{ij} 的大小来分析出哪些指标之间的关系更密切,而哪些因素的作用不大。若取最优值 1,则说明指标 N_{ij} 与指标 M_{ij} 之间的关联性大,且说明两者之间的变化规律相同,单个指标间耦合作用明显;若 $0 < \gamma_{ij} < 1$,则说明 N_{ij} 与 M_{ij} 之间的有关联性,且 γ_{ij} 值越大,关联性越大,耦合性越强,反之亦然。当 $0 < \gamma_{ij} \leq 0.35$ 时,关联度较弱,两系统指标之间的耦合作用较弱;当 $0.35 < \gamma_{ij} \leq 0.65$ 时,关联度为中,两指标耦合作用中等;当 $0.65 < \gamma_{ij} \leq 0.85$ 时,关联度较强,两指标耦合作用较强;当 $0.85 < \gamma_{ij} \leq 1$ 时,关联度极强,两指标相互作用的规律几乎一样,耦合作用极强。

$$\gamma = \begin{pmatrix} \cdots & X_1 & \cdots & X_n \\ Y_1 & \gamma_{11} & \cdots & \gamma_{1n} \\ \vdots & \vdots & \gamma_{ij} & \vdots \\ Y_n & \gamma_{n1} & \cdots & \gamma_{nn} \end{pmatrix} \qquad (7-5)$$

其中,$\gamma_{ij} = \frac{1}{k}\sum_{i=1}^{k}\xi_{it}$,$k$ 为样本数。在本书中,通过取时间序列样本求得变量间的时序变化规律。

在关联度矩阵的基础上可以对行和列求平均值,分别得到相应的关联度,根据大小和对应的值域范围,可以得到环境压力指标对环境响应指标最主要的胁迫因素,以及环境响应指标中对环境压力响应更明显的因素。

三、指标选取及数据处理方法

(一)指标体系建立

基于 DPSIR 概念模型以及环境响应概念和响应度模型的构建,遵循科学性、系统性、可行性、针对性等原则，参阅相关文献资料，本书从经济发展的驱动力、环境压力、状态、影响及响应五个方面选取评价指标，构建了民族地区经济发展与环境压力及响应评价指标体系（表7-1）。

表7-1 民族地区经济发展与环境压力及响应评价指标体系

目标层	准则层	指标类型	二级准则层	指标层
DPSIR	驱动力指标	定量	经济规模与增长	GDP总量
			产业发展状况	工业化率
			人口增长与城镇化	城镇化率
	压力指标	定量	污染排放总量	工业COD排放总量
				碳排放总量
				工业SO_2排放总量
				工业固体废弃物排放总量
	状态指标	定性	资源环境状态	资源现状
				生态环境现状
			能源消耗状态	能源消耗总量
				能源消耗强度
	影响指标（资源环境承载力）	定量	资源丰度	人均耕地面积
				人均水资源
				人均煤炭基础储量
				森林覆盖率
			环境支撑	工业固体废弃物综合利用率
				工业废水排放达标率
				工业SO_2去除率
				生活垃圾无害化处理率
	响应指标	定量	结构调整	第二产业比重
			环境保护投资	环境污染治理投资总额
			污染治理	工业固体废弃物排放达标量
				工业废水排放达标量
				工业"三废"综合利用产品产值
			技术进步LMDI	COD排放强度
				碳排放强度
				SO_2排放强度

本指标体系主要分为目标层、准则层、二级准则层、指标层和属性。准则层即为驱动力指标、压力指标、状态指标、影响指标和响应指标，二级准则层主要是对准则层的具体反应。

其中，驱动力（D）是造成区域资源环境变化的潜在原因，主要指促进区域经济发展的主要动力，代表性指标有区域经济发展水平和规模、城市建设规模和产业发展现状，具体指标则包括区域GDP总量、工业化率和城镇化率。

压力（P）则是指人类经济活动对其生态环境造成的主要影响，是区域生态环境的直接压力因子，主要表现为主要污染物的排放总量状况，具体指标则包括工业COD排放总量、碳排放总量、工业SO_2排放总量和工业固体废弃物排放总量。

状态（S）是指区域生态环境在上述压力下所处的状况，主要表现为区域的生态环境污染水平。

影响（I）主要是指生态环境系统所处的状态对其整体社会协调发展所造成的影响，主要通过生态环境质量来表现，在具体分析中采用了资源环境承载力来定量评价。

响应（R）过程表明该区域在促进协调可持续发展过程中采用的对策和制定的促进环境保护的积极政策，如提高技术水平、转变产业结构、减少污染和增加环境投资，具体指标则包括第二产业比重、环境污染治理投资总额、工业固体废弃物排放达标量、工业废水排放达标量、工业"三废"综合利用产品产值、COD排放强度、碳排放强度、SO_2排放强度，旨在通过产业比重来说明结构调整以及通过污染物排放强度来说明区域的技术水平等。

由于状态指标为定性指标，而影响指标在第五章已经具体阐述，所以本书在实际评价中将重点放在驱动力指标、压力指标和响应指标三个方面。

各个具体指标的属性通过衡量该指标的变化对其准则层的影响方向来决定，各项指标的权重则是通过熵权法来具体决定的。

（二）数据来源及预处理

本书民族地区的数据主要来源于《中国统计年鉴》（2004~2011年）及2004~2011年各个民族省份的统计年鉴，对于少量缺失数据及统计口径不一致数据进行了补充和修正。

数据预处理包括如下几项：①2003~2010年的污染物排放强度=污染物排放量/不变价的工业增加值，其中，不变价的工业增加值=当年工业增加值×基期物价指数/当年物价指数；②对于本书中的负指标，如结构调整和技术进步，为了使其与其他指标说明趋势相同，用倒数法对其进行处理；③本书所计算的碳排放总量是根据地区终端能源消费的17种一次能源及电力、热力共19种能源碳排放量加总得出的。17种一次能源包括原煤、洗精煤、其他洗煤、型煤、焦炭、焦炉煤气、其他煤气、原油、汽油、煤油、柴油、燃料油、液化石油气、炼厂干气、天然气、其他石油制品、其他焦化产品。并按一次能源的碳氧化率、平均低位发热量、燃料排放因子分别计算出其碳排放量；热力和电力也分别按各地区使用的一次能源加总算出其碳排放总量。其中，燃料排放因子根据《2006 年 IPCC 国家温室气体清单指南》所提供的能源燃烧缺省 CO_2 排放因子[①]，平均低位发热量来源于《中国能源统计年鉴 2010》。

结合指标及其属性，以 2003 年为分析基期，以各年份和 2003 年数值的比重表征其发展趋势。

四、DPSIR 模型指数分析

（一）民族地区 DPSIR 指数分析

基于 DPSIR 模型的指数计算应用，以 2003 年为基期，可以得到 2003～2010 年民族地区各项准则的综合指标值（表 7-2），可以看出，民族地区经济发展驱动力指数呈不断上升趋势，由基期值 1.0000 上升到 2.0967，由此表明，近年来民族地区的经济发展驱动力在不断增强。同时，压力指数从 1.0000 上升到了 1.8644；而响应指数从 1.0000 上升到了 2.8521。从民族地区 3 个指数的变化来讲，其响应指数变动幅度最大，这也表明了近年来随着环境压力不断上升，环境污染水平不断地上升，民族地区加大了在环境响应措施方面的投入。

表 7-2　DPR 模型评价指数

年份	民族地区			东部地区		
	驱动力	压力	响应	驱动力	压力	响应
2003	1.0000	1.0000	1.0000	1.0000	1.0000	1.0000
2004	1.1002	1.114	1.1244	1.0998	1.1465	1.1321
2005	1.219	1.302	1.2925	1.1965	1.2961	1.3005
2006	1.3616	1.4613	1.453	1.2957	1.3345	1.5024
2007	1.5158	1.5533	1.8011	1.4126	1.4034	1.7558
2008	1.6452	1.5801	2.1146	1.5376	1.4047	2.0479
2009	1.8218	1.6685	2.3419	1.6131	1.4415	2.128
2010	2.0967	1.8644	2.8521	1.7915	1.6280	2.5024

数据来源：笔者计算。

---

① IPCC. 2006 IPCC Guidelines for National Greenhouse Gas Inventories: Volume Ⅱ. http://www.ipcc.ch/ipcc reports/Method-logy-reports.htm. 2014-8-16.

1. 驱动力指数对比

与东部地区相比（图 7-1），民族地区经济增长驱动力指数变化较东部地区驱动力指数变化幅度更大，东部地区变动百分比为 79.15%，而民族地区的变动百分比达到了 109.6%，这也说明了随着民族地区城镇化、工业化的快速推进，其经济发展正处于快速增长阶段。

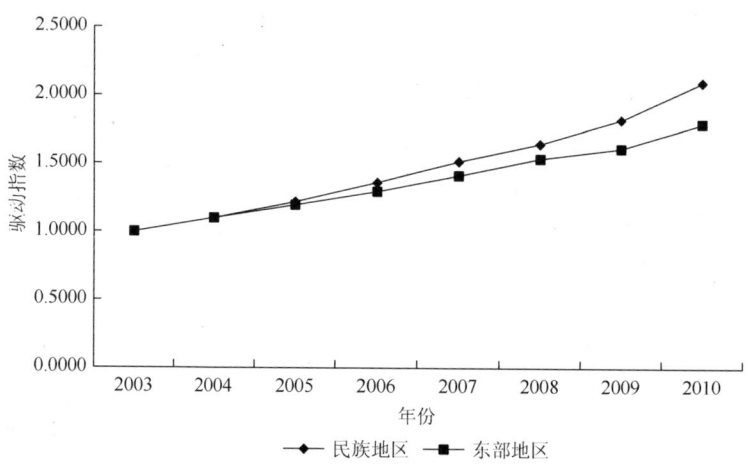

图 7-1 驱动力指标对比图

数据来源：笔者计算

2. 压力指数对比

伴随着驱动力的不断上升，压力指数也在不断上升（图 7-2），到 2010 年，民

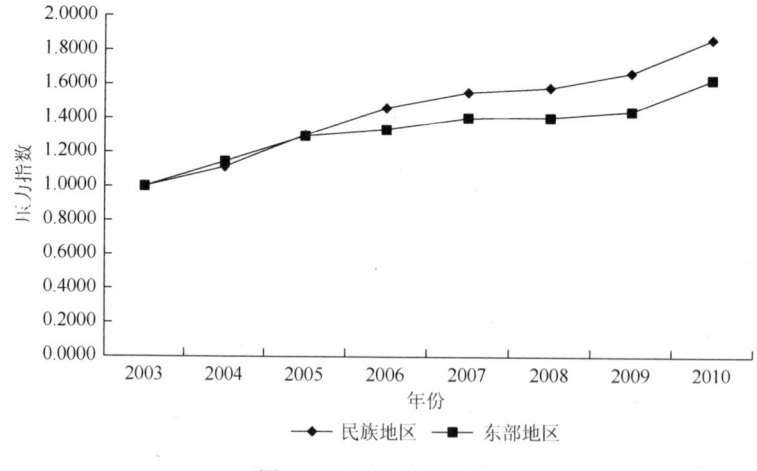

图 7-2 压力指标对比图

数据来源：笔者计算

族地区的压力指数达到了 1.8644，同年，东部地区的压力指数仅为 1.6280。环境压力的不断上升会直接影响一个地区的环境污染水平。2010 年，民族地区的状态指数（环境污染水平）上升到了 1.8640，同年东部地区的状态指数仅为 1.4832。这也说明了民族地区的环境压力水平（与 2003 年相比）已经远远超过了东部地区，同时，其环境污染水平也远远高于东部地区。

3. 响应指数对比

响应指数表示的是区域针对环境压力而采取的一系列环境响应措施的综合值，从图 7-3 可以看出，民族地区的环境响应指数从 2007 年开始超过东部地区，而且差距越来越大。这也表明了民族地区在高强度的环境压力和高水平的环境污染下，采取了更多的环境响应措施。

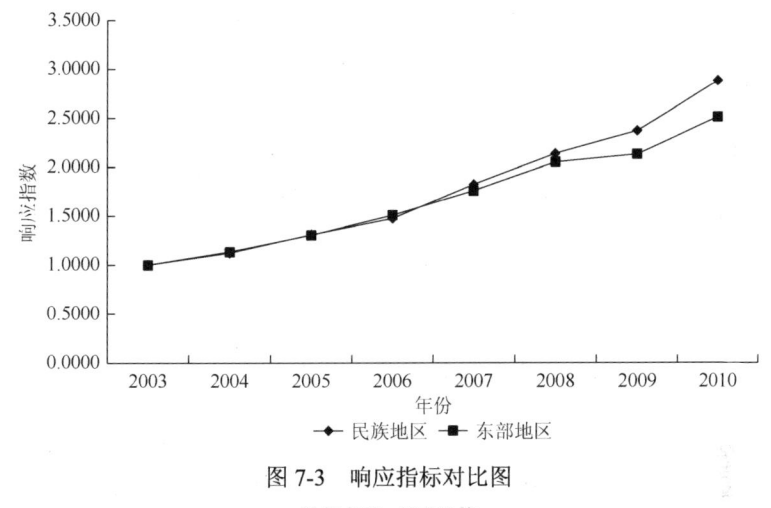

图 7-3 响应指标对比图

数据来源：笔者计算

与东部地区相比，民族地区的经济增长驱动力较高，但是随之而来的是其环境压力的增大以及环境状态（即环境污染水平）的不断提高。民族地区的环境压力指数也要高于东部地区，状态指数也要高于东部地区。根据评价指数可以看出，民族地区的响应指数要高于东部地区，这也表明自 2003 年以来，民族地区承接东部地区产业转移的过程带来了经济增长和环境压力，同时开始重视环境保护，在相对指标上，民族地区的响应指数增长趋势要优于东部地区（图 7-3）。这也表示自 2005 年开始，民族地区的经济发展驱动力开始强于东部地区，同时，经济发展带来的环境压力开始显现，环境污染水平提高，环境响应水平也开始逐步提升。

(二) 环境响应指数分析

进一步对响应状态进行分解分析（表 7-3），响应状态主要从结构调整、技术进步、环境保护投资和污染治理四个方面进行说明。此处结构调整主要用地区产业结构的变化表示，此处主要使用第二产业的变动率表征产业结构调整，一个地区在区域经济协调发展的过程中优化产业结构的形式应当是逐渐提高第三产业的比重，降低第二产业的比重，本书在数据处理的过程中，用以2003年为基期的第二产业变动趋势指数的倒数来表征区域的产业结构调整程度。

表7-3　环境响应水平分解分析对比

年份	环境响应水平							
	结构调整		技术进步		环境保护投资		污染治理	
	民族地区	东部地区	民族地区	东部地区	民族地区	东部地区	民族地区	东部地区
2003	1.0000	1.0000	1.0000	1.0000	1.0000	1.0000	1.0000	1.0000
2004	0.9508	0.9648	1.1139	1.1277	1.2799	1.0973	1.1494	1.2308
2005	0.9548	0.9497	1.1816	1.1675	1.4706	1.4508	1.4943	1.5043
2006	0.9057	0.9425	1.3310	1.3386	1.7803	1.4778	1.6839	1.8711
2007	0.8825	0.9513	1.5857	1.5227	2.0853	1.7627	2.2815	2.2545
2008	0.8485	0.9478	1.8948	1.7510	2.8426	2.4119	2.5095	2.5284
2009	0.8795	0.9922	2.0479	1.9023	3.6802	2.3068	2.6192	2.5953
2010	0.8347	0.9917	2.3490	2.0491	4.8521	4.0725	3.1664	2.8360

数据来源：笔者计算。

总体来看，2003年以来，民族地区在承接东部地区产业转移的过程中带来了快速的经济增长，也带来了高度的环境压力，污染水平不断攀升，从2005年开始，民族地区的驱动力指标、压力指标和状态指标开始超过东部地区。从2007年开始，民族地区的响应指标开始超过东部地区。这也说明了针对不断加大的环境压力，环境响应措施具有一定的滞后性。

下面进一步从结构调整、技术进步、环境保护投资和污染治理四个方面对响应指标进行分解分析（表7-3）。

1. 结构调整

由表7-3可以发现，自2003年以来，东部地区的结构调整指数基本全部优于民族地区，民族地区的结构调整指数基本表现出递减的趋势，这也表明了民族地区目前在经济增长过程中仍然倚重于第二产业的发展（尤其是工业化进程的推动）。与之相比，东部地区在经济发展过程中正在逐步调整产业结构，通过产业转移等方式转移污染严重的企业，结构调整指数自2006年开始逐步上升，2010年的结构调整指数已经接近于1.0000，这表明东部地区的第二产业在GDP中的比重已经开始逐步下降，2010年更是接近于2003年水平。

2. 技术进步水平、环境保护投资水平和污染治理水平

从相对指标来看，民族地区的技术进步水平、环境保护投资水平和污染治理水平都优于东部地区（表7-3）。这也进一步说明了近年来民族地区开始重视环境经济协调发展，在环境保护投资、污染治理和技术进步方面的投入力度（与基期相比）要高于东部地区。

（三）响应系数分析

运用式（7-1），计算出民族地区的环境压力与环境响应指标及其内部各因素的响应系数，并与东部地区进行对比分析。

1. 环境响应指数对环境压力指数的总体响应系数分析

从环境响应指数对环境压力指数的总体响应系数来看（图7-4），民族地区与东部地区的环境压力指数与环境响应指数之间总体呈正响应关系。这表明随着环境压力的不断上升，环境响应也在不断做出正向的调整。在2008年，东部地区的响应度要明显高于民族地区的响应度，这是由于2008年四万亿的经济刺激计划对节能减排、环境响应的影响，具体在后续对环境响应措施分解对环境压力的响应度分析中说明。

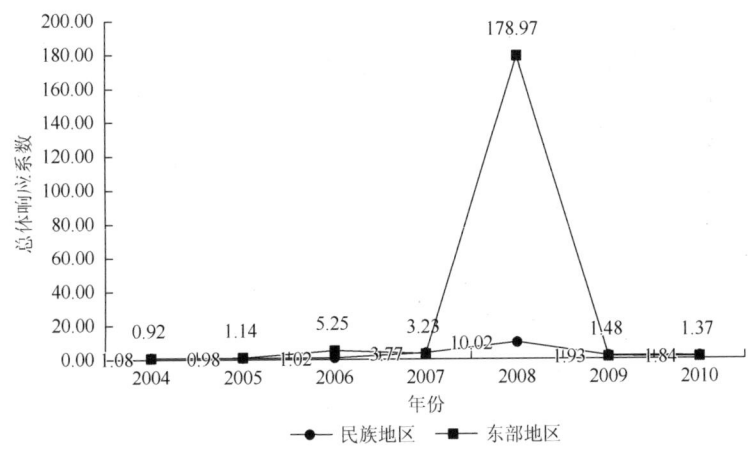

图7-4　总体响应系数对比图

数据来源：笔者计算

剔除2008年的特殊情况（图7-5），可以发现，在2006年以前，民族地区的响应度要低于东部地区，2007~2010年，民族地区的环境响应度要大于东部地区，

这也说明了民族地区在承接东部地区产业转移的过程中，尽管环境压力不断增大，与之相对应的环境响应水平仍然在不断提高。

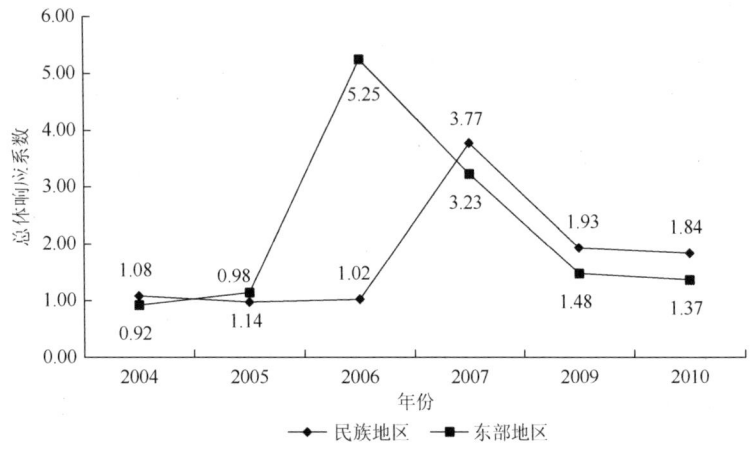

图 7-5 总体响应系数对比图（剔除 2008 年数据）

数据来源：笔者计算

2. 结构调整指数对环境压力指数的响应系数

从结构调整对环境压力的响应度来看（图 7-6），2003～2010 年，民族地区的结构调整对环境压力指数除 2005 年和 2009 年是正响应以外，其他都是负值。这是由于民族地区一直处于工业化发展的过程中，伴随环境压力的逐渐上升，没有及时地做出产业结构调整。东部地区的响应系数要优于民族地区，尽管仅有 2007 年和 2009 年表现为正响应，但东部地区的响应系数整体要优于民族地区，这说明东部地区随着环境压力的不断上升，正在逐步实施产业转移，调整产业结构。

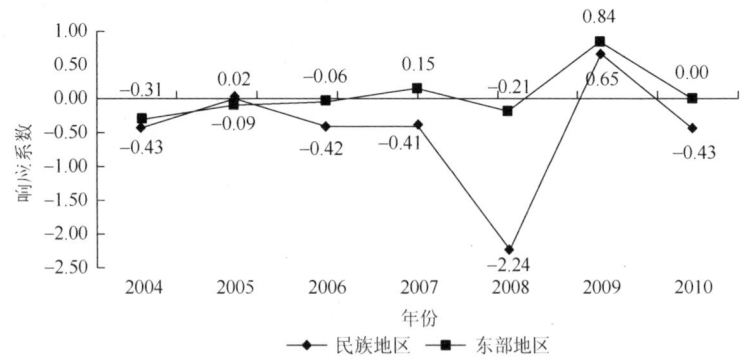

图 7-6 结构调整响应系数对比图

数据来源：笔者计算

经济危机对一国发展而言,是一个调整经济结构的大好机遇。据历史经验,日本、美国等都曾在应对经济危机时,采取措施加快产业结构调整,推动产业结构优化,培育新的经济增长点。就现实情况而言,民族地区并未较好地把握这一契机,并未在承接东部地区产业转移的过程中积极调整产业结构,推动产业结构优化升级。

3. 技术进步指数对环境压力指数的响应系数

从技术进步指数对环境压力指数的响应度来看(图7-7),东部地区要明显优于民族地区,且都为正响应。而民族地区的技术进步响应度在2006年及2008~2010年甚至出现了负响应,这也表明民族地区技术进步水平并没有随环境压力呈现较好的响应。四万亿的投资计划在短期内使我国的能耗增速加快,使原有的碳排轨迹有所提高,据《中国经济刺激计划对气候和能源的影响报告:2010》,四万亿的短期投资计划对节能减排的负效应到2014年会出现拐点,因此可以看出,在2007~2009年,技术进步响应度经历了大起大落,尤其东部地区表现更为明显。

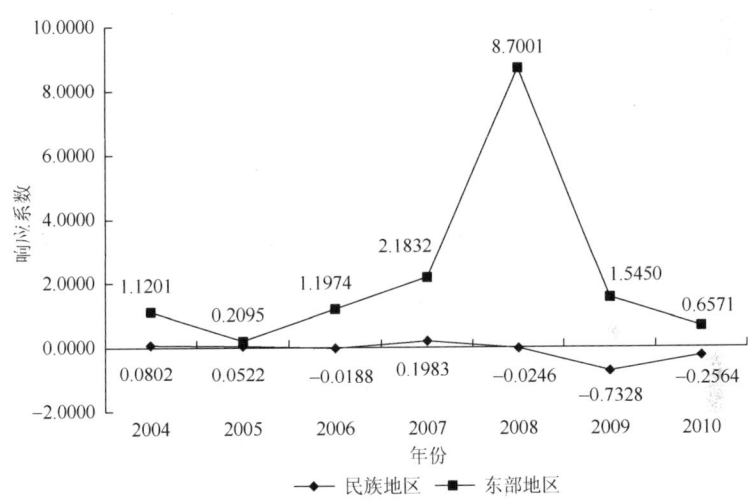

图7-7 技术进步响应系数对比图

数据来源:笔者计算

4. 环境保护投资指数对环境压力指数的响应系数

从环境保护投资的响应度来看(图7-8),民族地区与东部地区在环境保护投资响应度上相差不大,在2009年,东部地区甚至出现了环境保护投资负响应。从图中也可以看出,在2008年,民族地区和东部地区都出现了大的环境保护投资响应,这与2008年的四万亿投资计划有关,在2008年的四万亿中,生态环境投资占2500亿,受四万亿投资计划的影响,在2008年,民族地区及东部地区都出现了较强的反应。

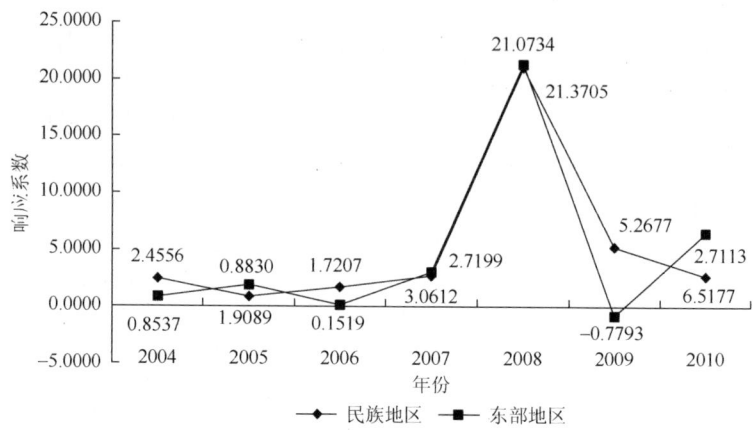

图 7-8 环境保护投资响应系数对比图

数据来源：笔者计算

（四）响应机理分析

根据灰色关联模型构建了民族地区环境压力与环境响应体系的响应机理模型，具体分析如下。

1. 环境压力对环境响应的刺激影响作用

如表 7-4 所示，基于民族地区经济发展对当地造成的压力，环境响应系统中，相对响应作用较强的是环境保护投资、结构调整和污染治理，关联度分别为 0.7051、0.6307 和 0.6360，就具体指标而言，应对环境压力，环境污染治理投资总额和工业固体废弃物综合利用量关联度相对较高，而压力对技术进步的影响作用相对较弱。COD 排放强度、碳排放强度、SO_2 排放强度三个指标与环境压力的关联度都低于 0.6，属于弱相关，表明环境压力对技术进步的作用不强。

表 7-4 民族地区环境压力及环境响应体系关联分析表

环境响应	环境响应体系	环境压力			
		COD 排放 （0.5841）	碳排放 （0.6043）	SO_2 排放 （0.6014）	固体废弃物排放 （0.6348）
结构调整 （0.6307）	第二产业比重（0.6307）	0.6536	0.5615	0.6925	0.6151
环境保护投资 （0.7051）	环境污染治理投资总额（0.7051）	0.6836	0.7089	0.7027	0.7252
污染治理 （0.6360）	工业固体废弃物综合利用量（0.6727）	0.6504	0.6969	0.6613	0.6823
	工业废水排放达标量（0.6244）	0.6432	0.5832	0.6286	0.6428
	工业"三废"综合利用产品产值（0.6109）	0.6023	0.6084	0.6072	0.6255

续表

环境响应	环境响应体系	环境压力			
		COD 排放 （0.5841）	碳排放 （0.6043）	SO_2 排放 （0.6014）	固体废弃物排放 （0.6348）
技术进步 （0.5351）	COD 排放强度（0.5283）	0.4791	0.5489	0.5005	0.5846
	碳排放强度（0.5473）	0.4816	0.5746	0.5186	0.6146
	SO_2 排放强度（0.5297）	0.4785	0.5518	0.5002	0.5881

数据来源：笔者计算。

2. 环境响应体系对环境压力的响应程度

如表 7-4 所示，就环境压力体系的具体指标而言，可以判断出具体的压力指标对环境响应体系的影响程度。相对而言，固体废弃物排放造成的环境压力对环境响应体系的关联度为 0.6348，影响作用最强；COD 排放对环境响应体系的影响作用最弱，关联度仅为 0.5841。但总体来看，环境压力体系中的各个指标对环境响应体系的影响作用都较强。

第二节 民族地区环境响应效果评价

本书采用各地区"十一五"时期节能减排指标的完成情况来反映地区环境响应效果。

一、节能目标

从节能目标看（表 7-5），不同地区"十一五"期间的节能目标也不同，能耗降低目标大致分为 12%、15%、16%、17%、20% 和 22% 六个标准，说明我国在制定"十一五"期间不同地区的节能目标时，是按照"责任共担、区别对待"以及"总量控制与能效提升相互衔接"等原则，针对不同地区经济社会发展以及资源节约和环境保护的要求来制定的。

表 7-5 各地区"十一五"期间节能目标完成情况

地区		2005 年		2010 年		
		单位 GDP 能耗/(吨标准煤/万元)	"十一五"时期计划降低/%	单位 GDP 能耗/(吨标准煤/万元)	比 2005 年降低/%	超额完成百分比/%
东部地区	北京	0.792	20.00	0.582	26.59	6.59
	天津	1.046	20.00	0.826	21.00	1.00
	河北	1.981	20.00	1.583	20.11	0.11

续表

地区		2005年		2010年		
		单位GDP能耗/(吨标准煤/万元)	"十一五"时期计划降低/%	单位GDP能耗/(吨标准煤/万元)	比2005年降低/%	超额完成百分比/%
东部地区	辽宁	1.726	20.00	1.380	20.01	0.01
	上海	0.889	20.00	0.712	20.00	0.00
	江苏	0.920	20.00	0.734	20.45	0.45
	浙江	0.897	20.00	0.717	20.01	0.01
	福建	0.937	16.00	0.783	16.45	0.45
	山东	1.316	22.00	1.025	22.09	0.09
	广东	0.794	16.00	0.664	16.42	0.42
	海南	0.920	12.00	0.808	12.14	0.14
中部地区	山西	2.890	22.00	2.235	22.66	0.66
	吉林	1.468	22.00	1.145	22.04	0.04
	黑龙江	1.460	20.00	1.156	20.79	0.79
	安徽	1.216	20.00	0.969	20.36	0.36
	江西	1.057	20.00	0.845	20.04	0.04
	河南	1.396	20.00	1.115	20.12	0.12
	湖北	1.510	20.00	1.183	21.67	1.67
	湖南	1.472	20.00	1.170	20.43	0.43
西部地区	重庆	1.425	20.00	1.127	20.95	0.95
	四川	1.600	20.00	1.275	20.31	0.31
	陕西	1.416	20.00	1.129	20.25	0.25
	甘肃	2.260	20.00	1.801	20.26	0.26
	内蒙古	2.475	22.00	1.915	22.62	0.62
	广西	1.222	15.00	1.036	15.22	0.22
	贵州	2.813	20.00	2.248	20.06	0.06
	云南	1.740	17.00	1.438	17.41	0.41
	西藏	1.450	12.00	1.276	12.00	0.00
	青海	3.074	17.00	2.550	17.04	0.04
	宁夏	4.140	20.00	3.308	20.09	0.09
	新疆			另行考核		

注：原始数据来源于《中国统计年鉴》(2010年)。地区生产总值按2005年价格计算。西藏自治区数据由西藏自治区人民政府提供。地区按东中西3类地区划分法①。

从目标完成情况看（图7-9），相比2005年，各地区2010年能源消耗强度都

---

① 东中西3类地区划分法，即东部地区11个省（直辖市）：北京、天津、河北、辽宁、上海、江苏、浙江、福建、山东、广东和海南。中部地区8个省：山西、吉林、黑龙江、安徽、江西、河南、湖北和湖南。西部地区12个省（自治区、直辖市）：内蒙古、广西、重庆、四川、贵州、云南、西藏、陕西、甘肃、青海、宁夏和新疆，其中少数民族地区8个省（自治区），即内蒙古、广西、贵州、云南、西藏、青海、宁夏和新疆。

有所下降，但整体上民族地区的能源消耗强度仍比较高，而东部地区的能源消耗强度相对较低。

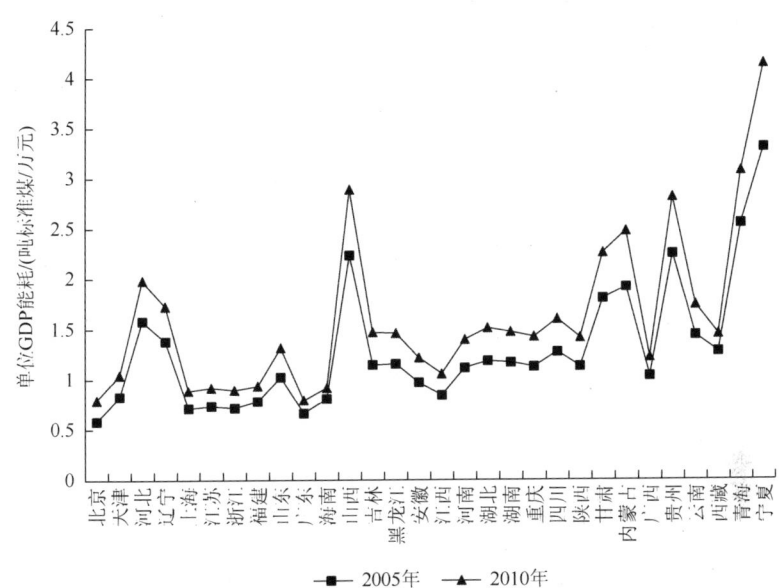

图 7-9　2005 年与 2010 年不同地区单位 GDP 能耗对比图

资料来源：同表 7-5

从"十一五"期间不同地区能源消耗强度（单位 GDP 能耗）下降的比例（图 7-10）可以看出，不同地区的能源消耗强度都有所下降，但相对来说东部地区下降的幅度较大，下降幅度最小的是民族地区。

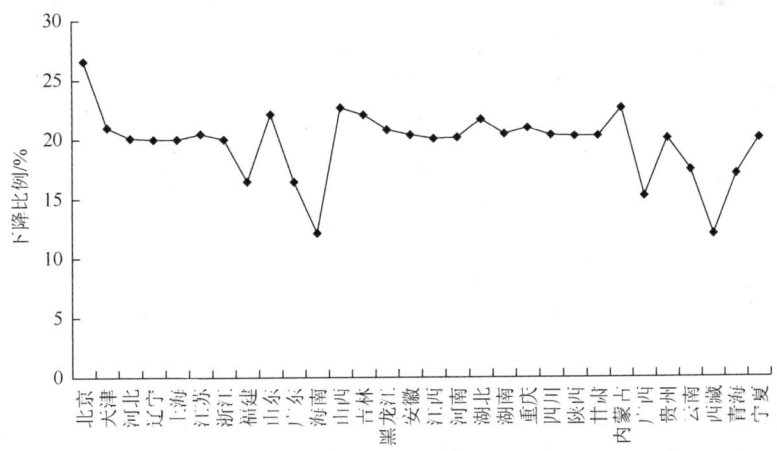

图 7-10　"十一五"期间不同地区能源消耗强度（单位 GDP 能耗）下降比例

资料来源：同表 7-5

从"十一五"期间各地区节能目标超额完成的情况（图 7-11）可以看出，各地区节能目标均超额完成，但从总体上来看，东部地区的节能目标超额完成情况相对较高，而民族地区相对于其他地区来说还比较低。

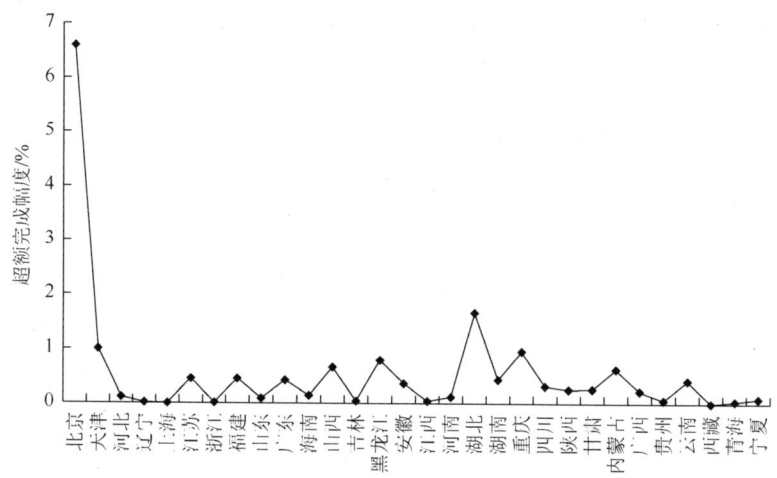

图 7-11 "十一五"期间各地区节能目标超额完成情况

资料来源：同表 7-5

二、COD 减排目标

根据"十一五"期间全国 COD 排放情况表（表 7-6）可以看出，"十一五"期间，只有新疆、青海和西藏没有完成计划指标（超额完成百分比一栏，负值表示未完成），全部都是少数民族地区，且西藏未完成计划指标百分比竟达到107.1%。按"十一五"超额完成百分比情况进行排序，发现排名最后的几个地区基本上都是少数民族地区，而东部地区完成情况则比较好。

表 7-6 "十一五"期间全国 COD 排放总量控制计划表

地区	2005 年排放量/万吨	2010 年控制量/万吨	2010 年比 2005 年计划降低/%	2010 年实际排放量/万吨	2010 年比 2005 年实际降低/万吨	2010 年比 2005 年实际降低/%	"十一五"超额完成百分比/%
上 海	30.4	25.9	−14.8	22	8.4	−27.6	12.8
北 京	11.6	9.9	−14.7	9.2	2.4	−20.7	6
山 东	77	65.5	−14.9	62.1	14.9	−19.4	4.5
广 东	105.8	89.9	−15	85.8	20	−18.9	3.9
江 苏	96.6	82	−15.1	78.8	17.8	−18.4	3.3

续表

地区	2005年排放量/万吨	2010年控制量/万吨	2010年比2005年计划降低/%	2010年实际排放量/万吨	2010年比2005年实际降低/万吨	2010年比2005年实际降低/%	"十一五"超额完成百分比/%
吉 林	40.7	36.5	−10.3	35.2	5.5	−13.5	3.2
河 南	72.1	64.3	−10.8	62	10.1	−14	3.2
海 南	9.5	9.5	0	9.2	0.27	−3.2	3.2
浙 江	59.5	50.5	−15.1	48.7	10.8	−18.2	3.1
辽 宁	64.4	56.1	−12.9	54.2	10.2	−15.8	2.9
河 北	66.1	56.1	−15.1	54.6	11.5	−17.4	2.3
湖 北	61.6	58.5	−5	57.2	4.4	−7.1	2.1
陕 西	35	31.5	−10	30.8	4.2	−12	2
黑龙江	50.4	45.2	−10.3	44.4	6.0	−11.9	1.6
重 庆	26.9	23.9	−11.2	23.5	3.4	−12.6	1.4
云 南	28.5	27.1	−4.9	26.8	1.7	−6	1.1
安 徽	44.4	41.5	−6.5	41.1	3.3	−7.4	0.9
贵 州	22.6	21	−7.1	20.8	1.8	−8	0.9
山 西	38.7	33.6	−13.2	33.3	5.4	−14	0.8
内蒙古	29.7	27.1	−6.7	27.5	2.2	−7.4	0.7
江 西	45.7	43.4	−5	43.1	2.6	−5.7	0.7
湖 南	89.5	80.5	−10.1	79.8	9.7	−10.8	0.7
福 建	39.4	37.5	−4.8	37.3	2.1	−5.3	0.5
四 川	78.3	74.4	−5	74.1	4.2	−5.4	0.4
广 西	107	94	−12.1	93.7	13.3	−12.4	0.3
天 津	14.6	13.2	−9.6	13.2	1.4	−9.6	0
甘 肃	18.2	16.8	−7.7	16.8	1.4	−7.7	0
宁 夏	14.3	12.2	−14.7	12.2	2.1	−14.7	0
新 疆	27.1	27.1	0	29.6	−2.5	9.2	−9.2
青 海	7.2	7.2	0	8.3	−1.11	15.3	−15.3
西 藏	1.4	1.4	0	2.9	−1.48	107.1	−107.1

资料来源:同表7-5。

三、SO_2 减排目标

从"十一五"期间全国 SO_2 排放情况表（表7-7）可以看出，"十一五"期间，只有新疆、青海、海南和西藏没有完成计划指标（"十一五"超额完成百分比一栏，负值表示未完成），大部分是少数民族地区，且西藏未完成计划指标百分比竟达到100%。按"十一五"超额完成百分比情况进行排序，发现排名最后的几个地区基本上都是少数民族地区，而东部地区完成情况则比较好。

表7-7 "十一五"期间全国 SO_2 排放情况表

地区	2005年排放量/万吨	2010年控制量/万吨	2010年比2005年计划降低/%	2010年实际排放量/万吨	2010年比2005年实际降低/万吨	2010年比2005年实际降低/%	"十一五"超额完成百分比/%
北京	19.1	15.2	−20.4	11.5	−7.6	−39.8	19.4
浙江	86	73.1	−15	67.8	−18.2	−21.2	6.2
江苏	137.3	112.6	−18	105	−32.3	−23.5	5.5
上海	51.3	38	−25.9	35.8	−15.5	−30.2	4.3
湖北	71.7	66.1	−7.8	63.3	−8.4	−11.7	3.9
湖南	91.9	83.6	−9	80.1	−11.8	−12.8	3.8
广东	129.4	110	−15	105.1	−24.3	−18.8	3.8
山西	151.6	130.4	−14	124.9	−26.7	−17.6	3.6
河南	162.5	139.7	−14	133.9	−28.6	−17.6	3.6
陕西	92.2	81.1	−12	77.9	−14.3	−15.5	3.5
福建	46.1	42.4	−8	40.9	−5.2	−11.3	3.3
山东	200.3	160.2	−20	153.8	−46.5	−23.2	3.2
安徽	57.1	54.8	−4	53.2	−3.9	−6.8	2.8
辽宁	119.7	105.3	−12	102.2	−17.5	−14.6	2.6
河北	149.6	127.1	−15	123.4	−26.2	−17.5	2.5
重庆	83.7	73.7	−11.9	71.9	−11.8	−14.1	2.2
吉林	38.2	36.4	−4.7	35.6	−2.6	−6.8	2.1
江西	61.3	57	−7	55.7	−5.6	−9.1	2.1
甘肃	56.3	56.3	0	55.2	−1.1	−2	2
天津	26.5	24	−9.4	23.5	−3	−11.3	1.9
广西	102.3	92.2	−9.9	90.4	−11.9	−11.6	1.8
黑龙江	50.8	49.8	−2	49	−1.8	−3.5	1.6
四川	129.9	114.4	−11.9	113.1	−16.8	−12.9	1

续表

地区	2005年排放量/万吨	2010年控制量/万吨	2010年比2005年计划降低/%	2010年实际排放量/万吨	2010年比2005年实际降低/万吨	2010年比2005年实际降低/%	"十一五"超额完成百分比/%
内蒙古	145.6	140	−3.8	139.4	−6.2	−4.3	0.4
贵州	135.8	115.4	−15	114.9	−20.9	−15.4	0.4
云南	52.2	50.1	−4	50.1	−2.1	−4	0
宁夏	34.3	31.1	−9.3	31.1	−3.2	−9.3	0
新疆	51.9	51.9	0	58.8	6.9	13.3	−13.3
青海	12.4	12.4	0	14.3	1.9	15.3	−15.3
海南	2.2	2.2	0	2.9	0.7	31.8	−31.8
西藏	0.2	0.2	0	0.4	0.2	100	−100

资料来源：同表 7-5。

小 结

（1）DPSIR 模型指数分析结果表明，近年来民族地区的经济增长驱动力不断增强，随之而来的环境压力和环境污染水平也不断提高，驱动力指数、压力指数和响应指数指标都高于东部地区。说明与基期 2003 年相比，民族地区经济增长驱动力、环境压力和环境响应整体水平都高于东部地区。这表明民族地区针对生态环境恶化的现状，采取了一系列措施，环境响应水平正在不断提高。

（2）引入"响应度"指标的分析结果表明，2003 年以来，东部地区的环境响应度要明显优于民族地区，但从 2006 年开始，民族地区的响应度开始超过东部地区，这进一步表明，针对民族地区环境压力的现实，民族地区逐步加强了对生态环境保护方面的投入，尤其在环境保护投资、结构调整和污染治理三个指标上对环境压力的响应程度更为明显，而技术进步对环境压力的响应程度仍相对较弱。

（3）从以各地区"十一五"期间节能减排指标完成情况来衡量的环境响应效应效果看，尽管在指标制定中考虑到地区差别的影响，但从完成结果看，东部地区各项节能减排指标完成较好，各项指标普遍靠前，而民族省（自治区）各项指标排名靠后，几个民族省（自治区）仍没有完成"十一五"减排指标。

第八章

民族地区环境保护政策

针对民族地区生态环境保护的重要性与特殊性，现有民族地区环境保护政策及其实施效果如何呢？本章将在对民族地区现有环境保护政策进行系统梳理的基础上，对其取得的成效进行分析，并指出其存在的主要问题及进一步需要完善的方向。

第一节 民族地区现有环境保护政策

民族地区是我国环境保护和生态建设的重要屏障，但由于历史、地理、经济等诸多因素的影响，地处于边疆和西部地区的民族地区生态环境十分脆弱；处于经济快速发展中的民族地区，环境保护日益重要。一直以来，国家和民族地区通过环境立法、环境经济政策及环保行政规划、生态补偿政策等着力保护民族地区的生态环境。

一、确定环保法律

从中华人民共和国成立到 20 世纪 60 年代末，我国一直没有明确的环境保护法规；1979 年《中华人民共和国环境保护法（试行）》的颁布是我国环境保护工作走上法制道路的标志。截至目前，我国制定了以《中华人民共和国宪法》为根本法，以《中华人民共和国环境保护法》为基本法，以环境保护单项法为具体实施依据的环境与资源保护法体系；共形成环境与资源保护法 9 部，相关法律 20 多部。其中水资源保护法如 1984 年《中华人民共和国水污染防治法》、1988 年《中华人民共和国水法》(2002 年修订)等；土地保护法如 1953 年《国家建设征用土地办法》、1986 年《中华人民共和国土地管理法》(1988 年、1998 年修改)、1991 年《中华人民共和国土地管理法实施条例》(1998 年 12 月修改)、《土地违法案件处理暂行办法》等；森林保护法如 1952 年《政务院关于严防森林火灾的指示》、1984 年《中华人民共和国森林法》(1998 年修改)、1986 年《中华人民共和国森林法实施细则》等；草原保护法如 1985 年 6 月 18 日《中华人民共和国草原法》、1993 年 10 月 5 日《草原防火条例》，1992 年 7 月 31 日我国正式加入《关于特别是作为水禽栖息地的国际重要湿地公约》，与许多周边国家和地区签订了一系列有关湿地保护的协议或协定；矿产资源保护法如 1951 年《中华人民共和国矿业暂行条例》、1986 年《中华人民共和国矿产资源法》(1996 年修改)、1996 年《中华人民共和国煤炭法》等；为保护生物资源，国家颁布了 1950 年《关于古迹、珍贵文物、图书及稀有生物保护办法》、1988 年《中华人民共和国野生动物保护法》、1994 年《中华人民共和国自然保护区条例》《自然保护区土地管理办法》等。

我国少数民族地方政府也纷纷制定并颁布了环境保护方面的法规，如《宁夏回族自治区环境保护条例》(1990 年)、《内蒙古自治区环境保护条例》(1991 年通过，1997 年修订)、《云南省环境保护条例》(1992 年)、《西藏自治区环境保护条例》(1992 年)、《新疆维吾尔自治区环境保护条例》、《贵州省环境保护条例》等也都相继出台，另外，民族地区还建设有许多环境保护专项法，这对保护民族地区生态环境，尤其对提高少数民族群众的环境保护意识具有重要意义。

二、制定环境经济政策

《中国 21 世纪议程》明确要求："将环境成本纳入各项经济分析和决策过程，改变过去无偿使用环境并将环境成本转嫁给社会的做法""有效地利用经济手段和其他面向市场的方法来促进可持续发展"。[①]与传统行政手段的"外部约束"相比，环境经济政策是一种"内在约束"机制，具有促进环境保护技术创新、增强市场竞争力、降低环境治理成本与行政监控成本等优点。

我国民族地区在采用适应社会主义市场经济的经济政策和经济措施方面相当积极，已经规定"排污权转让和抵消""征收生态环境补偿费""环境保护经济优惠""环境保护基金""固体废物交换市场""污染者承担区域环境综合整治费用"等在国家环境资源法律中没有规定的经济政策和市场机制。例如，《贵州省环境保护条例》(1992 年 5 月)、《云南省环境保护条例》(1992 年 11 月)等已经规定征收生态环境补偿费制度。《西藏自治区环境保护条例》(1992 年 6 月)规定："财政、金融、物价、税收、物资和能源等部门应按照国家有关规定，对环境保

---

① 中国 21 世纪议程. 北京：中国环境科学出版社，1994.

护实行优惠政策，鼓励开展资源、能源的合理利用和废气、废水、废渣的综合治理与利用"（第 13 条）；"排放污染物超过标准而又不能治理达标的单位和个体经营者，必须参加所在地区的环境综合治理和污染物集中治理，并按各自排放的污染物种类、数量和浓度承担相应的治理费用、劳务份额"（第 33 条）。《宁夏回族自治区环境保护条例》（1990 年 4 月）用一个专章 7 个条文对"环境保护资金"渠道作了明确规定，即"各级人民政府应单列一定数额的资金用于环境保护事业，并随着经济和社会发展逐年予以增加"；"一切新建、扩建、改建的工程项目，防治污染所需资金纳入固定资产投资计划"；"各有关部门和企业应根据国家和自治区的规定，每年从更新改造资金中拿出一定比例用于污染治理；该项资金可以累积使用，但必须专款专用。乡镇、街道和其他集体企业治理污染的资金，应从企业公积金、合作事业基金或更新改造资金中安排"；"缴纳排污费的企业事业单位可依照规定向环境保护行政主管部门申请使用环境保护专项资金，用于治理污染"；"企业为防治污染、开展综合利用项目所产产品实现的利润，投产后五年内，由税务部门批准，免缴所得税，留给企业继续治理污染，开展综合利用。企业用自筹资金和环境保护专项资金治理污染的项目，以及因治理污染搬迁另建的项目，由税务部门批准，免缴建筑税"；"城市维护费，可结合城市基础设施建设用于综合性环境污染防治工程"；"治理污染示范工程资金纳入当地基本建设投资计划。环境保护部门所需科技三项费用，从财政预算科技三项费用中解决"[①]。

三、实行环境行政法规

《国务院关于印发国家环境保护"十二五"规划的通知》中，明确提出了实施区域环境保护战略。西部地区要坚持生态优先，加强水能、矿产等资源能源开发活动的环境监管，保护和提高其生态服务功能，构筑国家生态安全屏障。三江源地区要深入推进生态保护综合试验区建设。塔里木河流域要加强生态治理和荒漠化防治。呼包鄂榆、关中—天水、兰州—西宁、宁夏沿黄、天山北坡等区域要严格限制高耗水行业发展，提高水资源利用水平，控制采暖期煤烟型大气污染。成渝、黔中、滇中、藏中南等区域要强化酸雨污染防治，加强石漠化治理和高原湖泊保护。

1989 年 4 月底召开的第三次全国环境保护会议确立了环境保护的《三大政策》和《八项制度》[②]。1991 年内蒙古自治区第七届人民代表大会常务委员会第十九

---

① 蔡守秋. 论当代环境资源法中的经济手段. 法学评论，2001，（6）：47-56，109.
② 三大政策指："预防为主、防治结合""谁污染，谁治理""强化环境管理"。八项制度指："三同时"制度（一切新建、改建和扩建的基本建设项目（包括小型建设项目）、技术改造项目、自然开发项目，以及可能对环境造成损害的其他工程项目，其中防治污染及其他公害的设施与其他环境保护设施，必须与主体工程同时设计、同时施工、同时投产）、排污收费制度、环境影响评价制度、环境目标责任制、城市环境综合整治定量考核制度、排污许可证制度、污染集中控制制度以及限期治理制度。

次会议通过了《内蒙古自治区环境保护条例》；1996年内蒙古自治区第八届人民代表大会常务委员会第二十二次会议通过了《内蒙古自治区境内黄河流域水污染防治条例》，旨在防止自治区境内黄河流域水污染，保护和改善生态环境，保障人民身体健康，合理开发利用水资源，促进经济社会的持续发展。1999年广西壮族自治区第九届人民代表大会常务委员会第十次会议通过了《广西壮族自治区环境保护条例》；2009年广西政府又制定了《广西壮族自治区野生植物保护办法》。2009年贵州省第十一届人民代表大会常务委员会第七次会议通过了《贵州省环境保护条例》；2011年贵州省第十一届人民代表大会常务委员会第二十三次会议通过了《贵州省赤水河流域保护条例》，并于2011年10月1日起施行。

四、建立生态补偿机制

民族地区大多位于国家大江大河的上游，为国家生态安全、生态平衡与环境保护作出了巨大贡献和牺牲。新修订的《中华人民共和国民族区域自治法》第65条和第66条规定国家采取措施对输出自然资源的民族地区给予一定的利益补偿；民族地区为国家的生态平衡、环境保护作出贡献的，国家给予一定的利益补偿。具体实施方面，中央民族工作会议提出：坚持开发者付费、受益者补偿、破坏者赔偿的原则，加快建立生态建设和环境保护补偿机制，对在建立自然保护区、重要生态功能保护区和生态环境建设方面作出贡献的民族地区给予合理补偿，并切实解决当地农民增收和长远生计问题。针对民族地区生态环境现状，国家制定了一系列生态补偿机制。

（一）财政补偿

国家对包括民族地区在内的西部重要生态区域实行财政转移支付。2011年，财政部印发了《国家重点生态功能区转移支付办法》，在中央财政均衡性转移支付项下设立国家重点生态功能区转移支付，提高对重点生态功能区所在地政府基本公共服务的保障能力。草原生态补偿制度建设快速推进，中央财政提高了对农牧民的生态补偿标准，并扩大了补偿范围。

（二）项目支持

对有利于生态保护和建设的行为，包括重点防护林工程（三北工程）、天然林资源保护工程（简称天保工程）、速生丰产用材林、退耕还林还草工程、野生动植物保护及自然保护区建设等多个生态环境保护和建设项目，建立专项资金扶持和资助。

1. 重点防护林工程

"三北（东北、华北、西北）"及长江中下游地区等重点防护林工程，涉及民族地区主要有"三北"、长江中下游、沿海和珠江流域防护林体系建设工程。"三北"工程始于 1978 年,规划期限为 73 年,是我国政府第一次以工程的形式搞生态建设。防护林常形容为"绿色长城",许多人误以为它就是一条长长的密密的林带。事实上,三北工程建设之初确定的总体目标如下:通过大规模植树造林,三北地区的风沙危害和水土流失得到治理,从根本上改变三北地区的生态面貌,改善人们的生存条件,促进农牧业稳产高产,提高人民生活水平,维护生态安全、国土安全、粮食安全。30 多年来,"三北"工程的成效确实不凡,仅举几个数字:累计完成造林保存面积 2446.9 万公顷,森林覆盖率由工程建设前的 5.05%提高到 10.51%;在东起黑龙江西至新疆的万里风沙线上,营造防风固沙林 561 万公顷,使 27.8 万 km^2 沙化土地得到治理,使 1000 多万公顷严重的沙化、盐碱化草原、牧场得到保护和恢复,在沙区新辟农田牧场 1534 万公顷;在以黄土高原为主的水土流失区,营造水保林和水源涵养林 723 万公顷,治理水土流失面积由工程建设前的 5.4 万 km^2 增加到现在的 38.6 万 km^2;在东北、华北、黄河河套等平原农区,营造区域性农田防护林 253 万公顷,有效庇护农田 2248.6 万公顷。

2. 天然林资源保护工程

该工程于 1998 年长江流域洪灾后启动,1998~1999 年为试点阶段,2000~2010 年为工程全面实施期,中西部地区为主要实施区域,长江上游和黄河上中游地区(多为民族地区)为工程实施的重点区域;工程实施范围包括长江上游、黄河上中游地区和东北、内蒙古等重点国有林区的 17 个省(自治区、直辖市)的 734 个县。长江流域以三峡库区为界的上游 6 个省(自治区、直辖市)包括云南、四川、贵州、重庆、湖北、西藏。黄河流域以小浪底为界的 7 个省(自治区)包括陕西、甘肃、青海、宁夏、内蒙古、山西、河南。东北内蒙古等重点国有林区 5 个省(自治区)包括内蒙古、吉林、黑龙江(含大兴安岭)、海南、新疆。天保工程区有林地面积 10.23 亿亩,其中天然林面积 8.46 亿亩,占全国天然林面积的 53%。思路如下:全面停止工程区天然林的商品性采伐,对工程区内的有林地、灌木林地和未成林地实施管护,林场按重点生态公益林、一般生态公益林和商品林划分进行分类经营;妥善分流安置森工企业富余人员,基本解决离退休职工的养老保险社会统筹问题;合理调整林区经济结构和产业结构,实现以木材为主的林业经济向多元化的林业经济转变。资金来源包括中央林业投入、林业治沙贴息贷款、林业利用外资和自筹资金,其中,中央林业投入是工程投入的主体部分,包括中央本级的财政支出和中央统筹安排的地方财政支出,主要项目为国家预算内基本建设资金、国债资金、中央财政专项资金和其他国家预算内资金,中央林业投入中又以中央财政专项资金和国债拨款为主,并要求地方(省、自治区)按比例(1:0.2 左右)配套。

3. 速生丰产用材林

我国实施天然林保护工程及生态环境保护政策后,木材的采伐受到了严格的限制,全国正在实施由采伐天然林为主向采伐人工林为主的转变。为了解决木材消费与保护生态环境的矛盾,国家出台了一系列支持速生丰产用材林建设的政策。2001年,国务院决定实施包括"重点地区速生丰产用材林基地建设工程"在内的6大林业重点工程。民族地区布局在云南、广西、内蒙古等省(自治区),2005年,国家林业局又出台了《关于加快速生丰产用材林基地工程建设的若干意见》,广西是民族地区主要的速丰林基地建设工程分布区,并且已经形成国家、集体、企业、个人、联营、外商等多元化投资发展的格局。这里的财政补偿主要体现在国有林场的部分自有资金投入和固定资产抵押贷款。

4. 退耕还林还草工程

退耕还林还草工程是我国政府继天保工程实施后开展的第二个大规模生态重建和恢复工程,是中央政府从国家生态安全和全国生态环境改善的大局出发而实施的公共工程。1999年以四川、甘肃和陕西为试点,2000年扩大到17个省(自治区、直辖市)试点,进而在中西部的25个省(自治区、直辖市)全面铺开,2003年国家全面启动退牧还草工程,即采取休牧、轮牧、以草定畜等方式恢复草原。2006年国家发展和改革委员会、农业部先后两批下达天然草原退牧还草工程投资计划,其中,对新疆共投入5.07亿元国债资金,安排2960万亩天然草原退牧还草任务,这是自国家对西部实施退牧还草工程的重大决策以来投资力度最大的一年。①2008~2011年,为巩固退耕还林成果,中央财政累计安排专项资金462亿元。

2011年,国家政府在内蒙古、四川、甘肃、宁夏、西藏、青海、新疆、贵州、云南及新疆生产建设兵团投入20亿元资金,建设草原围栏450.4万公顷,对严重退化草原实施补播145.9万公顷,建植人工饲草地4.7万公顷,建设舍饲棚圈6.2万户。中央还投入17亿元资金在内蒙古、四川、西藏、云南、甘肃、青海、新疆及新疆生产建设兵团实施游牧民定居工程,共计帮助6.8万户牧民实现定居。同时,中央安排136亿元财政资金在内蒙古、新疆、甘肃、青海、宁夏、西藏、云南、四川及新疆生产建设兵团实施草原生态保护补助奖励机制政策。按照目标、任务、责任、资金"四到省"和任务落实、补助发放、服务指导、监督管理、建档立卡"五到户"的基本原则,对牧民实行草原禁牧补助、草畜平衡奖励、牧民生产资料补贴等政策措施。

5. 野生动植物保护及自然保护区建设

我国野生动植物保护及自然保护区建设长期以来是以各地划出代表性的自然保护区的形式进行的,国家级保护区的野生动植物和自然保护区相对集中在西部民族地区,西藏、青海、甘肃、四川、云南、广西、贵州、新疆、宁夏和内蒙古10省(自治区)的自然保护区面积占全国林业系统自然保护面积的80%以上;保

---

① 国家民族事务委员会经济发展司,国家统计局国民经济综合司. 中国民族统计年鉴2007. 北京:民族出版社,2008.

护区的经费来源主要通过主管部门（包括林业、环保、国土资源等部门）下达的中央财政预算内资金或国债拨款和省级财政来落实。

2011年3月，国家为推动落实《中国生物多样性保护战略与行动计划》（2011~2030年），开展了云南、贵州和广西3省（自治区）生物多样性保护优先区生物物种资源本底调查，生物多样性保护、恢复与减贫试点示范和进出境生物物种资源管理调研与督察，启动了中东部地区种质资源库建设。

6. 其他工程项目

另外，农业部的《农村沼气建设国债项目管理办法（试行）》（1999年），指出对农村建设沼气项目进行补贴；财政部门、水利部门联合制定了《小型农田水利和水土保持补助费管理规定》（财农字[1998]402号），指出将"小型农田水利和水土保持补助费"的专项资金纳入国家预算，便于对乡村发展小型农田水利、建设小型电站、防治水土流失和抗旱等工程进行补贴扶持。

贵州在2011年11月与世界自然基金会签署了流域保护合作协议，该协议的目的是保护赤水河流域，提高流域综合管理水平，实现人与水、流域生态、经济与社会的和谐以及可持续发展。具体实施项目涉及共同推进贵州、云南、四川3省建立合作保护赤水河流域协调机制；以水安全为目标，共同编制及实施赤水河流域综合保护规划；共同开展流域综合管理推广，以生态补偿、循环经济试点工作为切入点，在乌江流域开展项目示范；促进信息共享、能力建设和公众宣传教育等，并将把项目示范的成功经验推广到其他流域和国家。

（三）征收生态环境补偿费

征收生态环境补偿费是指为了防止生态环境破坏，根据"利用者补偿、开发者保护、破坏者恢复"原则，向从事对生态环境产生或者可能产生不良影响的单位和个人征收一定数额的费用。征收生态环境补偿费，是利用经济激励手段，促使生态环境资源开发利用者保护和恢复生态环境资源，从而保证其合理利用和持续发展，其通过设立固定的生态环境保护与建设的资金渠道，实现保护资金的规范化、社会化和市场化。

生态环境补偿费的征收对象是对生态环境造成直接影响的单位和个人，主要是各类矿产资源和能源的开发者、森林资源的砍伐者、草原资源的过度放牧者、地下水资源的过度开发者等；其征收范围包括现行排污收费未覆盖到的影响生态环境的各种行为，主要有各类矿产资源和能源的开采、森林砍伐、草原的过度使用、地下水资源的过度开采、地表水资源的开发利用、旅游资源、开发区建设等；其征收标准主要是依据开发利用自然资源造成生态环境功能损害及其恢复费用，同时要考虑经济、技术条件和破坏者的承受能力，一般是采用补偿费略高于恢复费用的原则予以征收；其征收方式主要分为按投资总额、按产品销售总额、按产品产量、按综合指标对使用者征收等；最终，生态环境补偿费作为生态环境保护专项基金管理，主要用于生态环境的保护和恢复，如生态环境恢复和治理，重大生态环境破坏的调查处理，生态环境整治恢复示范工程和生态环境科学研究，生态环境保护奖励，征收生态环境补偿费的业务建设等。例如，对矿产资源开发等进行补偿，根据国务院《中华人民共和国资源税暂行条例》(1993 年)(2011 年修订)的规定，中国资源税税目中列举的矿产资源有原油、天然气、煤炭、其他非金属矿原矿、黑色金属矿原矿、有色金属矿原矿；并将资源税划归于地方税，有利于增强地方保障和改善民生以及治理环境等方面的能力。

第二节 民族地区环境保护政策取得的成效

改革开放以来，国家及民族地方政府实施了一系列的环境保护措施，此举的意义和成效是不言而喻的，民族地区自然生态环境恶化趋势得以控制。但是，由于民族地区经济基础薄弱，历史遗留的环保问题较多，环保基础设施建设严重滞后，加上生态环境的脆弱性，所以生态环境保护形势依然十分严峻。

一、城市环境基础设施明显加强

环境基础设施是发展民族地区环保事业的重要内容，民族地区的城市环境基础设施在不断加强。2010 年内蒙古建成区绿化覆盖率为 33.35%；城市生活污水处理率为 69.8%，较 2005 年提高 26.1 个百分点；生活垃圾无害化处理率为 82.8%，比 2005 年提高了 40.1 个百分点；工业废水治理设施为 956 套，比 2005 年增加 28.3%；废气治理设施为 5183 套，比 2005 年增加 32.1%，全区火电机组（含燃用低硫煤机组）率先在全国实现全部脱硫，综合脱硫效率达到 90%以上。2011 年广西危险废物处置中心和柳州、玉林等 9 个市医疗废物处置中心项目均已建成，形成了 4.12 万吨/年危险废物处理能力和 60 吨/日医疗废物处理能力。西藏累计完成全区 7 地（市）59 个县 18.5 万户农村沼气池建设，太阳能光伏电站总装机容量为 9.17 万千瓦，入网运行 6 万千瓦。青海机动车环保定期检测率达到 81.2%。新疆新增工业废水设计处理能力 6041.17 万吨/日，新增工业废气设计处理能力 644.63 万标立方米/小时[①]。

---

① 内蒙古环境保护厅.内蒙古环境状况公报 2010. http://www.nmgepb.gov.cn/hjfw/hjzk/csgb/201109/P020121123531231087702.pdf. 2017-3-12. 广西环境保护厅.广西壮族自治区环境状况公报 2011. http://www.gexpb.gov.cn/xxgkml/ztfl/hjzljc/hjzkgb/201206/t20120604_11042.html.2017-3-12. 西藏环境保护厅.西藏自治区环境状况公报 2011. 西藏日报，2012-6-5.

二、环境保护科技进步明显

环境保护科技是环境保护的关键,其科技发展的程度制约着环境保护实施的方法和效果,因此民族地区在中央政府环保科研的带动和推动下积极发展当地的环保科技事业。2011 年,青海制定了《三江源生态监测技术规范》《青海省环境保护科学技术奖励办法(试行)》等;西藏组织开展了《气候变化对青藏高原生态功能区的影响与适应机制研究》等科研项目①。新疆立项实施国家环保公益性行业科研专项项目《典型荒漠区露天煤矿环境监管关键技术研究》和自治区科技计划项目《新疆伴生放射性煤矿分类标准及其放射性污染综合防治研究》《乌鲁木齐市机动车大气污染物对空气质量的影响研究》《博斯腾湖底泥中污染物赋存形式和分布规律研究》等②。

三、环境普查力度加强

环境普查所得到的环境信息相比于其他环境调查更为丰富、准确、可比较性强。我国以中央政府为首积极组织包括民族地区在内的环境普查,不断增强普查力度,扩大普查内容和范围。2007 年全国开展了第一次污染源普查,首次基本摸清了全国各类污染物的排放情况,弥补了以往常规环境统计调查的不足,为建立科学、高效的环境统计制度带来了契机。2010~2011 年国家环境保护部创造性地组织开展了为期两年的污染源普查动态更新调查工作,实现环境统计与动态更新"双轨并行"。两年来,除常规环境统计每年调查 10 多万家工业企业外,还完成了每年近 30 万个排污单位的发表调查,同时顺利实现了与常规环境统计工作的衔接,创新了环境统计工作体系与方法。为了全面了解水利发展状况,国务院在2010~2012 年开展第一次全国水利普查,普查的对象是中国境内的江河湖泊、水利工程、水利机构和重点经济社会取用水户。主要有六项普查内容:一是河流湖泊基本情况普查;二是水利工程基本情况普查;三是经济社会用水情况调查;四是河流湖泊治理保护情况普查;五是水土保持情况普查;六是水利行业能力建设情况普查③。

同时,民族地区政府也积极开展了各种形式的环境普查。2007~2009 年,内蒙古环境保护部门与农业部门共同开展了全区第一次农业污染源普查,对全区农业生产中种植面积、作物种类、农药使用种类和数量、化肥使用面积、农作物秸

---

① 青海环境保护厅. 青海环境状况公报 2011. http://www.qhepb.gov.cn/zlzk/hjzkgb/201206/t20120604_43379.html. 2017-3-12.

② 新疆环境保护厅. 新疆环境保护公报 2011. http://www.xinjiangnet.com.cn/xj/corps/201206/t20120605_2635513.shtml. 2017-3-12.

③ 中华人民共和国环境保护部. 中国环境状况公报 2008,2010,2011. http://jcs.mep.gov.cn/hjzl/zkgb/.2017-3-12.

秆产生量与利用情况、规模化畜禽养殖的养殖规模等情况进行了全面调查,之后又对 2009 年和 2010 年的情况进行了动态更新调查,初步掌握了内蒙古农业污染源的污染物排放情况[①]。

第三节 民族地区环境保护政策存在的主要问题

一、立法分散,法律规定不明确

我国目前已经形成以宪法为核心,以专项法为支持的环境保护法律体系,但其法律体系不够健全。首先是对自然资源的保护力度不足。第一,就基本原则而言,当前的环境保护法缺乏自然资源保护方面的原则;第二,就制度而言,环境保护法在自然资源保护方面缺乏有关制度的支撑,资源更新补偿机制尚处于空白状态;第三,就法律责任而言,环境保护法缺乏对破坏自然资源的违法行为的规定。总之,我国现有的环境保护法对自然资源保护的规定不够充分,而我国伴随着经济的快速发展,资源的无偿占用、掠夺性开发和浪费严重的现象加剧,以致全国环境形势依然严峻,相当多的地区环境污染和生态破坏状况仍然没有得到根本改变。宪法和民族区域自治法尽管涉及对生态环境补偿的法律规定,但是法律用语比较含糊、婉转,缺乏强制执行的刚性力度;规定的措施也很原则、笼统,不便于实际操作,执行起来非常困难。其他专门法律有关少数民族地区生态环境补偿的规定又比较杂乱,多停留在就事论事上,没有形成有机的统一整体。不同的法律法规对生态补偿费征收机关、使用办法的规定也不尽相同,给具体执行造成了许多不应有的障碍。

其次是法律责任不明确,法律救济途径不通畅。环境法律责任同其他法律责任一样,也是由环境法律法规明确加以规定,以国家强制力保障实施,由国家授权机关依法追究的不同于其他社会责任的法律制裁。然而,实际工作中由于政出多门、职责不清、权责不明,往往在环境污染事故发生后无法找到法律责任主体。权力与权利配置的空白、政府责任的忽视使得实践中环境法律责任难以明确,也导致在司法实践中,责任主体不明确,从而无从救济。也就是说司法在解决环境纠纷中的功能还远未充分发挥,问题集中反映为环境案件受理难、审理难、判决难、执行难。在环境纠纷的解决过程中,环境诉讼遭受诸多尴尬,出现许多一般民诉、行诉中不可能出现的非正常的现象,最终导致环境污染与破坏更加严重。

---

① 内蒙古环境保护厅. 内蒙古环境状况公报 2010. http://www.nmgepb.gov.cn/hjfw/hjzk/csgb/201109/P020121123531231087702.pdf.2017-3-12.

二、对民族地区生态保护的重要性及特殊性考虑不足

民族地区是全国乃至全亚洲的生态屏障，就某种程度来讲，其生态战略重要性远远大于其经济意义。与此同时，民族地区又是我国经济发展相对落后的欠发达地区，又是能源与矿产资源基地、构建现代化产业体系的战略基地。随着中国产业结构调整和经济发展方式转型，包括民族地区在内的西部地区已成为新的快速增长区域，发展与资源环境的矛盾越来越突出。

现有环境保护政策多是中央政府统一制定的，中央政府把握了我国环境保护的宏观性和重点性，地方政府制定和实施的环境保护政策一定程度上符合了地方生态环境的特殊需要，但还不能够完全符合民族地区环境保护的全面需要，呼吁从国家宏观层面制定更为合理、更具有针对性的环境政策体系。我国幅员辽阔，有东、中、西、东北四大板块，四类主体功能区域，十几个重要城市群和产业带，300多个生态功能区，十大水系，数以百计的能源、矿产、粮食、经济作物基地。民族地区经济发展水平、资源禀赋、环境容量和生态状况与经济发达地区有很大差异，而且不同民族地区对环境保护的重点内容和薄弱环节不同，制定环境政策时必须充分考虑民族地区的特殊因素。

三、民族地区生态效益补偿标准过低[①]

（一）生态补偿尚未统一科学的补偿标准

生态价值本身是一个相对的概念，难以用货币衡量，因此，怎样折算生态效益这个问题涉及多个部门，需要运用多个学科的知识，例如，征收生态补偿税需要准确确定税率，补贴需要确定补贴率，而税率和补贴率的确定都面临技术难题，政府为获取这些信息要支付较高的成本。首先，民族地区生态补偿定价标准过于单一。如生态公益林补偿就采用"一刀切"的统一补偿标准；又如中央政府在退耕还林中采用的南、北两个标准过于粗略，远不能反映南、北地区内部各地之间退耕还林的机会差异。其次，补偿方式单一。在我国现行的生态补偿方式主要是通过政府间的转移支付进行的，对于个人的补偿也大多是货币补偿，这种补偿方式并不能很有效地补偿为生态保护作出贡献的单位和个人，也不利于生态的持续保护和再建设。

（二）生态补偿尚未建立长期有效的资金保障制度

目前我国生态补偿的财政转移支付方式是纵向转移支付占主导地位，即中央

---

① 张冬梅. 民族地区生态补偿政策存在的问题及对策研究. 内蒙古社会科学（汉文版），2012，33（4）：99-103.

对地方的转移支付；而区域之间、上下游流域之间、不同社会群体之间的横向转移支付微乎其微，这种方式极大地限制了生态补偿的持续开展。同时，对用于生态补偿领域资金的管理也不到位，各部门管理相应的生态要素并征收相应的费用，但并没有用于相应的生态保护和补偿，例如，水利部门每年水资源费60亿元，而西部江河源区和重要水源涵养区建设仍等着国家投资，这样不仅会造成相关生态项目补偿资金的缺乏，也会造成相关项目的重复投资，造成资金的低效使用和浪费，增加了腐败风险。另外，民族地区生态补偿资金投入缺乏持续性，在各地区进行的生态补偿实践中，只是有一些地方进行了简单的排污权交易，没有形成生态服务的付费市场。

（三）生态补偿相关的法律法规不够健全

我国已经制定并实施了一些包含生态补偿相关内容的法律法规，但这些法律法规大部分属于行政规章，立法层次比较低，一些自然资源和生态系统类型在补偿过程中无法可依，无章可循，补偿过程中的补偿依据、补偿标准、补偿对象、补偿程序等缺乏明确的法律法规指导和可操作性的方案，使得生态补偿难以合理有效地进行。生态补偿机制缺乏有效的法律基础，立法落后于环境保护和生态建设的发展，对新的生态问题和生态保护方式缺乏有效的法律支持；对各利益相关者的权利、义务、责任界定及补偿内容和方式等规定不明确，生态补偿政策难以及时落实到位。

四、现行的环境保护尚未形成政策体系

当前，我国环境保护政策已经比较全面而且系统，党和国家也在根据需要制定与时俱进的政策。"十一五"期间，全国人民代表大会常务委员会修订了《中华人民共和国水污染防治法》，制定了《中华人民共和国循环经济促进法》。国务院制定或者修订了《规划环境影响评价条例》《全国污染源普查条例》等7项环保行政法规，发布了《节能减排综合性工作方案》《关于加强重金属污染防治工作的指导意见》等法规性文件。中华人民共和国环境保护部制定或者修订了《环境信息公开办法（试行）》《环境监测管理办法》《环境行政处罚办法》《环境标准管理办法》等26个部门规章。

但是，现行的环境保护法制体系尚不全面。存在问题如下。第一，某些领域尚存在立法空白。在土壤环境保护、核安全、危险化学品环境管理、环境监测、生物安全、遗传资源保护以及与人民群众生活环境密切相关的电磁辐射、光污染、重金属和持久性有机污染物等方面，还没有制定法律或行政法规。一些重要的环境管理制度，如排污许可、总量控制、区域限批等，缺少实施性法规。一些国际环境条约签署后，缺乏国内配套立法。第二，环境监管制度内容交叉重叠。我国

环境法律法规中确立的环境管理制度达二十多项,但不少法律制度的内容重叠、交叉,甚至相互矛盾。这既浪费了有限的立法资源,又导致法律之间相互冲突,不仅增加了修订工作的难度,也给执法工作造成困难。第三,对环保违法惩罚力度弱。整体而言,现行环保立法关于环境违法行为法律后果的规定,行政处罚普遍偏轻,民事赔偿范围过窄,刑事制裁乏力。较低的环境违法成本难以对违法行为起到有效的惩罚和威慑作用。第四,约束政府行为的法律制度不完善。政府是环境保护的主要责任主体,政府履行环境责任的好坏直接关系到当地环境质量的优劣。现行环保法律对政府行为规范不够,对于与环境保护相关的行政决策和行政执行行为,法律监督和制约制度不够完善。第五,环保社会监督的法律机制不健全。现行环保法律关于公民环境权益、环境损害赔偿和环境纠纷调解处理等规定尚不完善,公众参与环境决策、环境监督以及自身环境权益维护缺乏程序和渠道,公众的环境监督作用难以有效发挥。

同时,至关重要的环境经济政策有待于提高。第一,环境经济政策作用空间有待拓展。从社会再生产过程看,环境经济政策主要集中在生产环节,用以调节流通、分配、消费行为的环境经济政策仍不完善。即使在生产环节,仍然缺乏直接针对污染排放和生态破坏行为征收的独立环境税,尚未建立起完善的排污权有偿使用和交易政策体系。在对外贸易合作方面,还未建立起指导和规范"走出去"企业环境行为的政策体系。第二,一些重要环境经济政策缺乏法律法规支撑。目前,我国一些重要环境经济政策,如排污权有偿使用和交易、生态补偿及环境责任保险等,尚缺乏明确、具体的法律法规依据。这些政策在试点后的全面推行将面临法律障碍。第三,现有政策之间协调不够、配套措施不足、技术保障不力。排污权有偿使用与环境税费之间需要进一步协调,环境污染风险评估和污染损害评估技术规范尚不完善,污染源实时监测监控网络和执法监管体系不够完善,在一定程度上阻碍了环境经济政策的全面和有效推行。第四,环境损害成本的合理负担机制尚未形成。环境损害成本的合理负担机制主要有环境资源产品定价机制、收费机制和税收机制等。建立这些机制有利于环境损害成本内化为市场主体的生产成本,从根本上解决"资源低价、环境无价"导致的资源配置不合理问题。目前该机制尚未有效形成,市场主体加大环境保护投资、防控环境风险的内在动力不足,绿色信贷、环境污染责任保险、绿色证券等环境经济政策的有效实施缺乏根本推动力。

五、现有政策有待于进一步细化与具体

中华人民共和国成立以来,国家和地方政府出台了多项宏观和微观层面的环境保护政策,这些政策的实施很大程度上改善、缓解和预防了各地方的环境污染及生态破坏程度。这些环境保护政策也形成了以宪法为核心,以专项保护为具体

实施的环境保护体系，而且中央与地方也有具体管辖和配合。

但是，很多现有环境保护政策多停留在抽象的政策表述层面，从而政策的可操作性不强是不可避免的。某些政策的实施必然涉及中央政府对各地区之间利益关系的调节。因此，现有政策的进一步细化与具体是必然趋势。首先，宏观层面的法律体系构建完整后，每一专项保护的政策亟待出现，以便具体细化政策的管理层面、如何实施、如实惩治违法犯罪行为、事后如何补偿和改善生态，同时各项政策之间要互相融合、恰当衔接，不留政策方面的漏洞。其次，中央和地方的管理职责必须明确，职责和权限不得越级，同时一定程度地扩大地方权利。再次，针对中央政策的制定过于宽泛和地方执行政策的简化与漏洞，必须及时制定改善措施，用更多经济手段和行政规范吸引地方政府配合中央工作，如把环境保护纳入地方官员的执政业绩。最后，政策的制度与实施要与时俱进，具体适合当地环境保护的需要，不能受形式等其他方面的限制。

小　　结

通过对民族地区现有环境保护政策的梳理，可以总结出民族地区环境保护政策主要包括如下几项：①确定了一系列环境保护法律条例；②制定了相关的环境经济政策，如"排污权转让和抵消""征收生态环境补偿费""环境保护经济优惠""环境保护基金"等；③实行环境行政法规；④建立生态补偿机制，又分为财政补偿、项目支持和征收生态环境补偿费。这一系列环境保护政策取得了一定的成效，民族地区环境保护基础设施建设明显加强；环境保护科技进步明显；环境普查力度加强。但仍存在不少的问题，主要有如下几点：①立法分散，法律规定不明确；②对民族地区生态保护的重要性及特殊性考虑不足；③民族地区生态效益补偿标准过低；④现行的环境保护尚未形成政策体系；⑤现有政策有待于进一步细化与具体。应针对民族地区环境保护的特殊性与重要性，多层次、多维度建立适合民族地区发展实际的环境响应机制，促进民族地区经济与环境协调发展。

第九章

构建民族地区环境响应机制

针对当前民族地区经济增长中的环境压力及其响应效果，本章将在对民族地区环境响应机制的内涵进行分析的基础上，从民族地区生态环境响应的决策机制、运行机制以及保障机制三个方面，多层面、多维度构建民族地区环境响应机制。

第一节　民族地区环境响应机制的内涵

民族地区是我国环境保护和生态建设的重要屏障，但由于历史、地理、经济等诸多因素的影响，地处边疆和西部地区的民族地区生态环境十分脆弱；处于经济快速发展中的民族地区，环境保护日益重要。伴随着民族地区经济发展中不断加大的环境压力，建立有效的环境响应机制，促进民族地区的经济-环境协调发展更加重要。

民族地区环境响应机制是指在民族地区在经济发展过程中形成的经济发展驱动力-压力-状态-影响-响应这一系统中，在生态环境响应中做出的响应决策、响应措施的运行以及生态环境响应机制的保障等所构成的一个整体机制及其运行方式（图9-1）。

民族地区生态环境响应机制主要包括决策机制、运行机制和保障机制。具体来说，决策机制是指关于生态环境响应机制中的相关决策内容，主要包括产业结构调整、环保资金投入、绿色经济政策等；运行机制则主要是指环境响应机制中的具体运行手段，主要包括环保节能准入、发展环境技术、提高能源利用、排污指标、激励约束措施等；保障机制主要指建立后期环境响应运行机制的相关保障措施，主要包括完善环境保护政策、建立生态补偿机制、提高环境管理质量等。环境响应机制通过决策机制、运行机制和保障机制同时作用，相辅相成，促进民族地区经济增长与环境之间的协调发展。

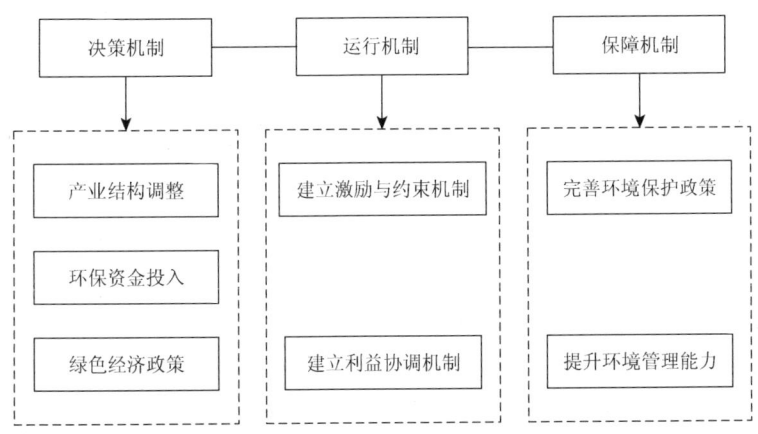

图 9-1　生态环境响应机制

第二节　构建民族地区生态环境响应机制

一、生态环境响应的决策机制

生态环境响应的决策机制主要是指通过政府部门的直接决策来响应生态环境压力，调整生态环境污染水平，主要包括产业结构调整、环保资金投入及绿色经济政策等。

（一）加快民族地区产业结构调整

虽然说环境问题是伴随经济发展题而来的，但暂停经济建设去单纯治理环境问题也是不现实的。保障环境就是为了保障人类基本生存权利以及社会可持续发展，因此，最科学的办法是经济建设与环境保护并举，也就是说工业生产的同时要兼顾环境保护。那么目前比较可行的方法就是发展循环经济，即资源利用—洁净生产—资源再生这样一种资源、环境、经济和社会和谐发展的循环发展模式。可是实际上不是所有的产业都可以按照循环经济模式来发展的，因此适用面更广泛的一种方法，即产业结构转变就表现得尤为重要。党的十七大报告指出"要建设生态文明，基本形成节约能源资源和保护生态环境的产业结构、增长方式、消费模式"。党的十八大报告指出"要推进经济结构战略性调整。这是加快转变经济发展方式的主攻方向。必须以改善需求结构、优化产业结构、促进区域协调发展、推进城镇化为重点,着力解决制约经济持续健康发展的重大结构性问题"[①]。

关于产业的选择,有学者提出应立足于地区生态环境客观实际:其一是选择资源消耗小,可再生性强,对生态环境保护可以起积极作用或环境影响不大,易于控制的产业,如能源业;其二是选择能使当地居民直接受益的产业,如旅游业。具体而言,下面从四个方面进行分析。

第一,农业方面,种植业要积极发展旱作农业,大力推广免耕和高秆留茬耕作技术;缺水地区要压缩灌溉面积和农业用水总量,促进节水农业的发展;合理用水。畜牧业可以落实草场承包责任制,科学核定载畜量,严重超载过牧的应限期压减牲畜头数;超载区要优先解决季节性超载问题,提高秋末牲畜的出栏率,降低冬春草场压力。

第二,工业方面,加快推进新型工业化。所谓新型工业化,就是科技含量高、经济效益好、资源消耗低、环境污染少、人力资源优势得到充分发挥的工业化。立足民族地区实际情况,按照"因地制宜、差异发展、承接转移、融合发展、依托园区、集聚发展、资源节约、绿色发展"的原则,以市场需求为导向,以生态保护为红线,以科技创新为支撑,充分发挥民族地区自然资源和人力资源优势,坚持以信息化带动工业化,以工业化促进信息化,走具有民族地区特色的绿色、生态、高效、可持续的新型工业化道路。

第三,环保产业作为符合经济发展环境同步保护的产业正在逐步兴起,民族地区一定要赶上这一发展浪潮和机遇。2002年后,我国环保产业总体收入步入快速增长阶段,年平均增长率高达33%。2009年总体收入达到人民币9500亿元左右,占当年GDP的2.8%。同时产业已全面覆盖水、大气、固体废弃物三大传统环保领域,包括环保设备、环保服务、资源回收利用等内容。但从产业结构来看,水、大气、固废治理占绝对比例,以仪器制造、分析测试、生态修复、环境咨询等为主要内容的环保服务业比例较低;根据2004年《全国环境保护相关产业状况公报》统计结果计算,我国环保服务业在环保产业中仅占5.6%,这个数字仅相当于美国相同行业在1972年左右的水平,在西方国家成熟环保产业中,环保服务业在环保产业中的比重约占20%。因此,民族地区环境服务业作为一项新兴产业,将为民族地区带来发展的新机遇,并促进地区间的交流合作。

第四,政府在产业转移中所扮演的角色不仅是制定政策法规,更要积极引导,例如,运用经济手段中的政府购买行为,特定购买符合"绿色产业,环保产业"的产品,鼓励民族地区产业结构优化升级。

[①] 党的十八大报告(全文):《坚定不移沿着中国特色社会主义道路前进 为全面建成小康社会而奋斗》。

专栏：贵州省如何优化产业结构，促进经济可持续发展

1）大力发展特色高效生态农业

贵州人多地少，耕地破碎，工程性缺水问题突出，水土流失严重，难以形成规模化农业生产。在这种条件下，贵州必须依托其多样化的农业资源和生态环境优势，以加强农业基础设施建设为支撑，以农业科技进步为动力，以优化农业产业结构和提高农业产业化水平为抓手，大力发展特色农产品、绿色农产品、珍稀农产品，不断提高农业生产效率和附加值，走具有贵州特色的高效生态农业发展道路。其重点包括如下几项。

（1）加强农业基础设施建设。要以解决工程性缺水为重点，着力加强农田、水利等农业基础设施建设；继续实施以"三小"为主的雨水节蓄利用工程，推广建设"小山塘、小水池、小水窖"。大力提高农田有效灌溉，努力增加高标准基本农田面积。

（2）加快农业结构调整。根据贵州不同区域特色，因地制宜地发展特色农产品，调整优化农业生产布局。重点在贵州北部地区建设粮、畜、茶生产基地；在南部地区建设面向珠三角的蔬菜、精品水果生产基地；在西北部地区建设生态畜牧业和马铃薯生产基地。以特色、珍稀、绿色为方向，大力支持特色、高效、生态农业的发展，巩固发展烤烟、油菜、马铃薯等传统优势农产品，积极发展茶叶、辣椒、蔬菜、干鲜果品、中药材、花卉等特色优质农产品，推进农业产业结构调整，加快形成具有较强竞争力的特色农业产业体系。

（3）提高农业产业化水平。培育和引进一批农业产业化龙头企业，通过公司＋农户＋基地、公司＋合作组织＋农户、农业科技园区＋基地＋农户等各种方式，与农民结成利益共同体，形成若干农业产业化示范基地，让农民更多地分享农业产业化的经营成果。鼓励发展各种类型的农民专业生产合作组织，如专业合作社、专业服务公司、专业技术协会等，并从制度上予以规范，为农民提供多种形式的生产经营服务。加大农产品开发和精深加工力度，延伸产业链，走产品生态化、产业链条化发展道路。实施农业品牌战略，加大特色农产品注册商标和保护力度，打造一批有特色、上档次、成规模的农业知名品牌，提高农业附加值。

（4）完善农业服务体系。围绕加快贵州特色高效生态农业发展，着力完善五大服务体系，即农业发展资金支持体系、农业发展科技支持体系、农业发展流通服务体系、农产品质量安全检测服务体系、农业生产保险服务体系。

2）加快新型工业化步伐，促进产业结构优化升级

在经济全球化背景下，国际产业分工更多地由以往的垂直分工转向

水平分工,由以自然资源为基础的分工转向以现代生产技术为基础的分工。而国际金融危机的经验也告诉我们,那些长期处于产业链低端环节、低附加值的产业,较之拥有较高技术含量和自主品牌的产业更易受到冲击。当前,国内外产业格局加速调整,而贵州本身也正处于经济全面加速发展的新时期。贵州应充分利用这一契机,不遗余力地推进新型工业化,促进产业结构优化升级,加快构建具有贵州特色的现代绿色产业体系,努力在区域产业分工中占据优势地位,在国际产业价值链中占领高端环节。其重点包括如下几项。

(1) 改造提升传统产业。能化产业和资源加工产业是贵州的传统优势产业,但普遍存在企业规模小、科技含量低、产业链条短、产品附加值少、环境污染大等特点。

必须以节能、降耗、减排、增效为方向,加快运用清洁生产技术、先进适用技术改造提升这些传统产业,重点抓好煤炭、化工、冶金、电力、建材等传统优势产业的优化升级。

着力推进矿业企业兼并重组和矿业权整合,重点发展大型企业集团,加快资源的优化整合,提高资源开发利用的规模化和集约化。

在优化整合传统煤、电产业的同时,稳步推进水电、天然气等清洁能源的开发利用,积极发展风能、太阳能、生物质能、地热能、浅层地温能等新能源,做大做强贵州能源产业;积极推进煤电钢、煤电铝、煤电磷、煤电化以及铝、钒、锰、钛、钡等资源精深加工一体化,建立资源精深加工和循环经济示范基地。

总之,要通过资源整合和科技创新,不断提升贵州传统产业层级、延长产业链、提高产品附加值,促进贵州传统优势产业高新化、高端化、清洁化和规模化,把贵州建设成为全国重要的绿色能化及资源深加工基地。

(2) 大力发展特色优势产业。要依托贵州的特色优势资源,大力发展特色优势产业,努力培育出一批高品质、高附加值、具有强大市场竞争力的知名产品和知名品牌,实现产品品牌、企业品牌与区域品牌的良性互动。

(3) 积极培育战略性新兴产业。2010年,国务院审议通过了《关于加快培育和发展战略性新兴产业的决定》,从国家层面大力推动战略性新兴产业的发展。贵州应牢牢把握这一历史机遇,利用自身丰富的生物医药资源,大力发展特色生物医药产业,把贵州建设成全国重要的特色生物医药产业基地。

同时,从贵州实际出发,积极扶持新能源、新材料、节能环保、信息技术、新能源汽车等新兴产业的发展，力争形成一批占据产业发展前沿、引领产业发展方向的高端技术和高端产品，抢占产业竞争高地，形成新的经济增长点。

3）加快发展现代服务业

目前，贵州服务业占 GDP 的比重已经超过了第二产业，且在 GDP 中占有最大份额。但这是一种缺乏工业化、城镇化以及庞大市民消费群体支撑的服务业，是一种低水平发展的服务业。从贵州服务业发展现状、发展需求和发展趋势来看，目前贵州最需要迫切发展的是生产性服务业，而最具发展潜力的是文化旅游休闲产业。

一要大力发展生产性服务业。贵州要推进新型工业化，打造全国重要的绿色能化及资源深加工基地、先进装备制造业基地、特色珍稀农产品及绿色食品生产基地等，必须优先发展生产性服务业，以配合制造业发展及满足产业升级的需求。首先，要以金融服务为龙头，培育地方金融企业，鼓励股份制银行在贵州设立分支机构，支持组建贵州银行，带动资本向贵州倾斜，为贵州发展提供金融支持。其次，要以物流业为骨干，加快贵州与周边地区物流大通道建设，规划建设贵阳区域性物流中心及遵义、安顺等物流节点，组建一批现代物流产业园，以信息技术为支持，有效整合物流资源，构建可以辐射整个西南地区的大流通体系。最后，要以会展服务为平台，支持贵阳会展中心、中国（贵州）国际酒类博览会等平台建设，为贵州产品营销和品牌营销提供服务。

二要重点发展文化旅游休闲产业。贵州风光秀丽、民族众多，文化旅游资源异彩纷呈，其中不乏梵净山、百里杜鹃这样世界级的精品旅游资源。应依托贵州丰富多彩的文化旅游资源，围绕"自然生态、养生休闲、民族风情"三大主题，重点发展生态观光旅游、休闲度假旅游和文化体验旅游。

（二）加大环境保护资金投入

环境保护投资是进行防治环境污染、改善环境质量及有利于自然生态环境的恢复和建设的投资。研究表明，环境保护投资占 GDP 的 1%，环境污染可基本得到控制；环境保护投资占 GDP 的 1.5%，可使环境问题基本解决；环境保护投资占 GDP 的 2%以上，环境质量将明显改善[1]。自经济建设尤其是西部大开发以来，国家的环境保护投资虽然不断增加，但与经济增长和固定资产投资总量相比依然

---

[1] 赵鹏大. 院士论谈：资源、环境与可持续发展. 武汉：中国地质大学出版社，2000.

相差甚远。自20世纪90年代以来,我国财政对环保的投入占GDP的比重一直在0.5%~0.7%,明显低于国际平均水平。2010年,国家环境污染治理投资总额占GDP的1.67%,而西部地区只占1.12%,民族地区占比不足0.95%,环境保护投资严重不足。并且民族地区经济发展目前仍处于工业化中级阶段,随着工业化进程的加快,"三废"排放量随经济总量的增加仍将持续增长。要使总体的环境质量不断改善,特别是加强废气排放和固体废弃物的控制,应在保证经济发展的前提下,继续加大环境保护投资的力度。因此,环境质量的改善还有待于企业、政府加大环保投入。

国家环境保护"十一五"规划明确提出,要按照西部大开发总体战略和政策,加大对西部地区环境保护支持力度,国家污染治理资金和能力建设资金尽可能向西部地区倾斜。国家环境保护"十二五"规划指出,中央财政通过一般性转移支付和生态补偿等措施,加大对西部地区、禁止开发区域和限制开发区域、特殊困难地区的支持力度,提高环境保护基本公共服务供给水平。地方各级人民政府要保障环境保护基本公共服务支出,加强基层环境监管能力建设[①]。要把环境保护列入各级财政年度预算,并逐步增加投入。适时增加同级环境保护能力建设经费安排。加大对中西部地区环境保护的支持力度。同时,围绕推进环境基本公共服务均等化和改善环境质量状况,完善一般性转移支付制度,加大对国家重点生态功能区、中西部地区和民族自治地方环境保护的转移支付力度。深化"以奖促防""以奖促治""以奖代补"等政策,强化各级财政资金的引导作用。

《国家十二五环保产业预测及其政策分析》预测,我国"十二五"期间,环境保护投资将达到3.1万亿元,是"十一五"投资的2.2倍,其中,2012年投资6000亿元以上。环境保护投资不仅单纯为改善环境作贡献,而且由于环境保护投资的相当一部分必然由环保行业执行和带动,所以再一次为产业结构转变作出了贡献。要继续完善民族地区多渠道、多形式、多层次的投融资渠道,积极运用环境保护投资资金建设民族地区的环境保护事业。同时坚持开展国际交流与合作,吸收国外资金、技术和管理经验,充分利用国际组织的关注,优先引导国外援助项目向民族地区生态环境保护建设工程倾斜,以促进民族地区生态环境建设[②]。

(三)建立绿色经济政策

建立绿色产业、绿色财税等经济政策,促进民族地区绿色跨越式发展。

---

① 中国网. 国家环境保护"十二五"规划(全文). http://www.china.com.cn/policy/txt/2011-12121/content_24206929.htm.2011-12-21.
② 金海燕. 民族地区的资源开发与环境保护问题研究. 黑龙江民族丛刊, 2007, (5): 63-69.

1. 鼓励发展绿色产业

大力发展生态工业、生态农业、生态旅游、节能环保产业和文化产业。第一，生态工业。工业经济发展是现代化的必经阶段，要坚持走新型工业化道路，依靠技术创新，重点发展新兴产业，如阳光经济、风能经济、生物质能经济，提高其在工业中的比重和市场竞争力。第二，生态农业。创新农业发展理念，推进农业结构调整，培育壮大农业龙头企业，如发展无公害蔬菜、特种养殖、名特优新水果、花卉苗木等高效产业，同时积极发展观光农园和休闲农场，合理开发乡村旅游。第三，生态旅游。民族地区山川河流秀美、生态景色丰富、历史底蕴丰厚，应积极构建旅游发展格局，整合旅游资源，完善旅游服务体系，加大景区保护力度，真正把旅游业培育成民族地区经济的支柱产业。第四，节能环保产业。大力发展以高效节能技术、装备和产品为主的新兴产业，不仅为民族地区带来经济发展的新方向，而且能够打破以资源投入为主的产业链，同时避免资源开采浪费现象。第五，文化产业。民族地区拥有丰富的历史背景、文化底蕴，少数民族特有的传统习俗更成为其特色，应当积极发展不同民族文化产业，这不仅成为提升民族城市的软实力，更是中华文化事业的继续发展。

2. 绿色财税支持

第一，绿色税收政策。为了民族地区的生态修复与环境保护，提高现行税制的"绿色化"比重，利用税收手段或高税率手段"抑制"对高资源耗费与高污染产品的需求，提高资源税费征收标准、开展污染产品税等措施；给予清洁能源与节能降耗产品以税收优惠，鼓励发展矿产品深加工技术，新能源、新材料技术，节能、节材、节水、降耗技术和工艺，提高资源利用效率；发展新型金属、新型非金属及常规矿物原料的替代品，降低经济社会对常规矿物原料的依赖程度；基于产品的环境外部成本，完成税收绿色化改革。应该适时开征环境税，依据"谁污染谁治理""谁污染谁付费"的原则，对我国境内一切有污染物或废弃物排放行为以及生产污染产品的单位和个人征税，引导厂商选择先进的设备和技术减少污染；完善现行的资源税，把一些尚未纳入征税范围的浪费严重的资源品，如水资源、森林资源、地热资源等逐步列入资源税征税范围，同时将计税依据由按销售数量或自用数量计征逐步调整为按开采量计征，从源头加以控制；在对消费税税目进行调整的基础上，继续加大改革力度，将白色塑料制品等纳入消费税的征税范围，此外，对一些含磷的产品，如洗涤剂、干洗液等也应逐步纳入消费税的征税范围，以抑制对环境的污染。

第二，绿色信贷政策。2007 年 7 月 30 日，国家环境保护总局、中国人民银行、中国银行业监督管理委员会三部门为了遏制高耗能高污染产业的盲目扩张，联合提出了一项全新的信贷政策《关于落实环境保护政策法规防范信贷风险的意见》，称为绿色信贷政策（green-credit policy），要求在金融信贷领域建立环境准入门槛，对限制和淘汰类新建项目，不得提供信贷支持，对于淘汰类项目，应停止各类形式的新增授信支持，并采取措施收回已发放的贷款，从而可以从源头上切断高耗能、高污染行业无序发展和盲目扩张的经济命脉，有效地切断严重违法者的资金链条，遏制其投资冲动，解决环境问题，也通过信贷发放进行产业结构调整。

第三，绿色保险政策。针对民族地区已经进入环境污染事故高发期的现状，应该积极推行绿色保险政策。绿色保险又称为生态保险，是在市场经济条件下进行环境风险管理的一项基本手段。其中，由保险公司对污染受害者进行赔偿的环境污染责任保险最具代表性。2008年国家环境保护总局和中国保险监督管理委员会联合制定并发布的《关于环境污染责任保险工作的指导意见》明确指出，"环境污染责任保险"是以企业发生污染事故对第三者造成损害时依法应承担的赔偿责任为标的的保险。完成这份环境污染责任保险制度路线图将分"两步走"：第一步，"十一五"期间，初步建立符合我国国情的环境污染责任保险制度；第二步，到2015年，基本完善环境污染责任保险制度，并在全国范围内推广，风险评估、损失评估、责任认定、事故处理、资金赔付等各项机制不断健全。

第四，绿色贸易政策。绿色贸易是指在贸易中预防和制止由于贸易活动而威胁人民生存环境以及对人民身体健康的损害，从而实现可持续发展的贸易形式。构建的绿色贸易体系应该包括如下五项。①绿色原料和清洁生产。企业在选择生产商品和技术，选用生产原料或制造过程中，尽量减少对环境保护不利的影响，大力发展清洁生产。②绿色消费和废弃处理。在商品消费与使用过程中，尽量降低或引导消费者降低对环境的破坏。③绿色包装和绿色设计。在产品和包装设计时，努力降低商品包装或使用的残余物，减少对环境的污染。④绿色服务。以节省资源、减少污染的环保精神为服务导向。⑤绿色营销。以环境保护和生态平衡作为经营理念，以绿色文化作为价值观念，以绿色消费为经营宗旨和出发点，力求满足消费者的绿色消费需求。

二、生态环境响应的运行机制

生态环境响应的运行机制主要是指在环境压力下采取的环境响应具体运行措施。生态环境响应的运行机制涵盖了生态环境保护的激励与约束机制、生态环境保护的利益协调机制等重点环节。

（一）建立民族地区生态环境保护的激励与约束机制

1. 建立环境保护激励机制

第一，激励清洁能源技术发展。研究开发清洁能源技术进步来消减污染，利用环境标准推动能源技术进步、降低单位经济活动的能源消费，实现发电排放绩效与发电煤耗标准、环境标志与能效标准、汽车排放标准与燃料经济性标准的衔接；建议逐步降低城市能源煤炭使用比例，大力发展低碳无碳能源、氢能源和可再生能源。

第二，建立环境保护激励机制的相关法律。建立适应市场经济、与世界贸易组织规则接轨的环境法律法规，组织实施《中华人民共和国环境影响评价法》，控制新增污染排放总量，提高环境政策法律透明度。健全环境标准体系，加快完善环境监测、评价、规划等方法标准、样品标准和基础标准，改善我国环境标准宽松的局面。

2. 加快环境技术进步

环境技术是指能节约或保护能源和自然资源、减少人类活动产生的环境负荷，从而保护环境的生产设备、生产方法和规程、产品设计以及产品发送的方法等。环境技术不仅包括硬技术，如污染控制设备、环境监测仪器及清洁生产技术，还包括软技术（操作及运营方法），如废物管理和那些旨在保护环境的工作与活动（如环境规划、环境评价、环境标志设计、环境信息系统的研制与维护等一系列管理活动及智能活动）等。

环境技术进步是民族地区环境保护的核心能量，高科技化的环保才是最有效的环保。民族地区可以运用各项硬性技术检测环境污染程度，更可以利用环境检测指标进一步规范民族地区经济活动。因此，在今天掌握着新发展契机的西部地区必须加快环境技术建设。同时环境技术不仅关乎具体的环境保护措施，还会对环保行业产生重要影响，一项环境保护技术的运用首先是相关企业生产出其硬件设施，因此，加强西部地区环境技术的进步对民族地区的产业变革和产业结构转变具有重要意义。

关于加快民族地区的环境技术进步，主要有以下四点。

第一，引进国外先进技术，借鉴东部发展中的环境技术经验，把已经成形并有良好实施效果的环境技术引入民族地区经济发展中，在建设中必须运用硬性技术指标规范生产操作，并用软技术先行设计新的产业模式。

第二，自主研发符合当地现状的环境技术，并勇于尝试运用新兴科研成果。例如，环境测试检验是生产中必须要做的，民族地区可以运用环境试验设备检验自动化系统，因地制宜地设定符合民族地区实际的标准及计量规范进行检验，自动采集并保存测量点的相关数据，同时按照选定的标准、规范规定的算法自动计算出检验项目的结果，此技术可以极大地提高检验工作效率。

第三，利用国家的政策偏向积极开展有利于环境技术进步的各项科研活动。因为西部大开发及区域平衡发展等政策的出台，国家的很多经济发展政策已经明显地向民族地区倾斜，民族地区应把握机会，积极开展有关环境技术进步的各项活动，包括研讨会、专家学者来访、技术交流等形式，发展和带动本地区的环保事业及相关产业。

第四，充分利用民族地区低碳经济发展的后发优势。与发达地区相比，民族地区发展低碳经济有着更为显著的发展优势。民族地区工业化、城市化起步晚，经济模式和工业体系尚未完全定型，产业调整具有转型成本低、阻力小、动作快的后发优势，能够很好地避免高碳发展的锁定效应（lock-on effect）。民族地区应充分利用后发优势，高水平、高起点地发展工业，走新型工业化、新型城镇化道路，避免走东部地区先污染后治理的"弯路"，实现民族地区经济社会又好又快发展。

3. 提高能源利用效益

第一，提高附加值高的煤产品的供应比例。民族地区拥有较高的煤储量，煤的供应能够得到保证，在今后的一段时期，煤仍将是主要能源，因此，应加大技术研发与技术革新力度，提高高品质煤产品的深度开发技术，以提高煤的利用效率，降低污染水平。第二，调整能源结构。民族地区主要是以煤炭为主的能源结构，且能耗强度处于较高水平，因此，应逐步提高太阳能、电能、燃油（燃料柴油含硫率<0.5%）、燃气等清洁能源供应比例，减少化石能源的使用量，降低废气的排放量。第三，突出抓好重点领域的节能工作。对重点产业、重点企业能耗实施限额管理；公用设施、城市道路照明中增加高效光源的使用比例，限制使用高压汞灯，禁用白炽灯；在宾馆、商厦、体育场馆、居民住宅中大力推广高效节能照明产品和空调节能技术，引导合理的消费模式和生活方式；加快建设便捷、高效、节能的综合交通运输体系；大力发展户用沼气工程，推广秸秆气化和太阳能利用。

4. 积极保护水土资源

建设项目节约用水设施建设做到"三同时"，即新建、改建、扩建建设项目节约用水设施应当与主体工程同时设计、同时施工、同时投入使用，建设项目竣工验收应当包括节约用水配套设施的内容；大力推广节水型器具；工业用水应做到循环利用、重复利用、一水多用，大力提高工业用水重复利用率；加强跑、冒、滴、漏管理。土地资源方面，通过土地利用规划控制，提高土地利用强度，提高建筑容积率；结合产业升级，实现土地利用结构的升级；民族地区市土地产出率处于较低水平，通过盘活城市存量土地，挖潜、提升城市用地效率；转变粗放型的土地管理模式，严格控制城市规模的盲目无序扩张。全面提升城市土地集约利用水平，实现土地效益增长。

5. 严格节能环保准入，控制产业转移中的环境污染

首先，积极控制本地区的环境污染。第一，加速淘汰重污染企业及落后生产能力、工艺、设备和产品。实行强制淘汰，依法取缔关闭能耗物耗高、污染严重的企业，逐步解决结构型污染问题，推动工业产品结构由初级为主向中、高端和高附加值为主转变，为重点发展行业的集约发展腾出环境容量。第二，加强重点

行业污染监控力度。对电力、磷化工、煤化工、煤炭采选、金属矿采选、建材、炼铁、炼焦、炼锌、电石、铁合金等重点行业实施重点监控，确保工业点源实现达标排放；提高煤矿等企业水污染治理水平，推进电力等行业大气污染综合治理进度，防止污染反弹，完成总量减排任务。第三，大力推进企业清洁生产审计与 ISO 14000 认证。提高企业遵守环境保护相关法律法规的自觉性和履行环保责任的认识，通过提升企业环境管理水平，实现节能、减排和增效；提高加强企业环境风险管理水平，有效控制环境污染事故的发生；控制工业固体废物特别是危险废物污染，提高废弃化学品、煤矸石、粉煤灰、炉渣、冶炼废渣、尾矿等的回收和循环利用。

其次，积极提倡环保生活。通过开展环保教育、减少生活垃圾制造和产品过度包装、扩展和加深废弃物回收利用范围与程度、增加公共交通出行等方式，从小做起、从点滴做起、从身边做起，在生活领域真正做到低碳和环保。为了保护生活环境，可以采取更多有效措施，如完善污水处理设施建设：一、加快污水处理厂及污水管网建设，提高污水处理水平；二、提高现有污水处理厂的 COD、氨氮的去除效率，将各种污染物排放量控制在标准要求的水平；三、完善中水回用系统，提高中水产量，在城市景观绿化、工业企业、社区、机关及服务业推行中水回用，缓解水资源紧张趋势；四、新建污水处理厂应做到"厂网并举、管网先行"，采用先进处理技术和再生水处理技术，实现达标排放，提高再生水的质量与产量。又如完善垃圾无害化处理设施建设：做好垃圾管理长远规划，推进垃圾管理从"末端管理"向"全过程管理"的转变，将垃圾减量化、资源化和无害化即"三化"作为垃圾管理的总体目标。一是完善生活垃圾处理设施的城乡一体化建设，提高农村地区生活垃圾无害化处理率；二是推行生活垃圾分类收集、分类运输和分类处理，最终实现垃圾减量；三是完善现有生活垃圾处理厂渗滤液的处理和填埋气的处理，实现达标排放。

另外，民族地区要控制承接东中部产业过程中带来的环境污染。民族地区是我国产业转移的承接区，承接东部发达省份的产业可以使民族地区经济实现较快发展。但在承接哪些产业方面则需要慎重考虑，严格限制"三高"产业的承接，必须符合产业发展方向和环境保护要求；同时，营造良好的投资环境是有效承接产业转移的关键，盲目地承接，一切都拿来承接，则是不可取的。

6. 实行严格的环境保护问责制

首先，政府与各部门在进行经济和社会发展决策时，要以可持续发展战略为指导，从决策源头上防止环境污染和生态破坏，建立环境与发展综合决策咨询、听证、会审、联席会议等制度，建立科学、民族决策程序。其次，改变单纯以经济发展为标准的领导干部考核体系，地方政府必须对本辖区环境质量负责，进一步落实环境质量行政领导负责制，完善环境保护工作考核机制。最后，把环境保护前置于经济社会发展的决策阶段,对环境有重大影响的决策应当进行环境影响论证,必要时实行环保一票否决;把环境保护作为国家宏观经济调控政策的主要标准和重要手段。

(二)建立民族地区生态环境保护的利益协调机制

1. 完善生态补偿政策[①]

第一,健全与生态补偿相关的法律。经济政策在执行时必须依傍和依照一定的法律标准,因此在生态补偿专项保护法中必须对自然资源开发与管理,生态环境保护与建设,制度和措施及相关主体的责、权、利等做出明确规定。首先,生态补偿的立法已成为当务之急,急需以法律形式将补偿范围、对象、方式、补偿标准等的制定和实施确立下来。其次,需要制定专项自然生态保护法,对自然资源开发与管理,生态环境保护与建设,生态环境投入与补偿的方针、政策、制度和措施等有明确规定,我国已出台的关于生态建设补偿的法律法规中,以建立森林生态效益补偿制度的法律法规最多,相对较完善,其他与生态效益补偿有关的法律要逐步完善。最后,需要通过立法确立生态环境税的统一征收、管理及使用范围。加强对《中华人民共和国环境保护法》的修订,对民族地区的生态环境建设做出长期性、全局性的战略部署,用法律制度保障相关群众的生存权和发展权。

第二,建立科学的生态补偿标准体系。生态补偿标准体系的制定是实施生态补偿机制最为核心的内容,也是最难确定的内容,这需要科学地估算各种生态服务的价值。制定科学生态补偿标准要解决如下三个问题。①补偿对象。从补偿对象可划分为对为生态保护作出贡献者给予补偿、对在生态破坏中的受损者给予补偿和对减少生态破坏者给予补偿。从目前来看,三种情况都需要给予补偿,从将来的趋势看,重点落在对为生态保护作出贡献者即生态投资者给予补偿。目前政府急需设置资源损失性补偿税收。在全国范围内征收一定比例的资源损失性补偿,政府出面集中补偿民族地区生态环境,同时民族地区一定要贯彻执行优化开发、重点开发、限制开发和禁止开发四类主体功能区的政策,坚决执行生态保护。②补偿目标。生态补偿目标一定要有长远设计,改变"输血型"补偿为"造血型"补偿,"输血型"补偿是指政府或补偿者将筹集起来的补偿资金定期转移给被补偿方;"造血型"补偿是指政府或补偿者运用项目支持的形式,将补偿资金转化为技术项目安排到被补偿方(民族地区),帮助生态保护区群众建立替代产业,或者对无污染产业的开创给予补助,以发展生态经济产业。补偿目标是生态保护,同时增强民族地区自我发展能力,形成自我发展机制。③补偿标准。通常在国际上的

---

① 张冬梅. 民族地区生态补偿政策存在的问题及对策研究. 内蒙古社会科学(汉文版), 2012, 33(4): 99-103.

生态补偿标准有两种思路：一是根据生态环境系统所提供的生态环境服务价值确定；二是根据生态环境保护产生的机会成本确定。从目前看，我国生态补偿标准可以综合考虑以上两种方式，适时、适地探索适应区域发展实际的补偿标准，近期可考虑按照公共服务均等化原则，以人均 GDP、人均财政收入和支出等指标为依据，确定合理可行的补偿标准，并保持动态的调整。同时从公平角度出发，根据生态服务价值来确定补偿标准更合理，建议政府加强对生态系统服务功能价值的研究，逐步向根据生态服务订立补偿标准的方向过渡。可以综合运用效果评价法、收益损失法、随机评估法等方法，研究建立生态环境的价值评估体系，进一步从定性评价向定量评价转变。运用经济学和现代数理分析方法，结合生态环境质量指标体系确定生态补偿的标准。

第三，建立生态利益共享与责任分担机制。民族地区森林、草原资源丰富。全国 75.03%的草原面积和 46.57%的森林蓄积量集中在我国民族自治地方[①]。一直以来，民族地区实施的退耕还林、退牧还草政策，为国家生态建设作出了巨大贡献，保障了国家生态战略安全。《中华人民共和国民族区域自治法》第六十六条明确规定，"民族自治地方为国家的生态平衡、环境保护作出贡献的，国家给予一定的利益补偿"。国际碳交易市场的兴起使得通过市场实现森林生态效益价值成为可能。国家应利用碳汇林的概念，在对森林生态服务价值进行科学计量和评估的基础上，按照"受益者付费、损害者赔偿"的原则，在完善政府财政转移支付制度的同时，逐步完善生态环境产权机制、交易机制、价格机制，发挥市场机制对生态环境资源供求的引导作用，建立公平、公开、公正的生态利益共享及相关责任分担机制，允许民族地区新增森林固碳容量置换地区碳排放指标。

第四，建立长期有效的生态补偿资金保障制度。生态补偿资金主要来自财政资金，积极探索并建立多渠道的融资机制。因此，高效利用财政生态补偿资金，积极探索拓展市场手段进行生态补偿显得尤为重要。

（1）政府财政确保资金支持。政府财政确保生态补偿资金，最重要与最直接的就是转移支付，转移支付分为纵向转移支付和横向转移支付两类；纯公共性生态补偿机制体现为纵向转移支付，准公共性生态补偿机制体现为横向转移支付。目前，我国纵向转移支付制度还没有考虑生态补偿因素，在生态补偿相关因素很难全面测算的情况下，建议通过逐步解决的办法，分步把生态补偿的相关因素纳入一般性转移支付范围，如生态功能区移民的社会保障等列入中央财政转移支付的范畴。横向转移支付的基本特点是交易双方固定的转移支付金额不是通过科学计算，而是通过双方谈判确定的，而我国目前还没有形成一个规范的横向转移支

---

① 雷振扬，等. 民族自治地方发展评估报告（2005）. 北京：民族出版社，2005.

付制度，因此，需要在这一方面进行相应的创新，首先，需要通过建立生态共建基金这一平台，完成双方的横向转移支付。其次，建立生态补偿基金，用于民族地区生态建设项目的信贷担保和贴息。最后，建议新开征的生态环境保护税以及以生态修复为目的的各种税费，专款专用，不能挪作他用。

（2）政府引导企业确保资金支持。民族地区市场化程度还不高，生态补偿机制仍需要政府主导；但这并不排除将市场资源作为生态补偿的资金来源。政府要积极调动市场资源参与生态补偿机制建设的政策设计，考虑对投资者的合理利润设计，吸引商业资本及社会各种投资主体投入。在利润最大化目标下，如果没有外部约束或激励机制，那么企业没有动力拿出资金服务于公共事业，但是只要政府引导得当，还是可以获得生态补偿资金的。首先，通过生态成本内置，利用企业财务制度改革，在企业成本中增加生态成本，在企业内部形成生态补偿资金的来源，如矿区的生态补偿问题。但这种初级的生态补偿只能解决矿区建设中的一些生态问题，矿区周边地区的生态破坏等问题也需要通过企业财务体制改革，把生态效应的外部性内化到企业成本中，在企业成本中形成类似于折旧基金的生态补偿基金，专项用于生态建设或生态恢复。其次，在政府的引导下，企业还可以通过参与生态补偿项目，形成来自市场的生态补偿资金，如引导金融部门企业通过贴息等办法参与一些生态建设项目，鼓励企业捐赠也是有效的办法之一。改革现行的财务制度，鼓励企业列支捐赠等公益性支出，促进企业为生态恢复作贡献。最后，通过深化企业财务制度、企业所得税、个人所得税改革，在企业履行社会责任的管理上，从数量控制转化为质量控制，可以很好地引导企业为生态补偿服务。

（3）充分发挥政府与市场的双重作用，确保生态补偿资金。政府要采取积极的政策措施，充分利用市场机制，调动各部门、各地区、各社会阶层的力量，走多渠道、多层次、多方位筹集资金的道路。在市场经济体制下，政府完全可以利用各种经济杠杆和手段，如政府经营、管制和补助等合理配置生态建设的各类资源。一方面，要靠国家的财力投入，靠民族地区劳动力维护，同时政府应发挥好组织者和监督者的作用，对生态环境工程的质量和产生的经济与社会效益定期进行科学的监测评估；另一方面，通过财政补贴等手段激励企业和居民参与生态建设，并且重点奖励对生态效应生产地企业和居民有帮助的单位，促进企业和个人参与到生态补偿机制建设中。同时，积极寻求国外非政府组织的捐助支持等，促使补偿主体多元化，补偿方式多样化。

第五，生态移民是生态补偿政策的重要内容。依据将一块土地封闭起来，不耕种，不放牧，让其形成自然群落，利用自然力进行生态恢复的生态恢复原理的生态移民，是从改善和保护生态环境同时发展经济的角度出发，把原居住在自然保护区、生态环境严重破坏地区、生态脆弱区以及自然环境条件恶劣、基本不具备人类生存条件的地区的人口搬到另外的地方定居并重建家园的人口迁移。

推广生态保护政策意义重大，联合国环境与发展大会1992年里约热内卢宣言中就指出，"为了实现可持续的发展，使所有人都享有较高的生活素质，各国应当减少和消除不能持续的生产和消费方式，并且推行适当的人口政策"。民族地区地处国家环境脆弱区，是大江大河的源头位置，地形复杂多变，其中某些生态极度恶劣区间接影响到全国中部及东部地区的环境状况。为改善民族地区生态极度恶劣区，需要改变民族地区原有的生产、生活方式，减少人为因素对环境的破坏；生态移民，划定"生态无人区"是其必要前提。在《全国主体功能区规划》中，禁止开发区就是其生态移民的具体执行。民族地区在进行生态移民前，要对生态移民地区的认可生态承载力进行研究，以确定所需移民的规模，要严格测试地区绿洲、城镇等生态环境，安置其所移居民；同时必须要考虑到少数民族的生活习惯、宗教信仰等方面的问题，采取附近地区迁移和异地迁移的方式迁移居民。当地政府应制定移民优惠政策，如建立生态移民基金，以给移民适当补贴解决搬迁费用，以及盖房和部分生产资料的购置费用，并给其以生产补助、税收减免等其他补助。对迁出地及时进行退耕还林还草、封山育林，尽快恢复生态环境。

生态补偿机制的构建是一项复杂的系统工程，在研究生态补偿机制的政策设计时，必须把预防生态破坏、生态保护、生态补偿和生态开发等几方面综合起来考虑，才能真正实现政策的目标。目前，我国尤其是民族地区关于生态补偿的理论标准与实践方法尚处于起步阶段，特别是在操作过程中必然会面临诸多困难，需要继续探索解决的方法和对策，协调好各相关部门的工作，加快生态补偿机制建设与政策高效实施。

2. 完善资源开发补偿机制

《中华人民共和国民族区域自治法》构建了一个制度框架：自治机关享有优先开发利用本地区自然资源的权利；国家根据统一规划和市场需求，优先在民族自治地方合理安排资源开发项目；国家在民族自治地方开发资源应做出有利于民族自治地方经济建设的安排，对输出自然资源的民族自治地方给予一定的利益补偿。

然而，在现实发展中，这一系列制度安排并没有得到很好的落实。因此，必须结合当前民族地区资源开发现状建立合适的资源开发补偿机制。重点主要有如下两点。

（1）明确民族地区资源开发补偿机制的基本原则。具体来说，要坚持"谁开发、谁保护、谁收益、谁补偿"的原则；坚持可持续发展原则；坚持社会公平公正原则；坚持效率原则。

（2）确立民族地区资源开发补偿的范围。首先，确定补偿的范围。主要包含对资源保护的利益补偿、资源开发对代际利益的补偿、资源开发对环境利益的补偿和资源输出的利益补偿。在社会主义市场经济条件下，需要对民族地区资源保护开发、输出的利益补偿通过民族区域自治法和资源法实施办法具体化，同时通过市场机制将政策有效落实。

其次，确定补偿的地理范围。我国少数民族分布现状是"大杂居，小聚居"。因此，资源补偿机制除了要覆盖当前的民族自治大省，还要覆盖其他少数民族聚集较多的地区，如云南省、贵州省以及其他各个自治州、自治县等。

最后，完善民族地区资源开发补偿的方式。我国目前的补偿措施主要在《中华人民共和国森林法实施条例》和国办发〔1986〕56号文件等相关法规及文件中有一些规定，仍需要更加进一步的完善，如建立补偿基金、开征环境税及通过股份制加强地方政府对资源开发的收益权和控制权等。

3. 建立完整有效的公众参与机制

在环境保护领域里，除了政府和市场承担起生态保护与环境治理的责任，公众参与制度也非常重要。目前，我国环境保护的公众参与制度尚未完善，因此，应完善民族地区环境保护公众参与制度，从制度上保证民族地区公众广泛参与，提高民族地区社会公众的生态环境保护意识水平，鼓励生态环境保护组织（如非政府组织（Non-Governmental Organizations，NGO））参与民族地区生态环境保护行动。

第一，扩大公众参与主体范围，进一步突出环保NGO的作用。就目前环保NGO的分布情况而言，民族地区的环保NGO做得比较好的为阿拉善生态协会（Society Entrepreneur Ecology）。因此，要扩大民族地区环保NGO的参与权，鼓励民族地区环保公益组织的发展。

第二，完善公众参与的途径。公众参与环境保护的途径主要有行政诉讼、民事司法救济和刑事诉讼三种方式。借鉴国外的公众参与机制，2006年国务院发布了《关于落实科学发展观加强环境保护的决定》，首次通过正式文件建立了环境公益诉讼。因此，民族地区也应当通过立法立规，完善民族地区公众参与的途径。

第三，完善环境信息公开制度。通过环境信息公开，确保公众的环境知情权，而环境知情权则是公众参与的前提。目前，我国政府为推进环境信息公开已经做了很多努力，如环境信息月报、城市空气质量网络公开、武汉市的污染企业排污网络实时监控等。但也仍然存在不少问题，如部分信息公报走形式主义、网络监控仍不全面等。因此，要进一步完善信息公开制度，促进公众参与。

第四，加强公众参与制度的手段。公众参与制度除了扩大范围、完善参与途径、环境信息公开等，另一个重要部分就是加强公众参与制度的手段。具体说来，包含环境教育法制化、环境权法制化、完善环境奖励制度等多种手段。

三、生态环境响应的保障机制

生态环境响应的保障机制包括进一步完善民族地区环境保护政策与提升环境管理能力等。

（一）完善民族地区环境保护政策

十八大提出，建设中国特色社会主义事业总体布局由经济建设、政治建设、文化建设、社会建设"四位一体"拓展为包括生态文明建设的"五位一体"。纳入生态文明建设，提出要从源头扭转生态环境恶化趋势，为人民创造良好生产生活环境，努力建设美丽中国，实现中华民族永续发展，是我国社会主义现代化发展到一定阶段的必然选择，体现了科学发展观的基本要求[①]。这也给环境保护立法提出了更高的要求。

1. 强化民族自治机关在环境保护方面的自治权

民族地区经济发展现状和资源环境的特殊性要求民族地区当前既要加快经济发展，又不能破坏生态环境，走可持续发展之路。从宏观上讲，我国的环保工作本身起步较晚，目前很多环境政策法规都存在着可操作性不强、法律效果差等问题。因此，对全国或是民族地区，出台高效、统一、综合性强且具备操作性的贯彻实施《中华人民共和国环境保护法》的法规或细则，就显得尤为重要。在此基础上，进一步加强民族自治地方自治机关在环保工作方面的自治权，推动民族地区结合当地实际出台综合性具体化的环保工作法规，协调处理民族地区环境保护问题。

2. 坚持"共同而有区别的责任原则"

借鉴国际环境法中的"共同而有区别的责任原则"，制定民族地区的环保政策也应遵循这一原则。由于我国生态环境压力不断增大的现状和全国各省份的整体性，我国各省份对生态环境保护负有共同的而又有区别的责任。在我国的生态环境保护问题上，各省份、各地区都具备共同的责任，但经济发达地区和经济落后地区又是有区别的。

在民族地区环境保护相关政策的制定上，如生态补偿制度、污染物排放总量控制政策等方面应该加大对民族地区的倾斜力度，扩大保护和补偿范围、提高民族地区补贴的标准、对民族地区的排污控制上采取"一事一议"的制度，给予倾斜支持。同时，与其他地区相比，应该加强对民族地区环境保护的投入，给予一定的财政支持。制定相关的政策制度，在民族地区承接东部发达地区产业转移时，东部地区应当援助民族地区，提升民族地区节能减排技术，促进民族地区经济又

---

① 新华社评论员：坚持五位一体把握总体布局——学习贯彻党的十八大精神之四. 新华网.

快又好地发展。

3. 完善民族地区环境保护政策

加强生态环境保护的法制建设，修改和完善生态环境保护现有的法律法规，有阶段性地加强对生态环境破坏的防治，增设对生态环境治理保护行为的补偿和奖励。在条件成熟的情况下，国务院应配套制定和颁布民族地区生态环境补偿条例。明确民族地区生态环境保护和生态补偿的目的、方针、原则、主体、对象、范围、方式、义务、责任、途径和标准等，使民族地区在生态环境保护方面拥有专门的法律规范，促进民族地区生态环境的可持续发展。

（二）提升民族地区环境管理能力

1. 加强环境监测制度

环境监测制度是指在一定时间和空间范围内，间断或不间断地测定环境中污染物的含量和浓度，观察、分析其变化及对环境影响过程的工作。环境监测的对象大体上可以分为污染源和环境质量状况两个方面：污染源方面主要包括工业、农业、交通污染源和城市废弃物；环境质量状况方面主要包括大气、水体、土壤等环境因素的质量状况。民族地区应支持开展环境质量监视监测、污染源监督监测、突发环境事件应急监测等工作，及时更新监测数据，不断反映环境质量状况。

2. 加大环境监察制度

环境监察制度是指国家环境监察机关依法对污染源排放污染物情况或生态破坏事件实施现场监督、检查，并参与处理的制度。我国环境监察部门依法对排污单位进行现场检查，并要求被检查的单位如实反映情况，提供必要的资料。环境监察机关应当为被检查的单位保守技术秘密和业务秘密。民族地区应积极加强环境监察制度，其中加强对各企业单位排污管理尤为重要，因为民族地区工业以能源投入为主且发展速度较快，但环境投入、环境技术、环保意识相对滞后。

3. 建设环境影响评价制度

环境影响评价是对可能影响环境的工程建设和开发活动，预先进行调查、预测和评价，提出环境影响及防治方案的报告，经主管部门批准后才能进行建设的法律制度。它要求可能对环境有影响的建设开发者，必须事先通过调查、预测和评价，对项目的选址、对周围环境产生的影响以及应采取的防范措施等提出建设项目环境影响报告书，经过审查批准后，才能进行开发和建设。民族地区要不断加强环境影响评价制度建设，环境保护要先行于一个项目的建设之初。针对民族地区工业和经济的快速发展及产业承接增加趋势，环境影响评价制度的构建极为重要，要做好"早防御、早治理"工作。

4. 增强突发环境事件应急制度

突发环境事件应急制度是针对近年来突发环境事件不断增多而适时而生的一

项环境管理项目。民族地区各级环境保护部门应该努力完善应急预案及环境应急管理体制、机制、法制建设等基础性工作,大力加强重点地区突发环境事件应急项目建设、应急物资储备建设及环境应急能力标准化建设,积极推进应急救援队伍、应急指挥平台发展,深入开展专业培训和国际交流。在面对突发环境事件时,不仅要妥善应对突发环境事件,而且要强化调查追责和事后管理分析,对所有重大和敏感性突发环境事件,指导、督促各地政府深入调查原因,对相关责任人进行处分,督促落实整改措施,并在事后选取典型事件进行案例分析,开展污染损害评估测算。环境保护部将抓紧制订《全国环保部门环境应急能力建设标准》,并建立考评机制,加强环境应急管理能力建设。各地要以改善环境质量、保障环境安全为出发点,以应急基础、保障、人才建设为重点,建立全防全控的防范体系要求[①]。

5. 加强环境执法力度

将企业排污检查和建设项目违法违规检查作为监督执法重点。特别是对违法偷排行为、建设项目"未批先建"等环境违法行为,要依法处理。充分发挥环评前置审批的作用,提高新建项目环保准入门槛,对不符合国家产业政策和环保要求的项目一律不予审批,严格控制能耗高、污染严重的落后产能上马,提高产业发展的起点;新建项目必须采用清洁生产工艺和设备,使资源消耗和排污强度达到规定的标准;项目审批应符合环境功能区划或环境质量目标及总量控制的要求,建立新建项目水污染物新增量的限值审批制度,改建、扩建项目的污染物增量应在原有项目中消化;将村镇工业污染源的排放作为环保重点监管工作;推进规划环评工作,对城市规划、土地规划、区域资源开发、各类开发区、行业发展专项规划等开展环境影响评价工作,控制并避免因重大政策的实施而导致的环境问题。

小　　结

在对民族环境响应机制内涵进行分析的基础上,本章从民族地区生态环境响应的决策机制、运行机制以及保障机制三个方面,多层面、多维度构建了民族地区环境响应机制。其中,生态环境决策机制主要是指通过政府部门的直接决策来响应生态环境压力,降低生态环境污染水平,包括产业结构调整、环保资金投入、绿色经济政策等。运行机制则是指在环境响应机制中的具体运行手段,主要包括生态环境保护的激励与约束机制、生态环境保护的利益协调机制等重点环节。生态环境响应的保障机制包括完善环境保护政策、提高环境管理质量两个方面。

---

① 张力军. 加快建设中国特色环境应急管理体系. 环境保护, 2016, (2): 8-10.

参 考 文 献

包群，彭水军.2006.经济增长与环境污染：基于面板数据的联立方程估计.世界经济，(11)：48-58.

毕明.2011.京津冀城市群资源环境承载力评价研究.北京：中国地质大学.

蔡昉，都阳，王美艳.2008.经济发展方式转变与节能减排内在动力.经济研究，(6)：4-11，36.

陈东，李琳，王良健.2004.湖南经济增长与环境质量演进实证研究.湖南经济管理干部学院学报，15（4）：13-14.

陈华文，刘康兵.2004.经济增长与环境质量：关于环境库兹涅茨曲线的经验分析.复旦学报（社会科学版），(2)：87-94.

陈诗一.2010.节能减排与中国工业的双赢发展：2009—2049.经济研究，(3)：129-143.

陈祖海.2008.西部生态补偿机制研究.北京：民族出版社，42.

成艾华.2011.技术进步、结构调整与中国工业减排——基于环境效应分解模型的分析.中国人口·资源与环境，21（3）：41-47.

成艾华，雷振扬.2011.民族地区碳排放效应分析与低碳经济发展.民族研究，(6)：13-20，108.

崔成男.2003.西部民族地区可持续发展面临的压力及对策.满族研究，(4)：24-31.

德内拉·梅多斯等.1984.增长的极限.北京：中国商务出版社.

邓聚龙.1987.灰色系统基本方法.武汉：华中理工大学出版社，34-41.

丁焕峰，李佩仪.2010.中国区域污染影响因素：基于EKC曲线的面板数据分析.中国人口·资源与环境，20（10）：117-122.

董延涌.2011.辽宁沿海经济带资源环境承载力问题研究.辽宁工程技术大学学报（社会科学版），13（5）：467-469.

杜宪仁.1982.环境问题的经济学研究.吉林大学社会科学学报，(2)：20-27.

傅立.1992.灰色系统理论及其应用.北京：科学技术文献出版社，186-263.

耿强，杨蔚.2010.中国工业污染的区域差异及其影响因素——基于省级面板数据的GMM实证分析.中国地质大学学报（社会科学版），10（5）：12-16.

古冰，鲁黛迪，蒯文婧.2013.我国污染密集型产业区域转移的趋势、行业特征及区位选择.统计与决策，(18)：77-81.

郭亚军.2002.一种新的动态综合评价方法.管理科学学报，5（2）：49-54.

郭亚军，潘德惠.1986.城市系统的综合评价方法与城市发展最佳决策的探讨.系统工程理论与实践，6（4）：26-32，58.

国家民族事务委员会经济发展司，国家统计局国民经济综合司.2008.中国民族统计年鉴2007.北京：民族出版社.

国务院新闻办公室.政府白皮书——中国的环境保护.http://www.gov.cn/zwgk/2006-06-05//content_300288.htm.2006-06-05.

韩强，曹洪军，宿洁.2009.我国工业领域环境保护投资效率实证研究.经济管理，(5)：154-160.

何龙斌.2013.国内污染密集型产业区际转移路径及引申——基于2000—2011年相关工业产品产量面板数据.经济学家，6（6）：78-86.

何平林,刘建平,王晓霞.2011.财政投资效率的数据包络分析:基于环境保护投资.财政研究,(5):30-34.

何益得,王腊芳,翟云波.2010.长株潭城市群的环境承载力分析.环境科学与技术,(S1):401-404.

侯伟丽,方浪,刘硕.2013."污染避难所"在中国是否存在?——环境管制与污染密集型产业区际转移的实证研究.经济评论,(4):65-72.

黄青,任志远.2004.论生态承载力与生态安全.干旱区资源与环境,18(2):11-17.

黄燕晶.2005.深圳经济增长与环境质量关系实证研究.广东科技,(12):37-38.

黄志基,马妍,贺灿飞.2012.中国城市群承载力研究.城市问题,(9):2-8.

季铸.1994.来自工业污染的报告和忧虑.集团经济研究,(8):35-43.

江永红,刘冬萍.2011.安徽经济发展对资源环境的压力分析.中国人口·资源与环境,21(8):152-157.

颉茂华,刘向伟,白牡丹.2010.环保投资效率实证与政策建议.中国人口·资源与环境,20(4):100-105.

金海燕.2007.民族地区的资源开发与环境保护问题研究.黑龙江民族丛刊,(5):63-69.

雷振扬,等.2005.民族自治地方发展评估报告(2005),北京:民族出版社.

李春生,王翊,庄大昌,等.2006.经济发达城市经济增长与环境污染关系分析——以广州市经济增长与废水排放关系为例.系统工程,24(3):63-66.

李国柱,李从欣,郗彦辉.2005.河北省经济发展与环境污染关系研究.统计与决策,(9):94-95.

李磊,贾磊,赵晓雪,等.2014.层次分析—熵值定权法在城市水环境承载力评价中的应用.长江流域资源与环境,23(4):456-460.

李小平,卢现祥.2010.国际贸易、污染产业转移和中国工业CO_2排放.经济研究,(1):15-26.

李新,石建屏,曹洪.2011.基于指标体系和层次分析法的洱海流域水环境承载力动态研究.环境科学学报,31(6):1338-1344.

李岩.2010.资源与环境综合承载力的实证研究.产业与科技论坛,9(5):89-91.

李智国.2009.云南省社会经济与资源环境协调发展态势分析.云南财经大学学报,(1):93-101.

李子豪,刘辉煌.2011.FDI的技术效应对碳排放的影响.中国人口·资源与环境,21(12):27-33.

梁峡林.2009-03-04.甘肃地震灾区万户居民将移民新疆.兰州晨报.

凌亢,王浣尘,刘涛.2001.城市经济发展与环境污染关系的统计研究——以南京市为例.统计研究,V18(10):46-52.

刘飞飞.2011.内蒙古经济与环境协调发展评价研究.呼和浩特:内蒙古大学.

刘艳军,张婧,王颖.2012.东北地区开发规模扩张的资源环境响应演变及影响因素.中国人口·资源与环境,22(5):126-132.

刘耀彬,陈斐,周杰文.2008.城市化进程中的生态环境响应度模型及其应用.干旱区地理,31(1):122-128.

刘玉娟,刘邵权,刘斌涛,等,2010.汶川地震重灾区雅安市资源环境承载力.长江流域资源与环境,19(5):554-559.

卢宁,李国平.2009.基于EKC框架的社会资本水平对环境质量的影响研究——来自中国1995-2007年面板数据.统计研究,26(5):68-76.

卢小兰.2014.中国省域资源环境承载力评价及空间统计分析.统计与决策,(7):116-120.

吕斌, 孙莉, 谭文垦. 2008. 中原城市群城市承载力评价研究. 中国人口·资源与环境, (5): 53-58.

马爱锄. 2003. 西北开发资源环境承载力研究. 杨凌: 西北农林科技大学.

马建平, 丁建福. 2009. 中国出口贸易与环境目标相容性评估——基于环境效应分解模型的分析. 环境科学与管理, 34 (6): 191-194.

马林. 2006. 民族地区实现经济可持续发展的基本思路. 大连民族学院学报, 8 (4): 1-5.

聂华林, 李泉. 2006. 中国西部民族地区产业经济生态化发展初论——来自生态民族学的理论解读. 西北民族研究, (4): 58-68, 42.

潘家华, 陈迎. 2009. 碳预算方案: 一个公平、可持续的国际气候制度框架. 中国社会科学, (5): 83-98, 206.

彭文斌, 吴伟平, 李志敏. 2011. 环境规制视角下污染产业转移的实证研究. 湖南科技大学学报(社会科学版), 14 (3): 78-80.

齐亚彬. 2005. 资源环境承载力研究进展及其主要问题剖析. 中国国土资源经济, 18 (5): 7-11, 46.

齐志新, 陈文颖. 2006. 结构调整还是技术进步?——改革开放后我国能源效率提高的因素分析. 上海经济研究, (6): 8-16.

钱正英. 2004. 西北地区水资源配置生态环境建设和可持续发展战略研究(综合卷). 北京: 科学出版社.

曲格平. 1981. 专题1-8: 国际上面临的重大环境问题. 环境保护, (3): 9-13.

任建兰, 常军, 张晓青, 等. 2013. 黄河三角洲高效生态经济区资源环境综合承载力研究. 山东社会科学, (1): 140-145.

尚海洋, 徐中民, 焦文献. 2006. 中国经济增长与环境压力的关系研究. 地域研究与开发, 25(3): 13-16.

邵超峰, 鞠美庭. 2010. 基于DPSIR模型的低碳城市指标体系研究. 生态经济, (10): 95-99.

孙爱存. 2006. 对青海经济发展与环境污染关系的研究. 经济师, (2): 271-272.

孙冬煜. 2002. 环保投资增长规律及其模型研究. 四川环境, 21 (3): 29-32.

唐二春. 2004-11-04. 拉萨河城区段综合整治应注重生态建设. 西藏日报, 007.

陶敏. 2011. 我国环境治理投资效率评价研究. 技术经济与管理研究, (9): 89-92.

王锋, 吴丽华, 杨超. 2010. 中国经济发展中碳排放增长的驱动因素研究. 经济研究, (2): 123-136.

王国印. 2008. 环境问题探源研究. 中国人口·资源与环境, 18 (1): 11-17.

王红旗, 田雅楠, 孙静雯, 等. 2013. 基于集对分析的内蒙古自治区资源环境承载力评价研究. 北京师范大学学报(自然科学版), 49 (2): 292-296.

王火根. 2012. 经济增长对环境污染的面板门槛效应分析. 老区建设, (18): 14-17.

王志华, 温宗国, 闫芳, 等. 2007. 北京环境库兹涅茨曲线假设的验证. 中国人口·资源与环境, 96 (2): 40-47.

魏后凯. 2011. 论中国城市转型战略. 城市与区域规划研究, 4 (1): 1-19.

魏后凯, 白玫, 王业强. 2009. 中国区域经济的微观透析——企业迁移的视角. 北京: 经济管理出版社, 140.

魏一鸣, 等. 2008. 中国能源报告(2008): 碳排放研究. 北京: 科学出版社, 103.

夏光,秦虹.1988.经济增长的环境代价——从日本的发展看污染与治理的关系.中国环境管理,(5):21-23.

夏友富.1999.外商投资中国污染密集产业现状、后果及其对策研究.管理世界,(3):109-123.

熊建新,陈端吕,谢雪梅.2012.基于状态空间法的洞庭湖区生态承载力综合评价研究.经济地理,32(11):138-142.

胥留德.2010.后发地区承接产业转移对环境影响的几种类型及其防范.经济问题探索,(6):36-39.

徐国泉,刘则渊,姜照华.2006.中国碳排放的因素分解模型及实证分析:1995—2004.中国人口•资源与环境,16(6):158-161.

许士春,何正霞.2007.中国经济增长与环境污染关系的实证分析——来自1990-2005年省级面板数据.经济体制改革,(4):22-26.

闫海龙,张永明,李雪梅.2014.新疆区域经济与环境协调发展评析.区域经济评论,(3):92-95.

杨昌举,蒋腾,苗青.2006.关注西部:产业转移与污染转移.环境保护,(15):34-38.

杨海生,贾佳,周永章,等.2005.贸易、外商直接投资、经济增长与环境污染.中国人口•资源与环境,15(3):99-103.

叶明霞,罗国云.2009.长江上游地区资源环境承载力的实证分析.华东经济管理,23(3):1-4.

游德才.2008.国内外对经济环境协调发展研究进展:文献综述.上海经济研究,(6):3-14.

于峰,齐建国.2007.开放经济下环境污染的分解分析——基于1990~2003年间我国各省市的面板数据.统计研究,24(1):47-53.

于峰,齐建国,田晓林.2006.经济发展对环境质量影响的实证分析——基于1999-2004年间各省市的面板数据.中国工业经济,(8):36-44.

虞依娜,陈丽丽.2012.中国环境库兹涅茨曲线研究进展.生态环境学报,(12):2018-2023.

张冬梅.2012.民族地区生态补偿政策存在的问题及对策研究.内蒙古社会科学(汉文版),33(4):99-103.

张锦文.2007.宁夏环境质量与经济增长的库兹涅茨关系验证及成因分析.干旱区资源与环境,21(10):39-42.

张巨勇.2004.我国少数民族地区可持续发展的环境保护分析.学术交流,(10):109-113.

张巨勇,杨玉文.2006.民族地区环境压力与对策研究.大连民族学院学报,8(4):6-9.

张小兰.2006.少数民族地区经济开发应走循环经济之路.贵州民族研究,26(2):114-118.

张燕,徐建华,曾刚,等.2009.中国区域发展潜力与资源环境承载力的空间关系分析.资源科学,31(8):1328-1334.

张友国.2010.经济发展方式变化对中国碳排放强度的影响.经济研究,(4):120-133.

张志良.1990.甘肃人口增长对能源与环境的压力及其对策.干旱区资源与环境,(2):41-48.

张子龙,陈兴鹏,杨静,等.2010.甘肃省经济增长与环境压力关系动态变化的结构分解分析.应用生态学报,21(2):429-433.

赵海霞,曲福田,郭忠兴.2006.环境污染影响因素的经济计量分析——以江苏省为例.环境保护,(4):43-49.

赵鹏大.2000.院士论谈:资源、环境与可持续发展.武汉:中国地质大学出版社.

赵细康,李建民,王金营,等.2005.环境库兹涅茨曲线及在中国的检验.南开经济研究,3(3):48-54.

赵兴国，潘玉君，赵庆由，等. 2011. 科学发展视角下区域经济增长与资源环境压力的脱钩分析——以云南省为例. 经济地理，31（7）：1196-1201.

郑长德. 2001. 论西部民族地区人力资源的开发与人力资本的形成. 人口与经济，(3)：57-63.

郑长德. 2007. 四川省工业化进程中经济增长与环境变迁关系的实证研究. 西南民族大学学报（自然科学版），33（5）：1124-1135.

郑长德. 2012. 中国少数民族地区工业化的演进与结构变迁研究. 民族学刊，3（4）：1-8，91.

钟茂初，张学刚. 2010. 环境库兹涅茨曲线理论及研究的批评综论. 中国人口·资源与环境，114（2）：62-67.

周蕾，杨山，姜石良. 2013. 无锡市经济社会转型及其乡村生态环境响应. 生态与农村环境学报，29（4）：454-459.

朱婧，汤争争，刘学敏，等. 2012. 基于DPSIR模型的低碳城市发展评价——以济源市为例. 城市问题，(12)：42-47.

朱霞，路正南. 2013. 基于DPSIR模型的低碳城市发展评价研究——以江苏省为例. 技术经济与管理研究，(1)：115-118.

庄万禄. 2000a. 西部大开发与四川民族地区经济发展（上）. 西南民族学院学报（哲学社会科学版），(3)：14-17，126.

庄万禄. 2000b. 西部大开发与四川民族地区经济发展（下）. 西南民族学院学报（哲学社会科学版），(4)：18-23.

Ang B W. 2005. The LMDI approach to decomposition analysis: a practical guide. Energy Policy, 33（7）：867-871.

Ang B W, Zhang F Q, Choi K H. 1998. Factorizing changes in energy and environmental indicators through decomposition. Energy, 23（6）：489-495.

Ayres R U. 1997. Comments on Georgescu-Roegen. Ecological Economics, 22（3）：285-288.

Cleveland C J M, Ruth M. 1997. When, where and by how much do biophysical limits constrain the economic process a survey of Nicholas Georgescu-Roegen's contribution to ecological economics. Ecological Economics, 22: 401-416.

Cole H S D, Freeman C, Jahoda M. et al. 1973. Thinking about the Future: a Critique of the Limits to Growth. London: Chato&Windus for Sussex University Press.

Copeland B R, Taylor M S. 2001. International Trade and the Environment: A Framework for Analysis. Cambridge: National Bureau of Economic Research.

Copeland B R, Taylor M S. 2004. Trabe, growth, and the environment. Journal of Economic Literature, 42（1）：7-71.

Dalal-Clayton B, Bass S. 2002. Sustainable Developments Trategies: A Resource Book. London: Earthscan.

Daly H E. 1977. Steady-State Economics: the Economics of Biophysical Equilibrium and Moral Growth. New York: Freeman.

Dean J M. 1992. Trade and the Environment: a Survey of the Literature. Washington: World Bank Discussion Paper.

Esty D C. 1994. Greening the GATT: Trade, Environment and the Future. Washington: Institute for International Economics.

Esty D C. 1996. Revitalizing envronmental federalism. Michigan Law Review, 95 (3): 570-653.

Esty D C, Dua A. 1997. Sustaining the Asia Pacific miracle: environmental protection and economic integration. Asia Pacific Journal of Environmental Law, 3 (1): 150-152.

Georgescu R N. 1971. The Entropy Law and the Economic Process. Cambridge: Havard University Press.

Grossman G M, Krueger A B. 1991. Environmental Impacts of a North American Free Trade Agreement. Washington: National Bureau of Economic Research Working Paper.

Hansen B E. 1999. Threshold effects in non-dynamic panels: estimation, testing, and inference. Journal of Econometrics, 93: 345-368.

Hansen B E. 2000. Sample splitting and threshold estimation. Econometrica, 68 (3): 575-604.

Hueting R. 1980. News Carcity and Economic Growth: more Welfare through less Production. Amsterdam: NorthHolland.

IPCC. 2006 IPCC Guidelines for National Greenhouse Gas Inventories: Volume II. http: //www.ipcc.ch/ipcc reports/Method-logy-reports.htm. 2012-6-10.

Jensen V. 1996. The Pollution Haven Hypothesis and Industrial Flight Hypothesis: Some Perspectives on Theory and Empirics. Norway: Centre for Development Work Paper.

Levinson A. 2009. Technology, international trade, and pollution from U. S. manufacturing. American Economic Review, 99 (5): 2177-2192.

MacNell J. 1989. Strategies for sustainable economic development. Scientific American, 261: 154-165.

Markusen J R. 1995. Competition in regional envrenmental policies when plant locations are endogenous. Journal of Public Economics, 56 (1): 55-77.

Myrdal G. 1974. Against the Stream: Critical Essays on Economics. London: Macmillan.

Nordhaus W D. 1973. World dynamics: measurement without data. Economic Journal, 83: 56-83.

Organisation for Economic Co-operation and Development. 1993. OECD core set of indicators for environmental performance review. Environment Monographs, 83: 35-36.

Panayotou T. 1993. Empirical Tests and Policy Analysis of Environmental Degradation at Different Stages of Economic Development. IIO Working Papers: 4.

Pearce D W, Barbier A. 1990. Markandya, Sustainable Development: Economics and the Environment in the Third World. Aldershot: Edward Elgar.

Stern D I. 2002. Explaining changes in global sulfur emissions: an econometric decomposition approach. Ecological Economics, (42): 201-220.

Wang C, Chen J N, Zou J. 2005. Decomposition of energy-related CO_2 emission in China: 1957—2000. Energy, 30 (1): 73-83.

Wu L, Kaneko S, Matsuoka S. 2006. Dynamics of energy related CO_2 emissions in China during 1980 to 2002: the relative importance of energy supply-side and demand-side effects. Energy Policy, (18): 3549-3572.

后　记

本书是国家社会科学基金项目"民族地区经济增长中的环境压力与响应机制研究"（项目批准号为08BMZ030）的最终研究成果，对于主持的第一个国家课题，感到责任重大，使命光荣。课题组先后到有关部委、研究机构收集相关数据，构建了地区经济、社会、环境数据库，并确定了本书写作的整体框架，着手进行课题写作。但鉴于两个方面的原因，本书的研究出现了反复。一是需要加入新的污染排放指标：碳排放量。二是方法上的改变。原有研究大多采用EKC来反映地区环境压力及响应效果，随着LMDI分解模型（环境效应分解模型）的大量运用，考虑到其客观和直观性等优点，本书在方法上进行了重新设计。因此，直至2014年7月，才完成了课题写作。

在书稿即将付梓之际，作为项目主持人，我要代表课题组成员，对给予我们帮助支持的部门和人士表示衷心的感谢。感谢国家社会科学基金评审专家给予的鼓励与支持；感谢国家民族事务委员会经济发展司、民族问题研究中心的有关领导对本书的关心和帮助；感谢学校同事的鼓励与帮助。课题完成期间，我在中国社会科学院城市发展与环境研究所从事博士后学习，感谢合作导师魏后凯的帮助，与王业强副研究员及王蕾师弟的探讨也让我受益匪浅。

民族地区经济发展与生态环境保护涉及面广，面临的问题多。本书还有许多问题未能涉及。民族地区是我国经济发展相对落后的欠发达地区，完成环境保护的约束性指标与促增长保民生之间矛盾更为明显。与此同时，民族地区是我国能源与矿产资源基地、构建现代化产业体系的战略基地。如何充分考虑民族地区发展减排的特点，坚持"共同而有区别的责任原则"，在排放指标的分配中给予民族地区适当空间，支持民族地区适度发展具有资源、能源优势的清洁载能产业，促进民族地区资源优势转化为经济优势，本书没有给出进一步的结论。书中论及的问题，提出的解决方案，也仅是一家之言。由于学力所限，书中定有不妥和疏漏之处，敬请专家、读者批评指正。